교사와
학생 사이

BETWEEN TEACHER AND CHILD
Copyright ⓒ 1972 by Dr. Haim G. Ginott
Copyright ⓒ 1993 by Dr. Alice Ginott

Korean translation copyright ⓒ 2003 by Tin Drum Publishing Co.
All rights reserved.
Korean translation rights arranged with Dr. Alice Ginott through
Eric Yang Agency, Seoul, Korea.

이 책의 한국어판 저작권은 에릭양 에이전시를 통한 앨리스 기너트와의 독점 계약으로
한국어 판권을 도서출판 양철북이 소유합니다.
저작권법에 의하여 한국 내에서 보호를 받는 저작물이므로 무단 전재와 무단 복제를 금합니다.

교사와 학생 사이

하임 G. 기너트 지음 | 신홍민 옮김

하임 G. 기너트의 교육 심리학 『우리들 사이』 시리즈

Between
Teacher
And
Child

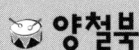
양철북

| 독자들에게 알리는 말 |

이 책에서 사례로 제시되는 교사와 학생 사이의 갈등들은 짤막하게 각색된 것이다. 문자 그대로 받아들여서는 안 된다. 그것들은 의사 소통에 필요한 원칙들을 보여주는 실질적인 안내 역할만을 맡는다. 교사들의 반응은 사람과 상황에 따라 세밀하게 수정된 것이다. 세미나에 참석하여, 새로운 태도, 개념, 언어를 터득하기 위해 노력했던 기록들을 이 책의 독자들에게 나누어준 교사들과 부모들에게 고마움을 전하고 싶다.

서문

사람들은 교사들이 보잘것없는 연장을 가지고도 공략하기 어려운 목표를 달성할 수 있을 것이라고 기대한다. 가끔은 기적이 일어나 불가능한 과제를 수행하기도 한다. 그렇다고 해서 학교가 기적이 일어나기만을 기다리고 있을 수는 없다. 교사들은 누구나 효율적인 연장과 기술을 가질만한 자격을 갖고 있다. 그런데 문제는 심리학이 연장과 기술을 제공해 줄 수 있느냐? 치료에 사용되는 개념들을 교육에 필요한 실천 행위로 명확하게 전환할 수 있느냐? 하는 점에 있다.

이 책은 그렇게 할 수 있다고 주장한다. 아이들을 치료하면서 개발한 기술을 기초로 하여, 구체적으로 제안하고 실천적인 해결책들을 제시한다. 이 기술은 교사들이 매일 부딪치는 상황들을 처리하고 심리적인 문제들을 해결하는 데 도움을 줄 것이다.

이 책의 철학은 한 젊은 교사가 쓴 다음과 같은 말에 가장 잘 요약되어 있다.

"난 놀라운 결론에 도달했다. 교실의 분위기를 결정적으로 좌우하는 요인은 바로 나다. 나 한 사람의 태도에 따라 교실의 기후가 달라진다. 교실의 날씨를 결정하는 요인은 그 날 나의 기분이다. 교사인 나의 손안에는 어마어마한 힘이 쥐어져 있다. 아이들의 삶을 비참하게 할 수도, 즐거움에 넘치게 할 수도 있는 힘이다. 나는 고문 도구도 될 수 있고, 영혼에 힘을 불어넣는 악기도 될 수 있다. 아이들에게 창피를 줄 수도, 어를 수도, 마음에 상처를 줄 수도, 치료해 줄 수도 있다. 상황이 어떻든, 내가 어떻게 대응하느냐에 따라 위기가 고조되거나, 완화되기도 하고, 아이가 인간다워지거나 인간다워지지 못하게 될 수도 있다."

교육 문제 가운데 많은 것들은 다음 20~30년 안에 해결될 것이다. 학습 환경과 교육 수단들이 새로워질 것이다. 그러나 한 가지 기능은 여전히 교사의 손에 남아 있을 것이다. 학습에 유익한 감성적인 분위기를 조성하는 일은 항상 교사의 몫으로 남아 있을 것이다. 기계가 아무리 정교하다 해도 이런 일은 하지 못할 것이기 때문이다. 컴퓨터 교육은 여전히 미래의 일이다. 21세기나 되어야 학교는 컴퓨터의 덕을 볼 수 있을 것이다. 효율적이고 감동적인 교육 전문가가 되기 위해서는 그렇게까지 기다릴 필요가 없다. 변화를 위해서는 인간성이 담긴 지식이 기술 발전을 앞설 수도 있다.

얘야, 손을 내게 내밀렴.
내 안에서 빛나는
너의 신뢰의 빛을 받으며
걸을 수 있도록.

― 하난 칸(Hannan Kahn)

차례

서문 _ 5

제1장 • 교사들의 이야기 _ 15

교사들의 환멸 17 | 교육 제도가 변할 때까지 30

제2장 • 제일 좋은 방법 _ 33

이론과 실천 35 | 위로의 편지 38 | "모든 것이 엉망이에요" 39 | 수학 공부를 도와주다 40 | "늘 나만 손해야" 41 | 최소한의 개입 41 | 마음을 달래주는 목소리 42 | 재능을 존중하는 마음 43 | 무대 공포증 44 | 마하트마 간디 45 | 유익한 대화 45 | 무언의 위로 47 | 최초의 도움 48 | 친절한 편지 49 | 가벼운 짜증 50 | 부드러운 반응 51 | 감정을 소중히 52 | 위신 세워주기 53 | 적당한 목표 54

제3장 • 아주 나쁜 상황 _ 55

"넌 원래 그렇게 느리니?" 58 | 쇠망치 미학 59 | 긴 나눗셈 60 | 험담 61 | 내게도 사생활이 있어요 62 | 가혹한 질문 63 | 쓰라린

놀림 1 65 | 쓰라린 놀림 2 66 | 독 묻은 연필 66 | "너 뭐 아는 게 있니?" 67 | "반 고흐, 내 말 들어봐" 68 | "선생님은 저렇게 말하면 안 돼" 69 | 평화에 관한 전쟁 71 | 정정당당한 경기 72 | 찢어진 외투 73 | 무차별 공격 74 | 어떤 어머니의 걱정 74 | 희망은 있는가? 79

제4장 ● 적절한 의사 소통 _ 83

아이의 운명을 결정하는 교사의 말 85 | 가장 중요한 원칙 86 | 분노를 슬기롭게 표현한다 89 | 협력 97 | 받아들임과 인정 102 | 아이를 옭아매는 낙인 107 | 안내와 격려 111 | 교사의 질문 115 | 아이들의 의견 117 | 빈정대지 말자 119 | 성급한 도움은 금물 120 | 간단 명료 123 | 아이들의 충격 128 | 적절한 의사 소통 132

제5장 ● 위험한 칭찬 _ 135

판결이냐 인정이냐 137 | 칭찬하는 과정 138 | 판결에 함축된 의미 141 | 형용사와 인격 142 | 칭찬과 말썽 143 | 칭찬과 지위 144 | 칭찬과 동기 146 | 생산적인 칭찬 152 | 문학적인 언어 157

차 례

제6장 ● 꾸지람과 가르침 _ 159

처벌을 대신할 여러 가지 대안들 161 | 자율 163 | 예방의 중요성 165 | 쪽지 돌리기 168 | "누가 내 책상 위에 귤 껍질 올려놨어?" 169 | 상스런 표현 170 | 시심 172 | 반성 172 | 간결한 설교 173 | 어려운 표현 174 | 사소한 일은 모르는 체한다 175 | "죄송하다고 말했으면 앞으로는 그러지 말아야지" 176 | 말대꾸 177 | 분노의 순간 178 | "네가 얼마나 화가 났는지 보여" 179 | 자율 훈련 180 | 청소 181 | 협조 182 | 교사가 보낸 편지 183 | 영혼 구하기 184 | "글로 써" 186 | 불평 불만 188 | 체면 살리기 189 | 마음의 소리 190 | 선택 191 | 교실과 집단 행동 191 | 숨은 결점을 감싸주며 198

제7장 ● 교사와 학생의 갈등 : 부모의 역할 _ 199

계획된 도움 201 | 성난 편지 204 | 어머니와 아버지 205 | 분노의 물길을 돌리다 208 | 신뢰가 약 209 | 공감과 인정 210 | "집에 와서 웃겨라" 211 | 자존심 회복 212 | "그런 식으로 말하지 않았으면 좋았을 텐데" 213 | 성숙 215 | 퇴짜맞은 연구 과제 216 | 두 번째 기회 217 | 형편없는 성적표 219 | 과학적 호기심 220 | 인터뷰 221 | 태도 변화 223 | 소망을 비춰주다 224 | 교장

에게 보내는 편지 226 | 교사에게 보내는 편지 227 | 증오 229 문제부터 해결하다 230 | 남아 있는 교훈 231

제8장 • 숙제 _ 233

효과적인 접근 235 | 자율의 존중 236 | 자부심에 호소하기 237 "숙제는 너하고 선생님의 문제야" 239 | 촛불 239 | "난 학교가 싫어" 240 | 잃어버린 숙제 241 | 아버지 차례 242 | 정신적인 응원 244 | 분노와 언어 245 | 인정의 힘 246 | 불만스런 성적 247 까다로운 숙제 249 | 새로운 낱말 250 | 진실을 담은 편지 251 어머니의 깨달음 252 | 상호 의존 253 | 올바른 도움 254 | 아이가 바라는 도움 258 | 개인의 책임 258

제9장 • 동기 부여에 관하여 _ 261

성적이 나쁜 이유 263 | 동기를 북돋워주는 구호 266 | 두려움 덜어주기 267 | 과정을 존중하자 269 | "너는 천재가 아니야" 270 "노력하면 쉬워" 271 | 수학 시간 274 | 자율성 274 | 낭독 275 격려받은 예술가 276 | 책읽기 격려하기 277 | 글쓰기 격려하기 278 | 두려움 극복하기 278 | 인정의 편지 280 | 확인을 통한 동

차례

기 유발 280 | 과정과 분위기 281 | 개인적인 신조 283

제10장 • 유익한 수업과 실천 방법 _ 285

학급 생활 287 | 질문할 사람? 288 | 귀담아듣는 놀이 290 | 판결 보류 291 | 편지 쓰기 292 | 인명 사전 293 | 성적이 나쁜 학생을 개인 교사로 294 | 쌍쌍 학습 296 | 학생의 참여 296 | 부모들의 수업 참관 298 | 교사의 보조 교사들 298 | 실천적인 혁신 303

제11장 • 학부모, 학교 관리자와의 만남 _ 305

면담 307 | 교사와 관리자의 불화 317 | 충동이 아닌 자발성 330

제12장 • 기억나는 교사 _ 333

"텅 빈 네 머리는 별일 없니?" 335 | 영의 가치 336 | 사건의 반향 336 | 나치 337 | 연극과 인생 338 | 우리를 알아야 할 시간 338 | 간명한 멸시 339 | 핵심 원리 340 | 지나친 관심 341 | 믿

음 341 | 장광설의 교훈 343 | 무관심의 교훈 343 | "천천히 서둘러" 344 | 편애하는 교사 345 | 신비감 345 | 증오의 수확 346 프로그램이 입력된 로봇 346 | 마술 같은 솜씨 347 | 자기장 348 출구 없는 교실 348 | 황금의 혀 349 | 자서전 350 | 삶에 대한 존경 350 | 말을 아끼는 사람 351 | 세계 속의 가정 351

에필로그 _ 353

옮긴이의 말 _ 355

『우리들 사이』 시리즈 **교사와 학생 사이**

교사와 학생 사이 ·············· 제 1 장

 교사들의 이야기

교사들의 환멸

교사 여러 명이 교사 생활에 대해 논의했다. 나이도 젊고, 경험도 일천했지만, 그들은 벌써 환멸에 사로잡혀 있었다. 어떤 교사들은 실망한 나머지 교사 생활을 접고 학교를 떠날 생각을 하고 있었고, 학교에 남겠다는 결정을 내린 다른 교사들도 학생들에게 관심을 쏟을 생각은 아예 포기한 상태였다. 교사들은 확실하고 강한 어조로 마음속에 있던 생각들을 쏟아냈다. 가차없고 숨김없이 심경들을 토로했다.

앤 : 교사 생활한 지 1년이 되었는데, 지금 결론은 이 직업이 내 적성에 맞지 않는다는 것이에요. 교사 생활을 시작할 때는 사랑과 환상에 가득 젖어 있었어요. 이제 환상은 증발하고, 사랑은 가 버렸어요. 교직은 직업이 아니라, 생명을 야금야금 갉아먹는 과정, 일수 찍듯 날마다 생명을 거둬가는 과정이에요.

밥 : '교사 낙제생' 모임에 오신 것을 환영해요. 내가 교사라는 직업을 얼마나 싫어하는지 말해 볼까요? 아마 여러분은 날 미친 사람이라고 생각할 거예요. 난 음악 교사이고, 음악을 사랑해요. 음악은 내 인생이에요. 그런데 난 학교가 불타고 있는데, 불 옆에서 내가 바이올린을 켜는 꿈을 꿔요. 교장을 미워하고, 장학관을

경멸하며, 교육 제도를 증오해요. 살아서 재빨리 빠져나가고 싶어요.

클라라 : 너무나 마음이 아파 울음이라도 터질 지경이에요. 환상에서 깨고 보니, 남은 건 실망뿐이에요. 그만큼 기대가 컸으니까요. 잘 해보고 싶었어요. 아이들, 학교, 이웃, 세계를 변화시키고 싶었어요. 방울뱀한테도 미소를 지을 정도로 난 순진했어요. 물론 그러다 물렸어요. 지금은 나 또한 독이 잔뜩 올라 있어요.

도리스 : 나는 아이들을 사랑한다고 생각했어요. 특히 가난한 아이들을. 그 아이들에게 달려가 호의를 베풀고, 가난 때문에 누리지 못했던 것을 보상해 주고, 그들이 똑똑하고 소중한 존재라는 사실을 확인해 주고 싶어 견딜 수가 없었어요. 그런데 아이들은 내가 어리석고 나약한 존재라는 사실을 깨닫게 해주었어요.

얼 : 난 환상을 갖지 않았기 때문에 실망도 하지 않았어요. 아이들은 약아빠졌고, 교육 제도는 썩어빠졌다는 것을 알고 있었어요. 내가 노력하면 변화를 일으킬 수 있다는 기대 같은 것은 처음부터 없었어요. 여러분 모두 마음이 으스러져 있어요. 국자로 바닷물을 퍼내려고 했는데, 정작 시작해 보니 턱도 없는 일이었으니까요.

도리스 : 왜 교사가 되려고 했나요?

얼 : 교사는 직업이에요. 지나치게 크게 기대하지 않으면,

그렇게까지 실망할 필요도 없어요. 근무 시간은 짧고, 방학은 길고, 거기다 특별 수당까지 받으니 좋잖아요.

클라라 : 놀랍군요.

얼 : 날더러 성자가 되라고 강요하지 마세요. 난 자기 직업을 싫어하는 사람이 아니에요. 난 제도를 알기 때문에 헛된 희망을 갖지 않아요. 이건 직업이에요. 좋아하지도 않지만, 배척하지도 않아요. 직업을 갖고 살면서 얻을 수 있는 것은 모두 얻어요.

플로렌스 : 매일 등교할 때는 힘이 넘치지만, 퇴근할 때는 파김치가 돼요. 아이들이 떠들면 미치겠어요. 모든 것이, 그러니까 교육 철학, 학습 이론, 모든 호의가 떠드는 소리에 떠내려가요. 날 마비시키고, 눈을 멀게 해요. 그리고 항상 나는, 빅 브라더(Big Brother : 조지 오웰의 소설 『1984년』에서, 모든 사람들의 일거수일투족을 감시, 감독하는 존재)의 감시하는 눈과 사방에 널린 귀가 날 지켜보고 있다는 사실을 의식하고 있어요.

그레이스 : 난 날마다 혼자 다짐해요. "오늘은 평화로운 날이 될 거야. 말려들지 않을 거야. 열받지도 않고, 성질부리다가 몸 상하는 일도 없을 거야." 그러나 매일 교실에만 들어가면 자제력을 잃고는, 우울한 심정으로 내 자신에게 염증을 내며 집으로 돌아와요. 난 내 안에 입력된 지시에 마치 컴퓨터처럼 따라요. "실컷 소리

질러. 히스테리 부려. 미쳐버려!" 하는 코드화된 명령에 복종하는 거예요.

해럴드 : 아이들이 평화를 위해서 일하도록 가르치고 싶어요. 그런데 어떻게 된 영문인지 난 계속해서 아이들과의 싸움에 휘말리고 있어요. 나도 이해가 가질 않아요.

얼 : 합리적으로 행동하려고 노력하세요? 이해하려고 하세요? 세상은 미쳤어요. 학교는 그런 세상에 대해 완벽한 준비를 갖추는 과정이에요. 제도에 합리적으로 접근하려는 것은 마치 이성의 규칙으로 당신 자신을 죽이려고 애쓰는 것이나 다름없어요.

도리스 : 난 가난한 지역에 있는 학교에 근무해요. 사람들은 걸핏하면 화를 내요. 교사가 자기들을 얕본다고 의심해요. 난 그 사람들의 말에 귀를 기울이며 고개를 끄덕이는 법을 터득했어요. 이야기를 나누기가 두려워요.

앤 : 난 모든 아이들을 공평하게 대하려고 노력했어요. 그런데 아이들의 태도가 내 의도보다는 더 강하다는 걸 금방 깨달았어요. 다른 아이들을 괴롭히고 건방을 떠는 아이들을 보면 참을 수가 없어요. 그들도 교사가 자기들에게 호감을 보이며 이끌어주기 바란다고는 생각해요. 그런데 그게 안 돼요. 차라리 그 아이들을 보지 않았으면 좋겠어요. 그 아이들도 그걸 알고요.

얼 : 이상한 일이군요. 난 자기 주장이 강한 아이들이 좋아

요. 약하고 순해 보이고 코를 질질 흘리는 아이들은 질색이에요. 그런 아이들이 징징거리면 화가 나요. "왜 코를 닦지 않는 거야? 왜 맞서서 싸우질 못하는 거야?" 하고 말해 주고 싶어요.

해럴드 : 아는 대로 실천하기란 거의 불가능해요. 고대의 한 철학자는 이렇게 말했어요. "애정이 뒷받침된 권위가 폭력에 의존하는 권위보다 더 강력하다." 그런데 우리는 폭력을 사용하며, 증오를 부추겨요. 교장들은 "아이들이 당신에게 복종하거든, 당신을 미워하게 내버려두세요."라고 말해요. 하지만 우리 모두 알다시피 아이들은 자기들이 미워하는 교사한테서는 쉽사리 배우려 들지 않아요.

그레이스 : 난 아이들에게 많은 것을 가르치지는 못했지만, 내 자신에 대해서는 많은 것을 배웠어요. 전에는 전혀 몰랐는데, 알고 보니 내가 정말 중간 계층의 사람이더라고요. 질서, 정결함, 정숙함에 대한 욕구가 그 정도로 강한 줄은 꿈에도 의식하지 못했어요. 난 나보다 훨씬 더 원기 왕성한 거친 아이들과 만났어요. 시간이 조금 지나면 아이들이 소리지르고, 싸우고, 불량한 짓을 하는데, 견딜 수가 없었어요. 혼란스럽기도 하고, 자존심도 상했어요. 걱정도 없지 않았지만, 허둥지둥하지 않으려고 애썼어요. 내게는 고뇌의 가을이자, 불만의

겨울이며, 절망의 봄이었어요.

밥 : 그레이스는 시인이군요. 교육 제도가 당신을 죽인다고 해서 조금도 이상하게 생각할 필요 없어요. 우리 안에 있는 쓸 만한 것은 뭐든 다 말살하니까요. 공립학교에는 예민한 사람이 설 자리가 없어요.

그레이스 : 아이들의 말투와 행동에 익숙해지질 않아요. 무지막지하게 깨부수고, 지저분하게 어지르고, 성에 대해 입에 담기조차 부끄러운 말들을 해대니까요. 어떤 아이들은 낯뜨거운 상스런 표현을 입에 달고 살아요. 나는 1년 중 대부분의 시간을 분노와 두려움과 싸우며, 무너지기 일보 직전 상태로 지내요. 매일 아침 기도를 드리는 것이 습관이 되었어요. "하느님, 제발 아이들 앞에서 미치지 않게 해주옵소서!"라고요. 내 자신을 자제하려고 씨름을 하다가 힘을 탕진해요. 그 때문에 정신적으로나 육체적으로 사람이 메말라가요. 밥과 얼의 말에 동의해요. 교직은 심장이 고래심줄 같은 사람들, 아무래도 끄덕 없는 그런 사람들에게 어울리는 직업이에요.

클라라 : 내가 교직을 실망시킨 것이 아니라, 교직이 날 실망시켰어요. 난 매일 수업 준비를 해요. 열과 성을 다해 가르치고 싶어요. 그런데 하루도 빠짐없이 무슨 일이 일어나 내 계획을 망가뜨려요. 까부는 녀석 하나가 있으

면 교실 분위기가 혼탁해지고, 수업 분위기를 망치는 데는 일부러 바보처럼 구는 약아빠진 녀석 한 명만 있으면 돼요. 정말 이런 아이들이 싫어요.

아이라 : 문제는 클라라가 교육계에 발을 들여놓았다는 데 있어요.

클라라 : (말을 가로막으며)그걸 누가 모르나요.

아이라 : 내 말은 사명감에 넘치는 열정, 아이들을 구하겠다는 조급한 마음을 가지고 교육계에 발을 들여놓은 것이 문제라는 거예요.

클라라 : 그게 뭐 잘못인가요?

아이라 : 클라라는 깐깐한 교사예요. 쉽게 상처를 받아요. 아이들이 과거의 고통을 일깨워주면, 클라라는 스스로 비참함에 빠져버려요. 교사에게 제일 먼저 요구되는 것은 강해야 한다는 거예요. 강해야 좋은 교사가 될 수 있어요. 약하면서 착하면, 학생들에게 가학증만 불러일으켜 공격만 받게 돼요.

얼 : 아이라 의견에 동의해요. 사랑이 점점 없어지면서 미움을 키우는 교사들을 본 적이 있어요.

도리스 : 우리 사랑이 아직도 부족하다는 말인가요?

아이라 : 사랑은 복잡한 과정이에요. 거절당하는 데 익숙해진 아이들은 사랑을 받으면 두려워해요. 억지로 접근하려고 하면 의심스럽게 생각해요. 그런 아이들에게는

안전 거리를 지켜주는 교사가 필요한 법이에요.

밥 : 간단하나마 아이 심리학을 강의해 줘서 고마워요. 무슨 말인지 이해했어요. 나도 지나치게 열의가 높고 과도하게 학생들에게 몰두하는 교사들이 실패한 것을 본 적이 있어요. 그들은 아이들과 관계를 형성하기 위해 열정적으로 다가가요. 아이들이 즐거움을 느끼지 못하면 괴로워하고, 발전하면 뛸 듯이 좋아해요. 가르치는 일이 그들에게는 행복을 추구하는 길이에요. 학생들을 활용해서 개인의 욕망을 충족하는 거예요. 지나치게 강한 긍정적인 기분에서 지나치게 강한 부정적인 기분으로 오르락내리락하는 경우가 많아요. 아이들은 혼란스러워해요.

도리스 : 이제 보니 각자 기분을 털어놓다가, 이야기 꼬리가 다른 교사들에게 건너갔군요. 어느 정도 경험을 했을 테니까 교직에 대한 우리들의 태도에 대해서 이야기해 보는 것은 어떨까요?

앤 : 지난 1년을 되돌아보려니까 화가 나요. 맥 풀린 수업 시간, 긴 회의, 쓸데없는 대화들로 헛되게 보낸 한 해였어요. 우리 학교 교장은 모호함을 좋아하고, 막연함을 숭배해요. 결정을 뒤로 미루며 인생을 연기해요. 행동을 취하라는 압력을 받을 때마다 말을 더 장황하게 늘어놓아요. 말은 점점 더 추상적이 되고요. 그와

말을 하다 보면, 꼭 말의 바다에 빠져버린 것 같은 느낌을 받아요.

해럴드 : 지난 주에 교도소를 방문했다가, 괴롭고 무거운 마음을 안고 돌아왔어요. 교사의 책임에 대한 생각을 떨칠 수가 없더군요. 살인을 저지른 어른들도 모두 한때는 몇 년 동안 학교를 다녔던 아이였어요. 절도범들에게도 아마 가치와 도덕을 가르쳐주었던 교사들이 있었을 거예요. 범죄자들도 모두 교사들에게 교육을 받았겠지요. 모든 교도소가 우리 교육 제도의 실패를 보여주는 극적인 본보기예요. 우리들의 책임이 빚어놓은 풍경을 잘 살펴볼 필요가 있어요.

도리스 : 교사들이 우리들에게 어떻게 부정을 가르쳤는지 기억나요. 간단한 진실조차도 절대 받아들이지 않으면서, 믿을 만하고 흥미로운 거짓만을 강요했어요.

해럴드 : 우리 교육은 패배했어요. 해결책이 있지만, 결코 활용되지 못할 거예요. 효과적으로 치료하려면 교육 제도가 근본적으로 변화되어야 해요. 하지만 정책 당국에서는 절대 그걸 허락하지 않을 거예요.

얼 : 교육 제도 전체가 불신 위에 세워져 있어요. 교사는 학생을 불신하고, 교장은 교사들을 믿지 못해요. 교육감은 교장들을 의심하고, 교육 위원회는 교육감을 경계해요. 교육의 대가라고 하는 사람들은 교도소 분위

기가 풍기는 규칙과 규제들을 정해 놓고는, 은연중에 교육 제도 속에 몸담은 사람들은 모두 정직하지 못하고, 능력이 없으며, 무책임하다는 비난이나 퍼붓고 있어요.

도리스 : 바로 그 때문에 학생들이 사기꾼이 되는 거예요. 그들은 교사들이 무엇을 원하는지 알아내는 방법을 터득해서, 원하는 것을 내놓아요. 교사들은 교장이 원하는 것이 무엇인지 판단하려고 해요. 예를 들면, 우리 학교 교장은 내가 어떻게 가르치는지, 내가 어떤 인간인지에 대해서는 관심이 없어요. 출석부와 성적표가 제 때 잘 정리되어 있기만 하면 만족이에요.

아이라 : 듣고 보니 모두가 우울한 소리군요. 그런데 왜 수백만 명의 교사들이 해마다 쉬지 않고 학생들을 가르칠까요? 그들 모두가 구제 불능의 마조히스트(masochist)는 아닐 텐데요. 교직에는 만족을 느낄 만한 점이 전혀 없을까요?

도리스 : 만족을 느낄 수 있는 점이 있으면 말해 보세요.

아이라 : 난 분명히 만족을 느낄 수 있어요. 하지만 그것이 여러분들을 납득시킬지는 자신이 없어요.

도리스 : 계속하세요. 날 납득시켜 보세요.

아이라 : 좋아요. 나도 여러분들과 같은 어려움을 겪고 있어요. 그러면서도 아이들이 나를 필요로 한다는 것을 느낄

　　　　　수 있어서 즐겁고, 아이들에게 동기를 부여하는 것이
　　　　　무엇인지를 터득하는 즐거움도 있으며, 내 자신을 좀
　　　　　더 이해할 수 있는 데서 얻는 기쁨도 있어요.
　　얼　: 이미 다 알고 있는 얘기 아닌가요?
아이라 : 그렇게 들렸다면 미안해요. 내게는 오히려 절실한 평
　　　　　가처럼 들리는데요.
　　얼　: 또 다른 지혜의 소리는 없나요?
아이라 : 많아요! 하지만 여러분들과 하나의 진리만을 같이 나
　　　　　누고 싶어요. 초등학교에는 냉소적인 사람이 발붙일
　　　　　공간이 없어요. 어린 학생들에겐 튼튼한 영혼을 가진
　　　　　어른들의 보호가 필요하거든요.
　　얼　: 브라보, 좋아요. 그것이 바로 스포크(Spock) 박사의
　　　　　정신이죠.
　　밥　: 난 교장이 내 교실로 들어올 때마다 얼어붙어요. 이
　　　　　쌀쌀맞은 양반은 나만 보면 아이들을 좀더 다정하게
　　　　　대하라고 하니까요. 내 표정이 너무 우울하대요. 사실
　　　　　좀더 생기 있는 얼굴을 할 필요는 있어요. 교장 옆에
　　　　　있으면 죽은 사람 같은 느낌이 들거든요. 교장이 하는
　　　　　말이 자기는 가난한 아이들에게 호감이 간다더군요.
　　　　　그런데 내가 가난하잖아요. 왜 교장은 나에게 호감을
　　　　　보이지 않는 걸까요? 왜 다정함을 보여주지 않을까
　　　　　요? 지금 당장, 나 자신도 다정한 말 몇 마디 정도는

할 수 있거든요.

해럴드 : 우리 장학관은 책과, 서류, 연구를 사랑해요. 오로지 사람만 미워해요. 고대 이집트와 중세 로마의 교육에 대해서는 모르는 게 없어요. 그런데 정작 살아 있는 교사들을 감독하는 방법, 그걸 몰라요.

앤 : 우리 교무실에는 시간을 죽이며 정년 퇴임을 기다리는 사람들이 너무 많아요. 그들은 중년의 나이인데 벌써 늙었어요. 잔뜩 날이 선 혀를 가지고, 버티고 앉아서 이미 엎질러진 물을 가지고 신세 한탄이나 늘어놓고 있어요.

도리스 : 내게 늘 이렇게 충고하는 나이 드신 교사 한 분이 있어요. "젊을 때 떠나요. 날 보면서 당신 인생을 가꿔요. 교직이 당신을 죽일 거예요. 정신을 짓밟고, 에너지를 고갈시키고, 성격을 좀먹을 거예요. 매일 아이들과 씨름해야 하는데, 부모들은 끊임없이 불평을 해대고, 언론에서는 끊임없이 감시해요. 그런 판에 당신이 그 사람들을 생각할 필요가 뭐가 있겠어요? 사람들에게 존경받는 직업을 찾아봐요."

해럴드 : 대학교에서 교직에 대해서 제대로 준비를 시키지 못한다는 걸 깨달았어요. 아이들을 가르치는 데는 적어도 제트 비행기를 조종하는 것만큼이나 많은 기술이 필요해요. 그런데 대학에서는 트랙터 운전을 가르치

면서, 그걸 제트 비행기 조정이라고 우겨요. 우리가 이륙하려고 할 때마다 추락하는 것도 이상한 일은 아니에요.

도리스: 정말 맞는 얘기예요. 날 가르쳤던 교수들은 아이들의 욕구, 부모들의 욕구, 사회의 요구에 대해서 이야기했어요. 그들이 나의 욕구에 대해서도 알려주었으면 얼마나 좋았겠어요. 그들은 아이들이 지식에 대해 엄청난 갈증을 품고 학교에 온다고 가르쳤어요. 난 그 갈증을 풀어주기만 하면 된다고 했어요. 이젠 나도 더 많은 것을 알게 되었어요. 아이들은 날 비참하게 하기 위해서 학교에 와요. 그래서 날 비참하게 만들고요.

밥: 우린 모두 깊이 실망하고 있어요. 처음 겪었던 경험이 우리 예상과 다르기 때문이에요. 가르치는 일은 열대 지방의 섬으로 가기로 한 비행기가 극지방에 착륙하는 것이나 마찬가지예요. 태양을 기대하고 있다가, 길고 추운 극지방의 겨울과 맞닥뜨리면 얼마나 충격이 크겠어요?

클라라: 교육에는 전혀 희망이 없는 걸까요?

얼: 없어요. 믿으세요. 그래야 더 오래 살 수 있어요.

아이라: 교육에 희망이 없다면, 인류에게도 희망이 없어요. 난 그런 허무주의를 받아들일 수가 없어요. 난 나의 창의력과 아이디어를 믿어요. 해결책은 교육 그 자체 안에

서, 다시 말하면 더 좋은 교육, 뭔가 다른 교육 속에서 찾아낼 수 있을 거예요.

교육 제도가 변할 때까지

위에 인용한 토론은 매우 일방적이다. 토론의 중점에는 변화가 없고, 분위기는 단조롭다. 강조되는 핵심 모티프도 단조롭다. 젊은 교사들의 불만, 실망, 절망에 초점이 맞춰져 있다. 그들의 고통은 학교 생활의 본질에서 비롯된다. 버질(Virgil)의 말을 인용하자면, 그들은 "상황의 슬픔 때문에" 눈물을 흘리고 있다.

어떤 교사들은 믿음을 잃고 희망을 포기한다. 다른 교사들은 개혁을 부르짖는다. 좀더 과격한 교사들은 교육 제도의 한복판에 서서 변화를 추구하며, 좀더 보수적인 교사들은 변명하기에 바쁘다. 그 동안에도 교실에서는 생활이 이루어진다. 가르쳐야 할 아이들이 있고, 진정시켜야 할 학부모들이 있으며, 보고해야 할 교장이 있다. 그들 모두 교사의 시간과 에너지를 요구하는 사람들이다. 품위를 지키며 살아남는 방법은 교사에게는 단순한 수사학적인 문제가 아니다.

엄청난 고통에 빠져 있던 사람이 유대교 율법 학자에게 도움을 청하러 왔다. 그 사람의 이야기에 귀기울이던 율법 학자는, "하나님을 믿으세요. 하나님이 구해 주실 겁니다."라고 조언해 주었다.

그가 대답했다.

"알겠습니다. 그러면 그 때까지 내가 뭘 어떻게 해야 하는지 말씀해 주세요."

교사들도 그와 비슷한 질문을 던진다.

"어떻게 하면 교육 제도가 변할 때까지 살아남을 수 있는가?"

"교실의 생활을 개선하기 위해 오늘 난 무엇을 할 수 있는가?"

이 책에서 이러한 질문들에 대해 대답해 보려고 한다.

교사와 학생 사이 ·········· 제2장

 제일 좋은 방법

이론과 실천

작은 배에 몸을 싣고 커다란 강을 건너던 어떤 철학자에 대한 이야기가 전해진다. 철학자는 사공에게 물었다.

"철학을 아십니까?"

사공이 대답했다.

"안다고 말할 수 없을 겁니다."

철학자는 말했다.

"그렇다면 인생의 3분의 1을 잃어버린 겁니다."

그는 계속 질문을 던졌다.

"문학을 좀 아십니까?"

사공이 대답했다.

"안다고 말할 수 없을 겁니다."

철학자는 일갈했다.

"그렇다면 인생의 3분의 2를 잃어버린 겁니다."

바로 그 순간 배가 바위에 부딪혀 가라앉기 시작했다. 사공이 물었다.

"헤엄칠 줄 압니까?"

철학자가 대답했다.

"아뇨."

사공이 말했다.

"그렇다면 당신은 목숨을 잃어버릴 겁니다."

아주 중요한 문제가 발생했을 때는, 철학이 뒷전으로 물러나는 경우가 많다. 배가 물 속으로 가라앉는 상황에서 이론은 문제가 되지 않는다. 헤엄을 칠 줄 알아서 살아남거나, 아니면 물에 빠져 죽거나 둘 중의 하나만이 문제가 된다. 교실의 위기라는 소용돌이 한가운데서는 도서관에 있는 갖가지 책들도 아무 도움이 되지 못한다. 온갖 강의와 과정들도 별 쓸모가 없다. 사태를 깨달은 순간에는 기술만이 문제를 해결해 준다.

교육에서 중요한 것은 기술 속에 배어나는 태도이다. 누구나 어떤 태도가 중요한지 알고 있다. 사실 교사들은 각종 회의에 참석할 때마다 듣고 또 듣는 그 소리에 신물을 낸다. 어떤 교사는 말했다.

"아이들이 무엇을 원하는지 나도 벌써 알고 있어요. 달달 외우고 있어요. 뜻을 받아주고, 존중해 주고, 좋아해 주고, 믿어주고, 격려하고, 응원하고, 활기 있게 지낼 수 있도록 해주고, 즐겁게 해주고, 탐구하고 실험하여 성취하는 능력을 길러주라는 거예요. 젠장! 너무나 많은 것을 요구하는 거예요. 난 모든 것을 다 가지고 있는데, 솔로몬의 지혜, 프로이트의 통찰력, 아인슈타인의 지식, 나이팅게일의 헌신하는 마음만 없어요."

이론적으로는 좋은 교육이 무엇인지 우린 이미 알고 있다. 생각도 다 가지고 있다. 불행한 일은 생각만으로는 아이들을 교육할 수가 없다는 사실이다. 아이들은 줄기차게 문제를 일으킨다. 교사가 민주주의와 사랑을 믿고, 존중해 주고, 뜻을 받아주고, 개인마다 차이가 있으며, 사람은 누구나 자기만의 독특함을 지닌다는 점을 인정하는데도 그렇다. 이런 생각들은 고상하기는 하지만, 지나치게 추상적이고 거대하다. 마치 1000달러짜리 수표나 금화 같은 것이어서, 커피 한 잔 마시고, 택시를 타고, 전화 한 통화 하는 것과 같은 현실적인 필요를 충족하는 데는 아무 쓸모가 없다. 하루하루 생활하는 데는 동전이 필요하다. 교실에서 학생들과 접촉하기 위해서, 교사들에게는 심리적으로 약간 변해야 할 필요가 있다. 사소한 흥분, 매일 벌어지는 갈등, 갑작스럽게 벌어지는 위기와 같이 숨돌릴 사이 없이 일어나는 사건들을 효과적이고 인격적으로 처리하기 위해서는 교사들에게 특별한 기술이 필요하다. 이러한 모든 상황에 유익하고 현실적으로 대응해야 한다. 교사의 반응은 매우 중요한 결과를 낳는다. 교사의 반응에 따라 분위기가 순응이나 반항 쪽으로 갈라지고, 기분이 만족이나 불만 쪽으로 기울며, 마음가짐이 품행 수정이나 복수로 나뉜다. 이렇게 교사의 반응은 아이의 행동과 성격에 좋은 쪽으로든 나쁜 쪽으로든 영향을 끼친다.

이는 감성적인 삶의 속성으로서, 그에 따라 가르침과 배움이 가능해지기도 하고 불가능해지기도 한다. 최선을 추구하는 교사들은 다음과 같은 핵심 진리를 인정한다. 배움은 항상 현재형이며, 그리고 항상 개인을 대상으로 한다는 사실을 말이다.

다음의 일화들은 최선을 추구하는 교사들의 모습을 보여주고 있다.

위로의 편지

어떤 교사가 자기 반 아이들에게 새 책을 나누어주고 있었다. 그런데 아홉 살 된 폴의 차례가 되자 책이 다 떨어지고 말았다. 책을 받지 못한 폴은 눈물을 흘리면서 항의했다.

"난 뭘 받을 때면 늘 꼴찌예요. 성이 Z로 시작하기 때문에, 아무 것도 받지를 못해요. 난 내 이름이 싫어요. 학교도 싫고, 모두 다 미워요."

교사는 어떻게 하면 당장 폴에게 도움을 줄 수 있는지 생각해 보았다. 그녀는 짧은 편지를 쓰기로 했다.

안녕 폴!
네 마음이 얼마나 슬픈지 알아. 간절한 마음으로 새 책을 기다렸잖아. 그런데 갑자기 책이 떨어졌으니 얼마나 실망이 크겠니. 너만 빼고 다른 아이들은 다 받았는데. 새 책을 받을 수 있도록 내가 개인적으로 처리해 줄게. 그럼 이만.

— 선생님이.

교사의 따뜻한 말에 위로를 받은 폴의 마음은 누그러졌다. 이렇게 마음 따뜻한 순간을 폴은 오래도록 기억할 것이다.

교사가 다른 방법으로 대처했다면, 이를테면 "실망이 되더라도 참는 법을 어려서부터 배워야 해."라고 했다면, 아마 폴은 더 큰 상처를 받았을 것이다.

"왜 책 한 권 못 받았다고 그렇게 난리를 피우는 거야? 오늘은 받지 못했지만, 내일 받게 돼. 아홉 살이나 되어가지고, 아직도 저렇게 울보처럼 굴다니, 원."

이렇게 말했다면, 친절하지 못한 교사와 공평하지 못한 사태 앞에서 폴은 더 큰 쓰라림만 느꼈을 것이다.

"모든 것이 엉망이에요"

웬디가 5학년이 되어 처음 등교한 날이었다. 교사는 웬디에게 국어 교과서가 놓여 있는 곳을 알려주었다. 웬디가 책장에 손을 댄 순간 꽂혀 있던 책들이 밑으로 굴러 떨어졌다. 웬디는 울기 시작했다.

교 사 : 웬디, 책이 떨어졌어. 우리가 정돈해야겠구나.

웬 디 : 처음 등교하는 날인데, 이런 실수를 저지르다니. 모든 게 엉망이 되었어요.

교 사 : 오늘 아침 힘든 일이 있었나 보구나.

웬 디 : 네. 무슨 일이 있었는지 아세요?

교 사 : 말해 보렴.

웬디가 책을 정리하며 아침에 겪었던 힘든 일에 대해 이야기하는 동안 교사는 웬디의 일을 도와주었다. 웬디는 등교 첫날을 즐거운 기분으로 마무리하게 되었다.

이 사건에서 교사는 큰 도움을 주었다. 비난을 하지 않고, 해야 할 일을 지적해 주었고, 말을 아끼며 공감하는 마음으로 웬디의 이야기에 귀를 기울였기 때문이다.

수학 공부를 도와주다

열네 살 된 애더는 수학을 이해하기가 어려웠고, 그것이 부끄러웠다. 어찌나 부끄러운지 물어볼 엄두조차 내지 못했다. 애더가 말이 없는 것을 눈치 챈 교사는 조심스럽고 상냥하게 도움을 주었다.

"애더, 수학은 무척 어려운 과목이야. 기호를 사용해서 문제를 풀어야 해. 숫자를 기호로 대체해야 하고, 숫자를 등식의 한 쪽에서 다른 쪽으로 옮길 때는 반드시 부호를 바꿔야 해. 수학 공부를 하려면 도움이 필요할 거야. 그럴 때는 내게 물어."

애더의 교사는 다정하면서도 유능했다. 질문을 하지도 않았고, 나무라지도 않았으며, 공허한 자신감을 주지도 않았다. 그 대신 애더에게 공감을 보여주었고, 문제 풀이 과정을 설명해 주었다.

"늘 나만 손해야"

체육 시간이 끝났다. 교사는 아이들에게 농구 경기를 그만두라고 했다. 조지프가 항의하듯 말했다.

"다른 아이들은 모두 나보다 더 여러 번 공을 만져봤는데, 늘 나만 손해예요."

교사가 말했다.

"기분 전환하고 싶으면 세 번만 슛을 더 던져봐. 기다려줄게."

조지프는 귀를 의심했다. 재빨리 던진 공이 포물선을 그리며 바스켓 안으로 들어가자, 교사에게 다시 공을 갖다주었다. 조지프는 즐겁고 만족스런 표정이었다.

이 사건에서 볼 만한 점은 교사의 태도이다. 그는 유연했고, 아이에게 호의적이었다. 엄격한 규칙보다는 아이의 기분을 더 중요하게 여겼기 때문이다.

최소한의 개입

준은 교사가 내준 사회 과목 숙제의 주제가 불만이었다. 새로운 주제를 내달라고 부탁하자, 교사는 이렇게 말했다.

"준, 이 주제가 마음에 들지 않는가 보구나. 넌 이집트의 종교에는 관심이 없니? 참, 넌 미술을 좋아하지. 그럼, 지나가 이집트

미술을 맡았는데, 한번 얘기해 보렴. 주제를 바꿔줄 수 있는지, 아니면 너와 함께 숙제를 할 수 있겠는지를."

준은 자기 희망을 이해해 준 교사에게 고맙다는 인사를 하고, 지나와 상의하기 시작했다.

마음을 달래주는 목소리

아홉 살 된 앤은, 교사의 집에서 열린 피아노 연주회에 참석한 서른 명의 아이들 가운데 한 명이었다. 앤은 막막한 심정이었고, 눈에는 눈물이 가득 고였다. 앤은 구석으로 물러나 말도 못 붙이게 했고, 기운을 낼 생각을 아예 하지 않았다. 교사는 앤이 걱정하고 있다는 사실을 눈치챘다.

교 사 : 앤, 파란색이 네게 아주 잘 어울리는구나.
앤 : 선생님이 내 옷을 눈여겨보실 거라고 생각하지 못했어요. 선생님은 어떻게 모든 아이들을 다 볼 수가 있어요? 전 도무지 상상할 수가 없어요. 아이들이 그렇게 많은데.
교 사 : 너희들은 모두 다 내 학생들이야. 난 너희들 한 사람 한 사람을 다 눈여겨보고 있어.
앤 : (거의 눈물을 흘릴 듯 한 얼굴로) 믿을 수가 없어요. 그

래도 선생님이 가장 좋아하시는 아이는 있을 거예요. 피아노를 제일 잘 치는 아이라든가 뭐……. 난 이제 초보자예요.

교　사 : 키나 몸무게, 학년에 따라 나의 사랑이 달라지지는 않아. 내겐 모든 학생들에게 나눠줘도 될 만큼 많은 사랑이 있어.

앤　 : (가볍게 미소를 지으며) 참, 선생님! 전에 나처럼 스케치를 해서 선생님께 준 아이는 없었죠. 그 스케치는 내가 직접 한 거예요.

교　사 : 그래, 독창적인 스케치였어. 그 스케치를 보고 있으면 즐거워.

앤의 얼굴에서 슬픈 표정이 사라졌다. 나중에 앤은 훌륭히 연주를 마쳤다. 교사의 집을 떠날 때는 환한 얼굴로 다른 아이들과 함께 신나게 떠들고 있었다.

재능을 존중하는 마음

교사는 칠판에 자기 얼굴이 만화로 그려진 것을 보았다. 날카롭고 정교하게 그린 우스꽝스러운 모습이었다. 아이들은 그의 반응을 기다리고 있었다. 교사는 만화를 흥미롭게 지켜본 뒤에 말했다.

"정말 잘 그렸는데. 지우기 아까워. 먼저 이걸 그린 사람이 종이에다 복사해 놓도록 해. 재능 있는 만화가에게 찬사를 보낼게."
 이 교사는 성숙함을 보여주었다. 자신을 풍자한 그림에 대해서 인신공격을 하지 않았다. 아이들의 장난에 상처를 받지 않았다. 만화를 그린 당사자를 찾아내려 하지 않았고, 창피를 주려고 하지도 않았다. 쓸데없이 설교하거나 훈계하려고 하지도 않았다. 그 대신 창의력을 격려해 주었고, 재능을 존중하는 마음을 보여주었다.

무대 공포증

 학급 아이들은 연극 『피터팬』 연습을 하는 중이었다. 후크 선장 역을 맡은 랠프에게 무대 공포증이 생겼다. 랠프는 교사에게 더 이상 연극에 흥미가 없다고 말했다. 교사는 말했다.
 "내가 보니까 이 연극 대사 가운데 어떤 구절이 네 마음에 들지 않은 것 같구나. 네 마음에 맞게 고쳐봐."
 랠프는 자기 멸시적인 구절들과, 여자에게 말을 걸 때 쓰는 '나의 미인이여'와 같은 표현들을 생략하고, 연극에서 맡은 자기 역할을 수행했다.
 이 사건은 교사의 노련함이 상황을 구한 경우이다. 교사는 랠프와 논쟁을 벌이거나 랠프의 마음을 돌리려고 애쓰지 않았으며,

죄책감을 자극하지도 않았다.("넌 어떻게 우리를 실망시킬 수 있니? 우린 네게 기대를 걸고 있어.") 그 대신 감수성을 발휘했고, 해결 지향적인 태도를 잃지 않았다.

마하트마 간디

어떤 임시 교사가 한 남자아이에게 이름을 물었다. 아이는 '마하트마 간디'라고 대답했다. 학급 아이들은 박장대소했다. 교사는 말했다.
"마하트마 간디는 다른 사람보다 더 훌륭하거나 다른 사람만큼 훌륭해지려고 노력하는 사람이야."
학급의 분위기는 차분하게 가라앉았다. 교사는 아무 문제 없이 수업을 진행했다. 교사의 능력으로 시간과 노력이 절약될 수 있었다. 교사가 보복을 하려고 했다면, 가시 돋친 말이 오가다, 학생에게 벌을 주는 사건으로 변질될 수도 있었을 것이다.

유익한 대화

니나(다섯 살) : 선생님 아기 있죠?
교   사 : 너 그걸 기억하고 있구나.

니 나 : 선생님은 결혼했잖아요. 사람들이 '부인'이라고 부르고, 반지도 끼고 있고요.

교 사 : 반지를 봤나 보네.

니 나 : 우리 언니도 아기를 낳을 거래요.

교 사 : 그럼 넌 이모가 되겠구나.

니 나 : 네. 그런데 우리 언니는 결혼하지 않았어요.

교 사 : 아, 그래?

니 나 : 아기를 낳으려면 결혼하는 것이 더 좋아요?

교 사 : 그걸 생각하고 있었니?

니 나 : 네. 가족들 모두 무척 화가 나 있어요. 미치려고 해요. 난 기쁜데.

교 사 : 정말 이모가 되고 싶은가 보구나.

니 나 : 네. 다른 사람들도 다 기뻐했으면 좋겠어요.

교 사 : 모두 다 너와 함께 즐거워했으면 좋겠지?

니 나 : 네.

 니나는 잠시 말을 멈추고 있더니, 교사에게 달려와 꼭 껴안았다. 두 사람의 대화를 보면 교사가 니나에게 큰 도움이 되었음을 알 수 있다.
 교사는 니나가 무슨 말을 하고 싶어하는지 이해했고, 니나의 기분을 대신 비춰주었다. 니나가 관찰한 것들을 인정해 주고, 숨기고 있던 소망을 대신 나타내 주었다. 니나는 교사가 자기 마음을 알아주고, 뜻을 받아주고, 인정해 준다는 느낌을 받았다. 그래서 사랑의 제스처로 보답했던 것이다.

무언의 위로

이 사건은 어떤 3학년 담임 교사가 이야기한 것이다.

간이 식당에 있는데, 여덟 살짜리 레이먼이 목이 터져라 울면서 들어왔어요. 왜 그리 서럽게 우는지 이유를 알아내기조차 쉽지 않았어요. 하지만 이유 따위는 문제가 되지 않는다는 것을 금방 깨달았어요. 레이먼이 내게 온 까닭은 위로를 받기 위해서이지, 이유를 따지기 위해서가 아니었어요. 머리를 쓰다듬어 주면서 "괜찮아, 레이먼. 괜찮아."라고 말해 주었어요. 여러 가지로 동정하는 말을 해주었더니, 레이먼의 기분은 차츰 진정되었어요. 눈물이 그치고, 아이의 얼굴 표정이 변하더군요. "선생님, 내 맘 알아줘서 고마워요."라고 말하는 것 같았어요.

레이먼은 울었던 까닭을 설명할 필요가 없다고 생각했는지, 용케도 살짝 미소를 지어 보이며 자기 자리로 돌아갔어요. 아이가 울면서 내게 다가올 때 이유를 꼬치꼬치 따지는 대신에 위로를 해주는 것이 도움이 되더군요.

최초의 도움

일곱 살짜리 스티븐은 열심히 진흙으로 배를 만들었다. 진흙을 반죽하여 배 모양을 뜨고, 노를 만들고, 그 안에 사람 모양을 만들어 넣었다.

그 자랑스런 물건을 선생님께 보여주고 싶었던 스티븐은 선생님께 다가가던 중 브루스와 부딪혀 배가 산산조각이 나고 말았다. 스티븐은 울음을 터뜨렸다. 화가 난 스티븐은 브루스에게 달려들었다.

교사는 감정부터 먼저 달래는 방법을 알고 있었다. 두 아이를 떼어놓고 스티븐이 받았을 마음의 상처에 초점을 맞췄다.

"열심히 배를 만드는 모습을 나도 보았어. 배를 만드느라 얼마나 애를 썼는지도 알고. 그게 깨졌으니 얼마나 마음이 상하겠니? 여기 새 진흙이 있으니, 마음이 가라앉으면 다시 새 배를 만들어 보렴."

교사는 일부러 스티븐의 분노를 무시했다. 또 브루스를 꾸짖거나 왜 그랬는지 묻지도 않았다. 스티븐을 위로하는 데만 마음을 집중하여, 아이가 다시 자제하며 자신감을 얻을 수 있도록 도와주었다.

친절한 편지

학교 양호 교사에게서 전갈이 왔다. 리어에게 예방 주사를 맞혀야 한다는 내용이었다. 리어는 울기 시작했다.

교 사 : 예방 주사 맞는 게 무섭지?
리 어 : 네.
교 사 : 양호 선생님에게 가고 싶지 않지?
리 어 : 네. 무서워요.
교 사 : 네 맘 알아. 내가 양호 선생님에게 편지를 써줄게. 너
       한테는 특별히 주사를 살살 놓아달라고 할게.

교사는 편지를 써서, 리어를 양호 교사에게 보냈다. 돌아왔을 때 보니, 리어의 눈이 눈물에 젖어 벌겠다. 교사는 물었다.
"아팠지?"
리어는 대답했다.
"네. 처음에 무척 아팠는데, 지금은 괜찮아요."
교사는 리어에게 큰 도움이 되었다. 리어의 무서움을 가볍게 여기지 않았다.("너처럼 큰 아이가 예방 주사가 무섭니?") 냉정한 논리를 구사하지도 않았다.("너를 위해서 예방 주사가 필요한 거야.") 거짓 확신을 주입하지도 않았다.("전혀 아프지 않아. 긁히기만 할 뿐이야.")

그 대신 교사는 리어의 감정과 소망을 인정하며, 도움을 주는 행동을 취했다.

가벼운 짜증

일곱 살 된 러셀은 낱말놀이를 하는 수업 중에 선생님께 지명을 받지 못해서 마음이 언짢았다. 놀이가 끝나자 가볍게 짜증을 냈다.

러 셀 : 선생님은 나보다 다른 아이들을 더 좋아하세요.
교 사 : 정말 그렇게 생각하니, 러셀?
러 셀 : 그래요. 나는 한 번도 안 시켰잖아요.
교 사 : 내가 널 더 많이 시켜주길 바라는구나. 더 많은 기회를 갖고 싶어서.
러 셀 : 네.
교 사 : 내 주의를 끌고 싶다는 심정을 말해 줘서 고마워, 러셀. 잊지 않도록 네 기분을 기록해 둘게.

이 사건에서 교사는 능력을 보여주었다. 아이의 기분을 무시하지 않았고, 맞대응을 하지도 않았다. 훈계를 하거나 벌을 주지 않았다. 그 대신 아이를 자기편으로 만들었다.

부드러운 반응

아홉 살 된 데이비드는 교사에게 숙제를 보여주었다.

교   사 : (틀린 곳을 지적하면서) 이 문제들은 다시 한 번 더 살
            펴봐야겠는데.
데이비드 : 날 꼭 바보 같다는 듯이 쳐다보시네요.
교   사 : 그래? 그럼 내 표정을 좀더 부드럽게 바꿀게.
데이비드 : 부드러운 게 뭐예요?
교   사 : 점잖고 상냥한 거야. 네 숙제는 무척 어려웠어. 문제도
            많고. 그걸 하려면 시간도 걸리고 힘도 들었을 거야.
데이비드 : 네. 그랬어요.

데이비드는 문제를 살펴보고 틀린 곳을 고쳤다. 기분이 좋아졌다. 교사가 부드럽게 대응했기 때문에 말씨름하며 가시 돋친 말을 할 필요도 없었다.

비난을 받았을 때, 공격적이거나 수동적으로 대응하지 않았다. 맞대응을 하거나 데이비드의 트집을 무시하지도 않았다. 싸우기보다는 분위기를 바꾸는 쪽을 선택했다. 설명 대신 인정을 함으로써, 대화의 흐름을 변화시킬 수 있었다.

감정을 소중히

일곱 살 된 러디가 갑자기 울기 시작했다. 교사는 그에게 다가가 말했다.
"무슨 일이 있었나 보구나."
러디는 고개를 끄덕이면서 새 장난감 자동차를 가리키며 말했다.
"바퀴가 떨어져 나갔어요. 줄리오가 그랬어요."
"나도 모르게 그랬어요."
줄리오가 중얼거렸다.
"러디, 이거 네 새 자동차 맞지?"
교사가 걱정스럽게 물었다.
"네."
러디가 대답했다.
"어쩜 좋으니."
교사가 말했다.
러디는 울음을 그쳤다. 잠시 아무 말도 않고 있다가 말했다.
"괜찮아요. 집에 다른 차가 있어요."
위기도 지나갔다.
이 사건은 간결하고 명확한 공감이 어떤 힘을 발휘하는지를 보여준다. 교사는 질문과 비난, 훈계를 하지 않았다. 러디에게 왜 학교에 장난감 자동차를 가져왔는지, 줄리오에게 왜 자동차를 망가뜨렸는지 묻지 않았다.

그 대신 감정에 초점을 맞추었다. 그렇게 현실을 인정한 결과 문제가 저절로 풀린 것이다.

위신 세워주기

열두 살 된 수전은 주말에 도서관에 가서 도서 분류 작업을 도와주겠다고 자원했다. 그런데 토요일에 해야 할 숙제가 산더미처럼 쌓여 있다는 사실을 깨달았다. 도서 분류 작업을 돕겠다고 약속했던 일이 후회가 되고, 기분도 언짢고 우울했다. 토요일 아침 도서관에 도착한 수전의 눈에는 눈물이 가득했다. 교사는 아무 말 없이 주의 깊게 수전의 이야기를 들어준 다음, 말했다.

"그렇게 낙심했으면서도 일하러 온 거구나. 그건 네 마음이 그만큼 바르다는 뜻이야. 네 성품이 훌륭하고, 정직하다는 증거이기도 하고."

교사가 다음과 같이 훈계를 하거나 수전의 마음을 무시하는 말을 했더라면, 이 일화는 좋지 않게 끝났을지도 모른다.

"왜 주중에 해야 할 숙제를 주말까지 미뤄두었니?"
"그렇게 할 일이 많은데, 왜 도와주겠다고 자원했니?"
"다음 번에 자원할 때는 한 번 더 생각해 보고 해."
"어쨌든 오늘은 시간 낭비가 되겠구나."
"아무튼 도서관에 왔으니, 뭔가 배울 점을 있을 거야."

아이의 마음을 존중해 주고, 위신을 세워줄 줄 아는 교사였기 때문에 상황이 잘 해결된 것이다. 짤막한 반응을 통해서 교사는, 도서관 일이 가치가 있다는 사실, 수전의 성품이 훌륭하다는 점을 수전에게 전할 수 있었다.

적당한 목표

최선을 추구하는 교사들은 상식적인 방법에 의지한다. 그들은 우월함을 과시하는 행동이 효과가 없다는 것을 알고 있다. 설교나 훈계를 하지 않는다. 죄책감을 안겨주지 않으며, 약속을 요구하지도 않는다. 사소한 실수를 가지고 꼬치꼬치 그 이유를 파고들지 않으며, 교실에서 사건이 벌어졌을 때, 그 이유를 미주알고주알 캐묻지 않는다. 아이들의 과거 이야기나 먼 미래를 들먹이지 않는다. 현재만 다룬다. 곤란을 겪고 있는 아이의 지금 이 자리를 중요하게 생각한다. 어떤 교사는 이런 말을 했다.
"과거에는 장래의 발전에 초점을 맞추어 행동하곤 했어요. 지금은 좀더 가벼운 목표를 세워요. 먼 유토피아 대신에, 현재의 기분과 지금 당장 필요한 일에 관심을 가져요. 일이 있을 때마다 아이들이 내 교실에서 사람다운 위안을 받게 하고 싶어요."
최선을 추구하는 교사들은 그와 같은 변화가 가능하고 또 실제로 유용하다는 것을 입증해 주는 살아 있는 증거들이다.

교사와 학생 사이 ·············제 3 장

아주 나쁜 상황

한 유명한 사진 작가가 친구에게 가난한 인디언 마을의 고난과 절망에 대해 이야기했다.

"여자들은 임신 중이고, 아이들은 병들었고, 남자들은 일하러 밖에 나가 있고, 마을은 폐허이고, 땅은 초토화되어 있었어."

"넌 뭘 했는데?"

친구가 물었다.

"그들의 모습을 컬러 사진에 담았어."

사진 작가는 대답했다.

이 사진 작가와 달리, 교사들은 역할 뒤로 숨을 수가 없다. 전문 직업인이면서도 교사는 처음부터 또 항상 근심을 안고 사는 인간이다. 스트레스를 받는 상황에서도 교사는 적절한 행동을 해야 한다. '정신적인 압박을 받아도 우아함'을 잃지 않는다. 상황을 꿰뚫어 보며 반응한다. 충동적으로 반응하지 않는다.

모든 교사들이 열심히 일한다. 아이들의 요구에 끝없이 응해야 한다. 그런데 어떤 교사들은 일을 지나치게 많이 한다. 피할 수 있는 싸움, 비켜 갈 수 있는 충돌, 예방할 수 있는 사태에 시간을 쏟고, 에너지를 낭비한다. 학교마다 거대한 인적 자원이 쓸데없는 일에 소모되고 있다. 불필요한 충돌과 백해무익한 싸움을 하느라 시간과 재능이 무더기로 버려지고 있다.

다음에 소개할 일화들은 날마다 교실에서 벌어지는 상황에 대해 교사가 적절치 못한 말과 행동으로 대응했을 때 어떤 파괴적인 결과가 빚어지는지를 잘 보여준다.

"넌 원래 그렇게 느리니?"

"자기 자리에 앉아."

교사가 아이들에게 말했다. 그런데 남자아이 한 명은 여전히 복도에 서 있었다. 교사는 그 아이에게 몸을 돌려 화를 냈다.

"앨프리드! 너 뭘 기다리는 거야. 특별히 모셔주기라도 바라니? 왜 꼭 맨 마지막에 자리에 앉아야 하니? 왜 한없이 뜸을 들여서 자리에 앉는 거야? 본래 그렇게 느린 거냐, 아니면 도와주는 사람이 있어서 그러는 거냐?"

앨프리드는 질겁한 표정으로 자리에 앉았다.

교사는 시를 읽기 시작했다. 그러나 앨프리드 귀에는 들리지 않았다. 앨프리드는 시보다는 산문적인 상상에 사로잡혀 있었다. 교사가 죽은 모습을 머릿속에 그리며, 장례식 준비에 홀딱 빠져 있었다. 아이에게 가시 돋친 꾸중을 하면 득보다 실이 더 크다. 미움과 복수심만 자극하게 될 뿐이다. 교사는 자기 의도를 간단하고 단정적으로 말할 수도 있었을 것이다.

"앨프리드, 시를 읽을 시간이 됐어."

이렇게 암시만 주어도 대부분의 아이들은 자리에 앉는다. 만일 앨프리드가 계속 자리에 앉지 않으면, 명확하면서도 비난은 자제하는 표현으로, 분노와 기대를 전달할 수 있었을 것이다.

"앨프리드, 다른 아이들은 수업을 시작할 준비가 되어 있는데, 너 혼자 서성거리고 있는 걸 보면 선생님은 기분이 좋지 않아."

쇠망치 미학

미술 교사가 학생들에게 그림 두 장을 보여주며, 어느 그림이 더 좋으냐고 물었다. 열두 살 된 헨리는 대답하는 데 뜸을 들였다. 교사는 말했다.

"시간이 하루 종일 있는 게 아니야. 어느 그림이 좋은지 어서 결정해."

반 아이들이 킥킥대고 웃자 헨리는 얼굴이 붉어졌다.

백 번을 양보해도, 학생을 희생양으로 삼아 우스갯거리로 만드는 행위는 비교육적이다. 빈정댄다고 해서 반응이 느린 학생을 고칠 수는 없다. 심리 과정은 조롱으로 고쳐지는 것이 아니다. 조롱은 미움을 키우고, 복수심만 부를 따름이다. 어려운 순간에 교사가 해야 할 제1의 역할은 도움을 주는 것이다. 머뭇거리는 헨리에게 교사는 이렇게 말할 수도 있었을 것이다.

"결정을 내리기가 쉽지는 않을 거야. 선택하기 어려울 거야. 두 그림 속에 다 네가 좋아하는 점들이 있을 테니까. 어떤 그림이 네 마음에 더 크게 호소하니?"

쇠망치로 미술에 대한 생각을 주고받을 수는 없다. 미학을 비미학적인 방법으로 가르칠 수는 없다.

긴 나눗셈

아홉 살짜리 매트는 긴 나눗셈을 하다 중간에서 방향을 잃고는, 교사에게 도움을 구했다. 교사는 이렇게 대답했다.

"문제를 설명할 때는 어디 있었니? 하여간 귀담아듣질 않는다니까. 늘 놀기만 하다가 지금 와서 따로 주의를 기울여달라고 하는 거야? 여기 너 혼자만 있는 것이 아니잖아. 너한테만 신경 쓸 겨를이 없어."

매트는 자기 자리로 되돌아갔다. 하지만 남은 수업 시간 동안에 분위기를 흐트러뜨릴 방법만 찾고 있었다.

바쁘더라도, 교사는 매트에게 도움을 줄 수 있었을 것이다. 이렇게 말해 줄 수도 있었을 것이다.

"긴 나눗셈은 이해하기가 쉽지 않아. 지금 당장 네게 설명해 줄 시간이 있으면 좋겠는데 그럴 수가 없구나. 적당한 시간을 한번 잡아보도록 하자."

숙제에 어려움이 있을 때 아이들이 버릇없이 행동하는 경우가 종종 있다. 부담이 되기 때문에 도와달라는 말을 하지 못한다. 도움을 요청했다가 꾸지람을 들은 경험이 있었기 때문이다. 몰라서 조롱을 받기보다는 까불다가 벌을 받는 편을 택한다. 아이들이 버릇없이 굴 때는, 기꺼이 도와주는 것이 최선의 해결책이다.

험담

아홉 살 된 모나는 수업 중에 해야 할 과제를 제 시간에 마치지 못했다. 교사는 모나에게 말했다.

"넌 게으르고, 부주의하고, 무책임해."

수업이 끝난 뒤, 모나는 교사에게 말했다.

"선생님은 정말 절 잘 몰라요. 전 게으르거나 부주의하지 않아요. 과제 때문에 얼마나 걱정을 많이 하는데요. 과제를 하려고 있는 힘을 다한다고요. 제가 선생님하고 공부하는 시간은 40분밖에 안 돼요. 선생님은 다른 선생님들이 아는 만큼 저를 모를 거예요."

교사는 이렇게 대꾸했다.

"주제넘은 계집애 같으니. 그게 너야. 거기다 수다스럽기까지 해. 내가 보자고 한다고 어머니 좀 학교로 오시라고 해. 말 많은 딸 문제로 상의할 게 있다고 말이야."

모나는 울면서 집에 돌아갔다.

험담은 교육자에게는 금기 사항이다. 험담을 들은 학생은 험담만 배우게 된다. 험담은 원한을 부른다. 아이들은 교사의 눈을 통해 자기 자신을 바라볼 때가 많다. 교사가 아이에게 한 말은 심각한 결과를 빚어낸다.

교사는 모나가 자기 자신에 대해서 긍정적인 이미지를 가질 수 있도록 뒷받침해 줄 수도 있었을 것이다.

"과제에 신경 쓴다고 말해줘서 고마워. 내가 너무 성급하게 너에 대한 판단을 내렸던 모양이야."

　이렇게 말해 주었더라면 평화가 회복되고 모나는 교사에게 호감을 가졌을 것이다.

내게도 사생활이 있어요

　열한 살 된 재닛은 쾌활하고 말이 많은 아이였다. 그런데 오늘은 시무룩한 얼굴로 말없이 책상에 앉아 있었다.

교　사 : 오늘 무슨 일이 있니?
재　닛 : 아무 일도 없어요.
교　사 : 자, 선생님한테 이야기해 봐. 네 마음이 보여. 무슨 일이 있었는데 뭘. 무슨 걱정거리 있니?
재　닛 : 아무 걱정거리도 없어요.
교　사 : 내 말 들어봐. 내 눈은 속이지 못해. 난 네 성격을 알아. 네 기분을 말해 볼까? 너 오늘 일어날 때부터 기분이 나빴잖아, 안 그래?
재　닛 : 제발, 그만 좀 하세요.
교　사 : 너 그게 무슨 말버릇이야? 버르장머리를 고쳐놓든지 해야지, 원. 선생님이 참는다. 자기가 잔뜩 화가 난 것도 모르는 아이를 데리고 뭘 어떡하겠니?

재닛은 남은 수업 시간 동안 손으로 얼굴을 가리고 한 마디도 하지 않았다.

재닛의 교사는 좋은 의도에서 그렇게 했는지 모르겠지만, 도움이 되지는 못했다. 몰래 남의 감정을 알아내려고 하는 데는 늘 위험이 뒤따른다. 꼬치꼬치 캐묻는 것은 품위 있는 행동이 아니다. 점잖음을 잃지 않으려면 거리를 두어야 한다. 초대나 허락을 받지 않고 사생활을 침해해서는 안 된다. 비밀을 토로하는 것은 개인이 결정할 문제이며, 당사자에게는 입을 다물 권리가 있다. "너보다 너를 더 잘 알아."라는 말을 아이에게 하는 것은 불법 침입과 비슷한 감정적인 월권 행위이다. 분별 있고 간략하게 도와주는 것이 가장 좋다.("내가 도와줄까?") 싫다는데도 계속해서 수다스럽게, 또 큰 소리로 도와주겠다고 나오면 당사자는 당황하게 된다. 그런 행동은 저항과 분노를 불러일으킨다.

가혹한 질문

아홉 살 된 펠릭스는 교사에게 6학년 남자아이가 책으로 자기의 머리를 때렸다고 불평했다.

교　사 : 그 애가 다짜고짜 다가와서 널 때렸다 이거지, 이렇게? 넌 아무 짓도 안 하고, 아무 잘못도 없이 그냥 가만히

　　　　　서 있었고, 그 애는 전혀 모르는 아이라는 말이지?
펠릭스 : (눈물을 흘리며) 네.
교　사 : 네 말을 믿을 수가 있어야지. 네가 무슨 짓을 했을 거
　　　　　야. 난 널 알아. 넌 남의 화를 돋우는 데는 한 수 하는
　　　　　아이거든.
펠릭스 : 아무 짓도 하지 않았어요. 내 할 일 하면서, 그냥 복도
　　　　　에 서 있기만 했어요.
교　사 : 매일 복도에 서 있어도 아무도 날 때리지 않는데, 넌
　　　　　어떻게 늘 말썽을 몰고 다니니? 조심하지 않으면, 언
　　　　　젠가 한번 큰 코 다칠 거야.

　펠릭스는 책상에 엎드려 팔에 얼굴을 묻고 울었다. 교사는 자기 일을 시작했다. 이 사건을 보면 교사가 귀담아 이야기를 들어주어야 할 시간인데, 오히려 자기 말을 하고 있다. 아이의 경험을 인정해 주었어야 하는데, 사실을 무시했다. 아이의 감정을 대신 비춰주었어야 할 때, 질문을 했다.
　"무지 아팠겠구나."
　"그 때문에 화가 나겠구나."
　"무지하게 기분이 나빴겠구나."
　"원하면, 실제 있었던 대로 선생님에게 적어봐. 내가 할 수 있는 조치를 취할 테니까."
　아이가 고통을 겪고 있을 때, 교사는 아이가 겪은 일을 정말로

이해하려는 모습을 보여주어야 한다. 그래야 사태가 수습될 수 있다.

쓰라린 놀림 1

열 살인 앤디는 칠판 앞에 서서 곱셈 문제를 설명하려고 애를 썼지만, 틀리고 말았다. 그걸 본 교사가 말했다.
"입만 열면 딴 소리가 새어나오는구나."
아이들은 큰 소리로 웃었다. 앤디는 꽉 입을 다문 채 서 있었다. 교사는 다른 아이에게 문제를 풀어보라고 하면서, 앤디에게 한 마디도 놓치지 말고 들어보라고 했다.
일이 이쯤 되면 앤디의 귀에 무슨 소리가 들어올 리가 없다. 마음은 교실 밖으로 훌쩍 달아나 있기 때문이다. 귀를 틀어막고 있으면 어른들의 꾸중도 피해 갈 수 있다는 것을 이미 터득하고 있던 터였다. 앤디는 공격을 피해 환상 속에서 사는 방법을 배웠다.
교사는 앤디를 달래 외톨이 상태에서 끌어내기는커녕, 더욱더 자기 안으로 꼭꼭 숨어들게 했다. 앤디에게 필요한 것은 곱셈을 배우는 일이지, 자존심을 깨뜨리는 일이 아니었다. 쉽지는 않겠지만, 다른 사람을 희생양으로 삼아서 똑똑한 체하고 싶은 충동은 자제해야 한다.

쓰라린 놀림 2

위트(Witt)라는 이름을 가진 남자아이가 간단한 질문에 틀린 대답을 했다. 교사는 이렇게 말했다.

"조금만 더 머리가 좋았더라면 절반은 위트(half-wit, 얼간이라는 뜻―옮긴이)가 되었을 텐데."

학급 아이들은 교실이 떠나가도록 박장대소했다. 아이는 얼굴을 붉힌 채, 조용히 자기 자리로 돌아갔다.

그 뒤부터 아이들은 위트를 무자비하게 골려댔다. 교사의 본을 받은 터라, 한 술 더 떴다. 그들은 위트를 '절반은 영리한', '절반은 멍청한' 따위의 말로 놀렸다. 놀림을 견딜 수 없게 된 위트는 결국 전학을 했다.

교사는 외과 의사와 같아서, 칼을 아무렇게나 휘둘러서는 안 된다. 한번 상처가 나면 평생 갈 수도 있기 때문이다.

독 묻은 연필

열여섯 살인 톰은 영문학 시험에서 낙제를 했다. 이류 작가였던 교사는 이번 기회에 자기 재능을 발휘하기로 했다. 그는 톰의 시험지에 이렇게 썼다.

"모든 것은 변한다. 무지만은 변함 없이 지속된다. 그 완벽한 본보기가 바로 너다."

톰은 천길 낭떠러지로 떨어지는 기분이었다. 교사는 톰의 열등감을 더욱 굳게 해주었다. 톰은 아무런 저항 없이 교사의 평가를 받아들였다. 교사의 평가는 톰이 자기 자신에 대해 갖고 있는 이미지와 일치했다. 자신의 운명과 목적에 대해서 수심에 잠겨 있던 톰은 우울증에 사로잡혀 아이들과 어울리는 것을 포기했고, 결국은 학교를 떠나고 말았다. 아이에게 풍자를 사용하는 것은 좋지 않다. 풍자는 아이의 자신감과 자존심을 파괴한다. 풍자는 뱀의 강한 독처럼 치명적일 수 있다. 가시 돋친 반어와 신랄한 풍자는 그것들의 공격 대상이 된 특징만 강화시켜 줄 따름이다.

"너 뭐 아는 게 있니?"

열한 살 된 칼은 교실 창문을 열 수가 없었다. 그걸 보고 교사는 이렇게 말했다.

"창문도 하나 열지 못하니? 너 뭐 아는 게 있니?"

칼은 벌겋게 달아오른 얼굴로 자기 자리로 돌아가며, 소리 죽여 저주를 퍼부었다. 교사의 대응 방법은 매우 치명적이었다. 아이들은 자기 능력을 절대 확신하지 못한다. 여러 사람 앞에서 지적 능력을 공격하는 것은 가장 상처받기 쉬운 곳을 건드린 행위다. 독기어린 비난은 아이들에게 자기 발전을 위한 동기를 부여하지 못한다. 그와 반대로 자발성을 파괴한다. 상황에 어울리는 말을 했더라면 좀더 도움이 되었을 것이다.

"저 창문이 또 말썽이니?" 하고 물을 수도 있었다. 위안을 받고, 자신감을 얻어 고무된 칼은 더욱더 노력을 기울였을 것이다. 어쩔 줄 모르고 있던 자기를 구해 준 교사를 좋아하게 되었을지도 모른다.

"반 고흐, 내 말 들어봐"

교　사 : 왜 숙제를 안 했니?
론(열여섯 살) : 그림을 그리고 있었어요. 창의적인 기분에 빠져 있었기 때문에, 중간에 그만두고 싶지가 않았어요.
교　사 : 넌 창조적인 천재야, 그렇지? 단 한 시간도 그림을 중단할 수 없을 정도로 말이야. 반 고흐, 내 말 들어봐! 넌 변명을 늘어놓는 데 천재적이야. 그게 전부야. 하지만 우리 반에서는 안 통해. 너희 어머니를 속여먹을 수 있을지는 몰라도, 난 못 속여. 임마, 난 너보다는 머리가 좋아. 너 같은 녀석을 알아. 재능도 없는 주제에 어림없는 환상만 가지고 맨발로 빈둥거리지.

이렇게까지 몰아붙일 필요는 없었다. 그래 봐야 교사와 학생 사이의 골만 깊어질 따름이다. 폭력적인 언어로는 성과를 높일 수도 없고, 인격을 향상시키지도 못한다. 오로지 증오에 불을 댕길 뿐이다.

학생의 예술적인 욕구에 관심을 보여주었더라면, 오히려 더 좋은 결과를 거둘 수 있었을지도 모른다. 현대 미술에 대해서 몇 가지 배울 수 있었을지도 모른다. 아이의 삶과 예술에 대한 생각을 주고받는 것이, 기발한 상상력을 동원하여 심하게 꾸지람을 내리는 것보다 더 학교 공부와 숙제를 하고 싶은 마음을 자극한다.

"선생님은 저렇게 말하면 안 돼"

열두 살 된 스티븐이 연필로 쿡쿡 찌르자, 바버라는 화가 나서 뒤를 돌아보았다. 하지만 말은 하지 않았다. 스티븐은 무슨 뜻인지 알아들었다. 교사만 아니었다면, 사건은 그것으로 끝이 났을 것이다. 교사는 큰 소리로 스티븐을 위협했다.

"스티븐, 한 번만 더 그랬다간 쫓아버릴 거야, 아주 영원히! 왜 그리 끊임없이 훼방을 놓니? 나도 신물이 난다. 넌 정말 골칫덩어리야."

스티븐은 당황한 얼굴로 눈길을 아래로 떨구었다. 하지만 능청스럽게 웃으며 가까이 있는 몇몇 친구들에게 신호를 보냈다. 아이들은 그를 도와주기 위해 재빨리 모여들었다.

"선생님은 저렇게 말하면 안 돼. 그래 봐야 우리 마음에 좋을 게 없어."

러스티가 교사를 비난했다.

"잘난 척하지 마, 이 멍청한 녀석아. 이건 네 문제가 아니야"

교사가 소리쳤다.

러스티가 대꾸했다

"섬에서 혼자 사는 사람은 없잖아요. 모욕은 열등감만 키워줄 거예요."

교사가 화를 벌컥 내며 소리를 질렀다.

"입 닥쳐, 넌 친구의 보호자가 아니야. 네 주둥이나 닫아."

소란이 잦아들었다. 무거운 침묵이 내려앉았지만, 미움이 가득한 분위기였다.

"오늘은 옛 예언가들의 가르침 속에 나오는 자비와 연민 사상에 대해서 이야기해 보기로 하자."

교사가 선언했다.

교실 안에서 쓸쓸한 웃음소리가 솟아오르다 갑자기 수그러들었다. 교사가 자비의 속성에 대해서 입을 열기 시작했기 때문이다.

이 교사는 아이들에게 해로운 행동을 거듭했다. 불필요하게 관여했다. 위협하고 성질을 부렸다. 거칠게 행동했다. 잘못된 가치를 전하고, 위선을 부렸다. 연민의 미덕에 대한 그의 수업은 순전히 거짓이었다. 자비는 자비를 통해서만 배울 수 있다.

평화에 관한 전쟁

사회 시간에 열다섯 살 된 라울이 말했다.

"난 우리 나라가 UN에서 탈퇴해야 한다고 생각해요. UN으로는 아무것도 성취할 수가 없어요. UN은 쓸데없는 소리로 가득 차 있어요. 하는 일이라고는 토론, 토론, 토론이 전부예요."

교사가 라울을 비난했다.

"말도 안 되는 소리 하지 마. 어린 게 그런 중요한 문제에 대해서 뭘 안다고. 네가 UN에 대해서 아는 게 뭐야? 그 문제에 대해서 책이라도 몇 권 읽어본 적 있어? 아니면 논문이라도? 신문을 읽어본 게 언제야? 무식한 녀석 같으니. UN이 없으면 평화에 대한 희망이 없다는 걸 알기나 해?"

이 교사는 UN과 UN의 평화적 사명에 대한 강력한 후원자일지는 모른다. 그러나 라울에게 대꾸하는 과정에서는 새로운 전쟁을 일으켰다. 그의 공격은 미움을 자극하고, 격렬한 분노에 불을 댕기고, 반격을 초래했다. 화가 난다고 해서 아이들을 무시해서는 안 된다. 그들의 감정과 의도에 대해서 품위 있게 대응해야 한다.

"내가 보니 넌 UN에 대해서 좋지 않은 감정을 갖고 있구나. UN의 업적에 대해서 깊은 환멸을 느끼고, UN이 직접 행동에 나서지 못하는 것 때문에 크게 실망하고 있어. 그렇다면 우리에게 무슨 대안이 있겠니?"

정정당당한 경기

체육 교사인 아벨과 한 무리의 아이들이 공놀이를 하고 있었다. 갑자기 여덟 살 된 테드가 울음을 터뜨렸다.
"왜 우니?"
교사가 물었다.
"나한테는 한 번도 공을 던져주지 않아서요."
테드가 속삭였다. 교사는 화가 난 얼굴로 테드를 쳐다보더니 말했다.
"여기 너만 있는 게 아니잖아. 기회는 모든 아이에게 다 공평한 거야. 네 차례가 될 때까지 기다려. 그렇게 울보처럼 굴지 말고."
그리고 나서 교사는 다른 아이에게 공을 던져주었다.
교사는 말로는 정정당당한 경기를 강조했지만, 테드에게는 전달되지 않았다. 우는 아이는 민주주의 교육을 해도 받아들이지 못한다. 아이가 슬퍼할 때는 그 불만을 인정해 주고, 소원을 말로 표현해 주는 것이 가장 좋은 해결책이다. 교사로서는 눈물을 흘리는 테드에게 이렇게 말했으면 좋았을 것이다.
"응, 그것 때문에 우는구나. 너한테 공이 오길 기다리는데, 오지 않아서. 이번 공은 네가 잡을 수 있을 거야, 테드."
교사가 과감하게 친절한 몸짓을 보여줄 수도 있다. 그럴 기회는 늘 있으며, 눈덩이처럼 커질지도 모른다.

찢어진 외투

아홉 살 된 호세가 놀고 있는데, 어쩌다 외투가 찢어졌다. 호세는 떠나갈 듯 소리내어 울면서 교사에게 달려갔다.

"엄마가 날 죽이려고 할 거예요. 가만두지 않을 거예요."

말을 듣고 있던 교사가 말했다.

"왜 좀 조심하지 그랬어. 죽이기까지야 하겠니. 하지만 혼날 짓을 하긴 했구나."

낙심할 대로 낙심한 호세는 교실 바닥에 뒹굴며 교실이 떠나가라 울어댔다. 교사는 이 일을 기회로 아이들에게 조심스런 행동에 대해서 설명하면서, 호세를 부정적인 예로 들었다.

무엇보다도 교사로서는 인정을 보여줄 필요가 있었다. 다른 사람들은 비난할 때, 교사는 위로해 주었어야 한다. 다른 사람들은 꾸중을 할 때에도, 교사는 도움을 주었어야 한다. 동정심 있는 교사였다면 이렇게 말했을 것이다.

"어머니가 네 외투를 보고 꾸중을 할까 봐 겁이 나는구나. 내가 편지를 써줄게. 우연히 외투가 찢어진 것이라고 말이야."

편지가 호세에게 꾸중을 면하게 해주지는 않았을지 모른다. 하지만 학교에서 받은 마음의 상처를 치료해 줄 수는 있었을 것이다.

무차별 공격

다음은 한 교생이 작성한 보고서이다.

    오늘 학교에서 목격한 일은 개인이 저지른 대학살극이나 마찬가지였다. 교사 한 사람이 아이 30명의 목숨을 파괴한 만행이었다. 그 교사는 말을 무기 삼아 교실에 참상을 일으켰다. 어떤 여교사는 지각한 남자아이에게 상징적인 매질을 가하는 일로 하루를 시작했다. 그 다음에는 잊어버리고 숙제를 해오지 않은 여자아이가 징벌의 표적이 되었다. 숙제를 베끼다 들킨 아이에게 욕설을 퍼붓고 난 다음에는 베끼게 해준 남자아이를 비난했다. 수업은 아직 시작도 하지 못했는데, 분위기는 이미 엉망이 된 상태였다.

어떤 어머니의 걱정

다음 보고서는 공개 수업 행사 때 아들의 수업을 참관하고 온 어떤 어머니가 걱정하는 마음으로 쓴 글이다.

    공개 수업 주간이었다. 아들이 수업하는 교실에 가서 책상에도 앉아보고, 7학년짜리 남자아이가 어떻게 수업을 하는지 엿볼 수 있는 기회였다. 수학 시간에 미리 교실에 들어가, 아이들이 조심스럽게 걸어와 자기 자리에 앉아서 공책을 펼치는 모습을 지켜보고 있었다. 아이들 몇 명은 끼리끼리 소곤거리며 이야기를 나누고 있었다. 짧은 치마 차림의 한 젊은 여교사가 출입문에 모습을 드러냈다. 교사는 화가 난 표정으로 눈썹을 찌푸렸다. 한 마디 말도 없이 손가락을 튕기고 있던 교사는 복도 방향으로 휙 고개를 돌렸다. 아이들은 책들을 다시 챙기더니 어슬렁거리며 교실 바깥으로 나가 일렬로 줄을 섰다. 젊은 여교사는 아이들을 꾸짖었다.

"몇 번이나 규칙을 상기시켜 주어야 알겠니? 선생님이 없을 때는 아무도 이 교실에 들어와서는 안 되잖아."

아이들은 풀이 죽은 모습으로 다시 줄지어 교실로 들어왔다. 아이들이 자리에 앉자, 교사의 입에서 속사포처럼 말이 쏟아졌다.

"오늘은 말썽을 일으키지 않기 바란다. 폴, 지미, 5분 동안 입 다물고 있을 수 있지? 걱정이 되어서 그래. 로저, 오늘은 숙제 해왔겠지? 안 해왔다고? 왜? 그런 핑계는 안 통해. 좋아, 우리 이제 숙제를 점검하자. 첫 번째 문제 정답 아는 사람?"

아이들이 손을 들었다.

"73이 맞아요?"

"아냐, 틀렸어."

다른 아이들이 손을 들고 힘차게 흔들었다.

"78인가요?"

"아니, 틀렸어. 누구 정답 아는 사람? 말해 봐."

"75가 맞나요?"

"맞았어. 그 문제는 너희들에게 어려울 이유가 전혀 없는데. 전에 여러 번 풀어본 문제잖아. 다음 문제."

숙제 점검이 끝날 때까지 같은 과정이 되풀이되었다. 나머지 수업 시간 동안 교사는 아이들 몇 명에게 소수점에 대해서 가르쳤고, 다른 아이들은 자기 자리에 앉아 공부를 했다.

종이 울리자 나는 아이들을 따라 언어 수업 교실로 갔다. 아이들에게 문법책을 펼치라는 소리와 함께 교사는 수업을 시작했다. 단조로운 목소리로 부사구에 대해서 설명을 하고 나서, 학생들에게 연습 문제를 풀라고 지시했다. 교사의 지시를 알아듣지 못한 아이들 몇 명이 자기들끼리 웅성거렸다. 교사는 주의 깊게 들었다면 자기가 무슨 말을 했는지 알아들었을 거라며 아이들을 야단쳤다.

다시 종이 울리자, 아이들은 재빨리 소지품들을 챙겨서 복도를 따라 터덜터덜 걸어서 과학 수업을 받으러 갔다. 아이들은 조용히 자리에 앉아 공책을 펴놓고 기다렸다. 마침내 교사가 들어왔다. 말쑥하게 차려입은 잘 생긴 젊은 남자 교사였다. 그는 눈살을 찌푸리더니 윗도리를 조심스럽게 벗어 의자 뒤쪽에 걸었다. 그런 다음 지휘봉을 꺼내 들고 책상을 두드리더니 이렇게 말했다.

"자 여러분, 그리고 말썽꾸러기 슬로언, 캐츠, 콜롬보! 다음 동물들은 어떤 유(類)에 속하지?"

한 여자아이가 손을 들었다.

"선생님……."

"너 입 좀 다물지 못하겠니?"

"선생님, 손을 드느라 그런 건데요!"

"그래. 하지만 소리를 지른 것도 사실이잖아."

연달아 연습이 이어졌다. 아이들은 다양한 유를 표현하는 길다란 라틴어 이름들을 더듬거렸다. 이름을 하나씩 연습할 때마다 교사는 긴 지휘봉을 내리치며 딱딱 소리를 냈다. 그런 다음 칠판으로 가서 재빨리 다른 바다 생물의 모습을 그려놓고, 그 이름과 분류명을 적었다. 교사는 학급 아이들에게 그것을 잘 필기해 두라고 경고했다. 다음 시험에서 틀리면 알아서 하라는 말 같았다.

다른 아이들은 모두 교사가 시키는 대로 공책에 필기를 하고 있는데, 한 남자아이만은 예외로 칠판에 그려진 그림을 넋을 잃고 바라보고 있었다. 아이가 손을 들고 물었다.

"선생님, 저 바다 생물의 껍질에 구멍이 나 있는데요."

교사는 화가 난 얼굴이었다.

"그래. 제프리, 그래서 어쨌다는 거야?"

"왜 구멍이 나 있어요?"

교사가 매섭게 대답했다.

"나도 몰라. 그냥 있는 거야."

아이는 넋을 잃은 표정으로 말했다.

"모래가 그 안으로 들어가면 따갑지 않을까요?"

"아니……, 글쎄, 그럴지도 모르지. 하지만 필요 없는 구멍이면, 진화 과정에서 사라지게 될 거야. 이제 이 부분은 여기까지 하고, 나머지 시간에는 내가 내준 문제를 풀며 각자 알아서 공부하기 바란다."

아이들은 말없이 공부를 시작했다.

나는 집으로 돌아왔다. 학교에서 목격한 일들 때문에 충격을 받은 상태였다. 여러 가지 생각이 머리를 스치고 지나갔다. 아무도 웃는 사람이 없었다. 처음부터 끝까지 웃는 사람이 하나도 없었다. 아이들을 보고 반가움을 표현하는 교사가 한 사람도 없었다. 아이들에게 학습 동기를 부여하려고 애쓰는 교사가 한 사람도 없었다. 학습 동기 유발이란 사범 대학에서 공부하는 절차상의 과목이 아니다. 그것은 아이들에게 사랑에 대해서 마음의 준비를 시키는 과정이다. 교육이라고 일컫는 모든 행위는 궁극적으로 사랑에 담겨 표현된다. 인간이 조개에 이름을 붙인 것은 그것을 사랑했기 때문이다. 이름을 붙이는 행위는 인간이 대상에 가깝게 다가가는, 다시 말하면 경의를 표시하는 방법이었다. 그 생물 자체가 없는 가운데서도 생각 속에서 그것을 불러내는 방법이었다. 소수점이든 언어든 생물의 껍질이든, 대상에 대해서 이름을 붙이는 행위는 사랑하는 행위이다. 사랑하는 행위에는 준비가 필요하다. 따뜻함, 보살핌, 편안함, 감수성, 부드러움, 기술이 필요하다. 내가 학교에서 목격한 일들은 이런 것들과는 전혀 관계가 없었다. 그보다는 아이들에게 억지로 행동을 강요하는 가학적인 시도였다. 아이들에 대한 폭력이었다. 그런데 우리는 아직도 아이들에게 교사들이 시키는 대로 하라고 요구한다. 폭력에 적절하게 대응하는 방법은 한 가지뿐이다. 여성들은 다리를 오므리고, 아이들은 마음을 닫는다.

희망은 있는가?

서글픈 사실은 이 장에서 이야기한 사건들이 학교에서 다반사로 일어난다는 데 있다. 미국 전역에 걸쳐 수많은 학급에서 매일 이런 사건들이 일어나고 있다. 이러한 교사들이 변할 가능성은 있는가?

모세의 초상화를 샀다는 어느 동방의 왕에 대한 이야기가 있다. 초상화를 면밀하게 살펴본 다음에 왕의 고문들은 모세는 잔인하고 탐욕스러우며 이기적인 인물이라는 결론을 내렸다. 왕은 미심쩍었다. 모세는 친절하고 관대하며 용기 있는 지도자로 알려져 있었기 때문이었다. 왕은 개인적으로 모세를 찾아가 보기로 결심했다. 모세를 만나 알아보고 난 뒤에 왕은 이렇게 말했다.

"나의 고문들이 틀렸어요. 그들은 당신을 완전히 잘못 판단했어요."

그런데 모세는 왕의 말에 동의하지 않고, 이렇게 설명했다.

"그들이 내 마음속에 무슨 생각이 들어 있는가를 제대로 보긴 했습니다. 그런데 그런 생각들을 이겨내기 위해 내가 얼마나 노력했는가를 보지는 못했어요. 그래서 내가 어떤 인물이 되었는지를 알지 못했던 것입니다."

 저절로 개선이 이루어지는 경우는 거의 없다. 섬세한 노력을 통해서 개선이 이루어지는 예가 훨씬 더 많다. 교사라면 누구나 아이를 따돌리는 태도, 모욕을 주는 언어, 마음에 상처를 주는 행동을 알 수가 있다. 대화 능력과 조심성을 키울 수가 있고, 화를 덜 내고, 화를 덜 자극하게 될 수 있다.

 제임스 조이스는 이렇게 말했다.

 "역사는 악몽이다. 나는 그 악몽에서 깨어나려고 발버둥친다."

 각 개인의 역사는, 어느 정도까지는, 보이지 않는 규칙, 비합리적인 규제, 해로운 믿음이라는 공포를 지니고 있으며, 모두 거기서 깨어날 필요가 있다. 교사는 인간을 무기력하게 만드는, 확인되지 않은 금기나 편견에, 마음을 얼어붙게 하는 감정에 매달려서는 안 된다. 아이들의 눈으로 세계를 보기 위해서는, 감성적으로 한없이 유연해야 할 필요가 있다. 아이들과 어른들을 갈라놓는 고질적인 거리감과 심리적인 단절을 극복하려면, 아이들의 마음에 교사의 감정을 진지하게 이입하는 길밖에 없다. 다시 말하면 아이들의 욕구에 전염되지 않고, 정확하게 대응할 수 있어야 한다.

 우리 시대의 속성은 공격성을 부추긴다는 데 있다. 호전성이 권력으로, 충돌이 정의의 모습으로 변장하여 횡행한다. 예의바른 행동은 곧잘 비굴한 행동으로 오해를 받는다. 아이들은 갈수록 교사들에게 버릇없이 군다.

그렇다고 교사들이 "자기들이 받은 대로 남을 대할 수는 없다." 학습은 감정 이입과 예의바른 행동으로 조성된 감성적인 분위기에 따라 달라진다. 날마다 아이들과 접촉하면서 교사들은 이처럼 사라져 가는 미덕들을 지켜내야 한다.

다음 이야기는 결과가 노력을 정당화시켜 준다는 사실을 잘 보여준다.

요리사에 대한 행동을 바꾸기로 결심한 어떤 주인이 그들을 불러 이렇게 말했다.

"지금부터 자네를 점잖게 대할 예정이네."

"점심 식사가 좀 늦더라도 소리치지 않을 건가요?"

요리사가 물었다.

"소리지르지 않을게."

주인이 대답했다.

"커피가 좀 덜 뜨겁더라도 내 얼굴에 커피 잔을 던지지 않을 건가요?"

요리사가 물었다.

"던지지 않을게."

주인이 말했다.

"스테이크가 너무 많이 구워지더라도 내 월급에서 깎지 않을 건가요?"

요리사가 물었다.

"절대로 그런 일 없을 거야."

주인이 단언했다.

"좋아요. 그렇다면 나도 앞으로는 수프에 침을 뱉지 않겠어요."

요리사가 말했다.

우리가 요리하는 교육 수프에 아이들이 침을 뱉을 기회는 너무나 많다. 우리의 관심은 아이들의 복수심을 완화하는 데 있다.

학교의 구조와 교과 과정의 내용을 변경해야 한다는 데 반대할 사람은 아무도 없다. 그러나 이번 장에서 보여주었듯이, 교육 문제 가운데 많은 것은 교사와 학생의 관계에 그 뿌리가 있다. 학교 개혁이 효과를 거두기 위해서는 교사와 학생의 관계가 변해야 한다.

교사와 학생 사이 ·········· 제 4 장

 적절한 의사 소통

교실 생활을 개선하려면 어디서 시작해야 하는가? 아이들에게 대응하는 방법을 점검하는 데서 시작해야 한다. 결정적으로 중요한 것은 교사의 의사 소통 방식이며, 이는 아이의 삶에 좋든 나쁘든 영향을 끼친다. 일반적으로 교사들은 자기가 아이들의 의사를 받아주고 있는지, 거절하고 있는지에 대해서 크게 신경을 쓰지 않는다. 하지만 그 차이는 아이에게, 치명적이기까지는 않겠지만, 대단히 중요하다.

아이들과 더 좋은 관계를 형성하고 싶은 교사들은 습관화된 거절의 언어를 잊어버리고, 새로운 받아들임의 언어를 습득해야 한다. 아이의 마음을 얻기 위해서 교사는 아이의 가슴을 사로잡아야 한다. 건전한 감정을 느끼기만 하면, 아이는 건전한 생각을 할 수가 있다.

아이의 운명을 결정하는 교사의 말

어른과 아이의 의사 소통에서 가장 중요한 것은 주고 받는 그 내용의 질적 특성이다. 아이는 어른에게서 건전한 메시지를 받을 권리가 있다. 부모와 교사들이 하는 말을 듣고, 아이는 그들이 자기에 대해서 어떤 생각을 하고 있는지 알게 된다. 어른들의 의견은 아이의 자존심과 자기 가치 의식에 영향을 끼친다. 크게 볼 때, 교사와 부모의 언어가 아이의 운명을 결정한다.

부모와 교사들은 일상적인 대화 속에서 은연중에 되풀이하는 건전하지 못한 메시지, 다시 말하면 아이의 지각을 믿지 않고, 감정을 부인하고, 가치를 의심한다는 메시지를 지워버려야 한다. 흔히 볼 수 있는, 이른바 '정상적인' 대화처럼 보이는, 예컨대 비난하고 창피를 주는 말, 설교하고 훈계하는 말, 명령하고 지시하는 말, 타이르고 꾸중하는 말, 조롱하고 무시하는 말, 위협하고 매수하는 말, 진단하고 예언하는 말과 같은 식의 대화 방법들은 아이들을 야만스럽게 하고, 저속하게 만들고, 비인간화한다.

건전한 정신은 인간의 내면적인 현실을 신뢰하는 데서 비롯된다. 그러한 믿음은 확인하여 적용할 수 있는 과정을 통해서 형성된다. 이번 장에서 제안하고 있는 다양한 의사 소통 방법들은 아이들을 건전하게 자라게 하는 데 도움이 되는 여러 과정들을 기술하고 있다.

가장 중요한 원칙

제2장과 제3장에서는 최선을 다하여 좋은 방법을 찾아 나가는 교사와 나쁜 상황을 오히려 만드는 교사들에 관한 예들을 보여주었다. 교사와 학생의 의사 소통에는 하나의 원칙이 있다. '최선을 다하는 교사들'은 그 원칙을 준수하는데, '최악의 상황에 있

는 교사들'은 위반한다.

　최선을 다하는 교사들은 아이가 처한 상황에 대해 이야기한다. 최악의 상황에 있는 교사들은 아이의 성격과 인격에 대해서 평가한다. 본질적으로 볼 때, 이것이 바로 효율적인 의사 소통과 비효율적인 의사 소통 사이의 차이이다.

1. 한 아이가 도서관에 책을 반납하는 것을 잊었다.
　상황에 주목하는 A 교사는 이렇게 말했다.
　"너 도서관에 책을 반납해야겠더라. 기간이 넘었어."
　아이의 성격에 주목하는 B 교사는 이렇게 말했다.
　"넌 참 무책임하더라! 늘 꾸물거리고 잊어버려. 왜 도서관에 책을 반납하지 않은 거야?"

2. 어떤 아이가 페인트를 쏟았다.
　상황에 주목하는 A 교사는 이렇게 말했다.
　"어이쿠, 페인트가 쏟아졌구나. 물과 걸레를 가져오너라."
　아이의 성격에 주목하는 B 교사는 이렇게 말했다.
　"저렇게 어설프다니까. 넌 왜 그렇게 부주의하니?"

3. 한 십대 아이가 머리도 빗지 않고, 옷도 꾸깃꾸깃한 단정치 못한 차림으로 계속 학교에 다니고 있었다.
　상황에 주목하는 A 교사는 이렇게 말했다.

"아무리 봐도, 네 몸가짐과 옷차림을 좀더 단정하게 하는 게 좋겠어."

아이의 성격에 주목하는 B 교사는 이렇게 말했다.

"넌 모든 게 엉망진창이야. 옷차림은 단정치 못하고, 머리는 지저분해. 머릿속도 엉망일거야. 무슨 문제가 있는 거냐? 차림새를 말끔하게 하지 않으면, 교실 밖으로 쫓아낼 거야."

4. 어떤 아이가 스페인어 시험에서 낙제 점수를 받았다.

A 교사는 상황에 대해서 이야기했다.

"네 스페인어 공부가 걱정스럽구나. 성적을 올려야겠어. 내가 도와줄 수 있겠니?"

B 교사는 아이의 성격과 인격에 대해서 이야기했다.

"넌 머리도 좋고, 똑똑한 아이야. 그런데 어떻게 낙제를 했을까? 허리띠 졸라매고 공부하는 것이 좋을 거야."

앞에서 언급한 상황에서, A 교사는 항상 염려하고 배려하는 모습을 보여주었다. B 교사는 불안감과 분노를 불러일으켰다. 한 사람은 문제 해결 지향적이고, 다른 한 사람은 문제 야기 지향적인 모습이었다.

의사 소통에서 가장 중요한 원칙은 이것이다.

"상황에 대해서 이야기하라. 성격과 인격에 대해서 이야기하지 말라."

이 원칙은 교사와 학생 사이에 벌어지는 모든 충돌에 다 적용될 수 있다. 서로 다른 조건에 대해서 이 원칙을 적용하는 방법을 터득하는 것이 바로 효율적인 의사 소통의 본질이다.

교실에서 벌어지는 상황에 적용했을 때, 이 원칙에 따르면 아이들에 대한 교사의 접근 방법이 근본적으로 바뀔 수 있다. 즉 분노의 표현, 요구의 취지, 비난 방법, 칭찬하는 스타일, 평가 시스템, 성적 분류 항목, 자신감을 고취하는 수단, 일상적인 테스트, 말하는 태도가 근본적으로 바뀔 수 있다.

분노를 슬기롭게 표현한다

나는 500명의 교사에게 질문한 적이 있다. 사범 대학에 다닐 때, "아이들은 여러분들을 자주 짜증나게 하고, 괴롭히고, 화나게 할 것입니다. 화가 났을 때, 이렇게 하면 됩니다."라고 가르쳐준 강의를 들어본 기억이 있느냐는 질문이었다.

그런 강의를 들어본 교사는 한 사람도 없었다.

어떤 교사는 이렇게 대답했다.

"아무도 그 문제를 인정하지 않았다는 사실은 우리들에게 많은 것을 말해 주었어요. 그것은 훌륭한 교사는 결코 화를 내지 않는다는 사실을 말해 주었어요."

그런 다음에 나는 이렇게 물었다.

"여러분 중에 화를 내지 않는 사람이 몇 명이나 될까요? 하루에 한 번도 화를 내지 않는 사람이 있을까요?"

아무도 손을 들지 않았다. 그들은 모두 분노를 알고 있었다. 많은 교사들은 화를 냈던 것에 대해서 죄책감을 느낀다고 고백했다. 어떤 교사들은 자기는 교직이 적성에 맞지 않는다고 생각한다면서, 아이들이 화를 부추기기 때문이라고 했다.

교단의 현실, 예컨대 과밀 학급, 학생들의 끊임없는 요구, 갑작스럽게 발생하는 위기를 생각하면, 교사들이 화를 내는 것은 불가피한 일이다. 교사들은 분노의 감정에 대해서 사과할 필요가 없다. 유능한 교사라고 해서 자학을 하거나 순교자가 될 필요는 없다. 성자의 역할을 할 필요도 없고, 천사 행세를 하지 않아도 된다.

유능한 교사는 자신의 인간적인 감정을 의식하며 존중한다. 항상 인내심을 발휘할 수는 없겠지만, 늘 진심어린 마음으로 교육에 임한다. 그는 진지하게 대응한다. 감정에 일치하는 언어로 이야기한다. 귀찮을 때 귀찮다고 말한다. 인내를 가장하지 않는다. 불쾌할 때 기분 좋은 척하며 위선 떨지 않는다.

노련한 교사는 분노를 두려워하지 않는다. 아이에게 손해를 입히지 않고 분노를 표현하는 법을, 다시 말하면 모욕을 주지 않고 분노를 표현하는 비법을 터득했기 때문이다. 화를 부추기는 경우에도, 아이에 모욕적인 언사를 하지 않는다. 아이의 성격을 비난하거나, 인격을 모독하지 않는다. 아이에게 누구를 닮았다거나,

앞으로 어떻게 될 거라고 말하지 않는다. 분노가 치밀 때, 노련한 교사는 상황에 충실한 태도를 취한다. 자신이 목격하고 느끼고 기대하는 것을 말로 설명한다. 문제에 대해서 조치를 취하지, 사람을 공격하지 않는다. 그런 교사는 화가 날 때는 자신이 통제할 수 있는 것보다 더 많은 요인들을 다루어야 한다는 사실을 알고 있다. 그는 '나는' 이라는 메시지를 사용하여 자신을 보호하고, 학생들을 감싼다.

"나 기분이 불쾌해.""나 간담이 서늘했어.""나 무척 화났어."가, "망할 놈의 자식.""네가 무슨 짓을 했는지 한번 봐.""어쩜 그렇게 멍청하니.""넌 무슨 애가 그러니?"라고 하는 것보다 훨씬 안전한 표현이다.

교실이 어질러진 것을 보고 4학년 담당 교사인 헌트는 이렇게 말했다.

"책들이 교실 바닥에 널려 있는 것을 보고도 불쾌하고 화가 안 나겠니? 책을 바닥에 떨어뜨려 놓으면 안 되잖아. 주워서 책상에 올려놔."

그는 아이들에게 모욕을 주는 표현을 용의주도하게 피해 갔다.("지저분한 녀석들 같으니. 교실을 이렇게 마구 어질러놓다니, 너희들처럼 무책임한 녀석들도 없을 거야.")

5학년 교실에 들어와 보니, 아이들이 제멋대로 마구 떠들고 있었다. 교사는 아이들을 모욕하고, 공격하지 않으려고 의식적인 노력을 기울였다.("너희들이 성난 망아지들과 뭐가 다르니?") 그 대신 명확하게 자기 생각을 표현했다.
"난 시끄럽게 떠드는 모습을 보면 화가 나."
소란이 잦아들었고, 아이들은 교사가 화가 났다는 사실을 서로에게 알렸다.

유치원 교사인 브룩스 부인은 다섯 살짜리 알란이 친구에게 돌을 던지는 것을 보았다. 그녀는 이렇게 말했다.
"네가 친구에게 돌 던지는 거 봤어. 화도 나고 무척 놀랐어. 사람에게 돌을 던지면 어떡하니? 사람을 다치게 하면 안 되잖아."
브룩스 교사는 모욕과 수치심을 안기지 않으려고 의도적으로 노력했다.
"너 미쳤니?"
"돌에 맞았으면, 친구가 다쳤을지도 몰라."
"돌에 맞아 친구 몸이 못쓰게 됐을 수도 있어. 정말 그러고 싶었니?"
"넌 왜 그렇게 잔인하니?"

남자아이 둘이 빵으로 작은 알갱이를 만들어 서로 던지며 장난을 치고 있었다. 교실은 엉망이 되었다. 그 광경을 본 교사는 이렇게 말했다.
"빵을 이렇게 작은 알갱이로 만들다니. 이걸 보고도 화가 안 나겠니? 빵을 던지면 어떡하니? 빨리 교실을 청소해야겠구나."

두 아이는 아무 말 없이 교실을 청소했다. 이 교사는 꾸짖고 모욕을 주지 않으려고 사려 깊게 행동했다.

"이 지저분한 녀석들아! 지금 당장 치워. 너희 두 녀석은 돼지 우리에 살기도 아까워. 너희들 말썽에 넌덜머리가 나. 부모님에게 이야기해야겠어. 학교로 오시라고 해!"

이렇게 말하지 않았다.

학급 아이들은 체육 수업을 하러 갈 준비를 하고 있었다. 여자 아이 둘이 서로 운동화를 던지고 받으며 장난을 치기 시작했다. 교사는 순간적으로 야단을 치며 벌을 주고 싶은 충동을 느꼈다. 그러나 기분을 가라앉히며 이렇게 말했다.

"그런 장난 하면 나 화내는 거 알지? 운동화는 체육 시간에 신으라고 있는 것이지, 던지며 노는 물건이 아니야."

유치원 청소 시간에 교사는 아이들이 블록을 정리하는 일을 도와주고 있었다. 도라는 가지고 놀던 장난감을 치우지도 않고, 또 다른 아이들을 도와주려고도 하지 않았다.

"도라, 블록이 아직도 몇 개 남았으니 정리해야지."

교사는 이렇게 말했다.

"정돈하지 않을래요. 하기 싫어요."

도라가 대답했다.

"청소 시간에 블록을 정리하는 건 규칙이야."
교사는 단호하게 말했다.
"선생님이 치우세요. 난 하기 싫어요."
도라가 대꾸했다.
"선생님 지금 화났어. 더 이상 얘기하지 않을 거야."
교사는 엄하게 말했다.
그러자 도라가 울며 말했다.
"제발, 얘기하지 않겠다는 말은 하지 마세요. 블록 치울게요."
도라가 블록을 치우러 가자, "고마워, 도라." 하고 교사는 대답했다.

교사는 단호하고 효율적으로 행동했다. 서슴지 않고 요구 사항을 전달하고, 모욕을 주지 않으면서 요구에 따를 것을 고집했다. 장황한 설명을 늘어놓지도 않았다. 그 대신에 감정을 솔직하게 말해 주고, 요구를 분명하게 표현했다.

교사들이 화를 내면, 아이들은 주목한다. 교사들이 무슨 말을 하는지 귀를 기울인다. 그 순간은 교사들이 훌륭한 언어 실력을 과시할 수 있는 더 없이 좋은 기회이다. 온갖 분노의 감정을 풍부하게 표현할 수 있기 때문이다. 기분이 나쁘고, 불만스럽고, 불쾌하고, 진절머리나고, 짜증나고, 어이가 없고, 괘씸하고, 분통이 터지고, 노발대발하고, 약이 오르고, 골나고, 격분하고, 분개하고, 성나고, 노엽고, 펄펄 뛰고, 화가 나서 미치고, 격노할 수 있다. 이런 표현들은 아연실색케 하는 분노와 화, 신랄함을 전달한다.

그 밖에도 분노를 나타내는 표현들은 많지만, 그 용법을 익히기는 쉽지 않다. 본래 화를 표현하는 말 그 자체가 모욕이기 때문이다. 그런데 의사를 학생에게 안전하게 전달하려면, 교사들은 모욕감을 주지 않고, 분노의 감정을 표현하는 방법을 터득해야 한다. 이 새로운 방법을 배우는 데 교사들은 유리한 처지에 있다. 표현 방법은 태도에서 나온다. 대부분의 교사들은 아이들에게 바른 태도와 관심을 갖고 있다.

그들에게 필요한 것은 이와 같은 관심을 전달하는 의사 소통 방법이다. 교사들은 누구나 다 아이에게 창피를 주는 언어, 고통을 주는 행위, 모욕감을 느끼게 하는 동작을 자제하는 능력을 키울 수 있다. 격한 분노를 느꼈을 때에도, 인격을 모독하는 표현을 피해 갈 수 있다. 스스로 자제력을 발휘한다고 해서 표현의 강도가 낮아지는 것은 아니다. 오히려 교사의 스타일을 더 강화해 준다. 교사는 다양한 말투로 대응하는 방법, 예컨대 분노를 생생하게, 두려움 없이, 해롭지 않게 표현하는 방법을 배운다. 교사의 좌우명은 분노는 표현하되, 모욕을 주지는 않는다는 것이다.

어떤 교사는 이렇게 말했다.

"화가 나더라도 아이들을 윽박지르지는 않아요. 내 자신에게 말해요. '지금은 아무것도 얻는 게 없겠지만, 손해를 최소화할 수는 있어!' 어쩔 수 없이 다툼이 일어나더라도 돌이킬 수 없는 관계를 만들지는 않겠다고 다짐해요."

어떤 교사들은 이렇게 말한다.

"삶은 힘들고, 모욕으로 가득 차 있어요. 아이들이 모욕을 참아낼 수 있도록 대비시키려면, 학교에서 모욕의 맛을 보게 해야 해요."

현대인들이 때때로 무한 경쟁의 삶을 살아야 한다는 말은 사실이다. 사람들은 경주에서 이기기 위해 몸부림친다. 밀고 넘어뜨리고 모욕하고 거짓말을 한다.

그렇다고 아이들에게 그렇게 살라고 준비를 시켜야 하겠는가? 아니다. 오히려 교사들은 아이들에게 무한 경쟁은 좋은 일이 아니라고 말해 줘야 한다. 우리는 학교가 거친 현실의 복사판이 아니라, 그 대안이 되어주길 바란다. 그런 학교가 되려면 민감한 감수성을 가지고 자연스럽게 감정 이입을 할 수 있는 교사들이 필요하다.

포스터(E.M Forster)는 교사들에게 아주 잘 어울리는 신조를 이렇게 표현한 적이 있다.

"나는 상류 사회에 대해 믿음을 갖고 있다. 지위와 세도에 바탕을 둔 귀족의 권력이 아니라, 민감하고, 사려 깊고, 용기 있는 사람들로 이루어진 상류 사회를 믿는다는 말이다. 우리는 모든 나라의 모든 계층에서 그런 사람들을 찾아볼 수 있다. 그들은 진정한 인류의 전통, 비참함과 혼돈에 대한 영원한 승리를 대변하는 사람들이다."

협력

노련한 교사는 처음부터 아이들과 친하게 지낼 수 있다고 여기지 않는다. 그는 아이를 미워하고, 사랑하고, 서로 반대되는 기분을 느낄 수 있는 복잡한 인간으로 바라본다. 아이들은 교사에게 의지하는 존재이다. 의존은 적대감을 낳는다. 적대감을 누그러뜨리기 위해서, 교사는 심사숙고하여 아이들에게 자립을 경험할 수 있는 기회를 제공한다. 자율성을 많이 가질수록, 미움은 적어진다. 자립 정도가 클수록 다른 사람에 대한 분노가 줄어든다.

적대감을 누그러뜨리는 한 가지 방법은 아이들이 학교 생활에 영향을 미치는 문제들에 대해서 의견을 표현하고 선택을 할 수 있게 해주는 것이다. 한 교사는 이렇게 증언했다.

"자율성을 존중하는 원칙을 받아들이기로 맘을 먹으니까, 그것을 교실에 적용할 수 있는 많은 방법이 생각났어요. 여기 그 두 가지 예가 있어요. 한 번은 수업중인데 밖에 눈이 내리기 시작했어요. 아이들은 창가로 달려가 소리를 지르며 환호성을 지르기 시작했어요. 난 아이들에게 기회를 주었어요.

'조용히 눈구경을 하든가, 자리로 돌아가 공부를 하든가, 너희들이 결정해.'

갑자기 소란이 잦아들었어요. 아이들은 조용한 가운데 즐거운 마음으로 눈을 구경했어요. 그리고 수학 숙제를 내주면서 아이들에게 열 문제나 열다섯 문제 중에서 선택하라고 기회를 주었어요. 열 살 된 마크가 소리쳤어요.

'그보다 더 많이 내주면 못할 거예요!'

나는 말해 주었어요.

'네가 보기에 적절하다고 생각하는 만큼만 풀어.'

'열다섯 문제를 풀어도 괜찮을 것 같아요.'

마크가 대답하더군요."

명령을 하지 않는 것도 아이들의 저항을 줄이는 또 다른 효과적인 방법이 될 수 있다. 어른들처럼, 아이들도 명령과 지시를 받고, 무조건 복종을 강요받으면 싫어한다.("시키는 대로 해. 질문하지 마!") 자율성을 침해당하면 분개한다. 교사가 존중해 주고, 자존심을 지켜주면, 아이들의 반발심도 수그러든다. 다음 예를 보자.

교사 A : 시끄러워서 기분이 나쁜데.

교사 B : 그만 떠들어.

교사 A : 60쪽이 공부할 곳이야.

교사 B : 수학 책 꺼내서, 60쪽을 펴.

교사 A : 책이 바닥에 떨어졌구나.(필요하다면 그 다음에는 "책상에 올려놔.")

교사 B : 책 주워.

교사 A : 문이 열렸네.(필요하다면 그 다음에는 "문을 닫는 게 좋겠구나.")

교사 B : 문 닫아!

B 교사는 아이들에게 무슨 일을 하라고 명령한다. A 교사는 명령을 내리지 않는다. 단지 상황을 말로 설명할 뿐이다. 뭘 해야 하는지가 문맥 속에서 명확하게 드러난다. 어른의 명령이 아니라, 아이의 결론을 통해서 해야 할 일이 결정된다. 스스로 결론을 내리게 함으로써 반감을 누그러뜨리고, 저항을 완화하고, 협력을 얻을 수 있다.

현실에서 줄 수 없는 것을 상상 속에서 허용하는 것도 협력을 얻을 수 있는 또 다른 효과적인 방법이다.

교사가 잡무를 처리하는 동안, 아이들이 무리지어 교사의 책상 주위에 몰려들었다. 너나 할 것 없이 아이들이 질문을 퍼부어대자, 교사는 짜증이 났다. 다른 때 같았으면 "귀찮게 하지 마. 나 바쁜 것 안 보이니?"라고 성을 냈을 것이다. 하지만 이번에는 아이들 한 명 한 명에게 "너희들 이야기를 들어줄 시간이 있었으면 좋겠구나." 하고 말했다. 개별적으로 주의를 기울이면서 "시간이 있었으면 좋겠구나." 하고 말한 것이 아이들이 욕구불만을 참는 데 도움을 주는 것 같았다. 아이들은 투덜거리지 않고 조용히 자리로 돌아갔다.

한 4학년 담당 교사가 아이들에게 『다섯 명의 중국인 형제』라는 제목의 이야기를 읽어주고 나서, 느낌을 그림으로 그리게 했다. 아이들은 책상으로 돌아가 그림을 그리기 시작했다. 얼마 후 아이들은 그림을 치켜들고 크게 떠들며 교사의 시선을 끌려고 경쟁을 벌였다. 교사는 처음에는 '자리에 앉아. 내 눈이 200개라도 되니? 자기 자리에 앉아 있어. 날 부르지 마.'라고 소리를 지르고 싶었다. 하지만 그 대신에 이렇게 말했다.

"너희들 그림을 한꺼번에 다 볼 수 있으면 좋겠어. 너희들끼리 서로 도와줄 수 있을 거야. 내가 돌아다니면서 좋은 생각이 있으면 말해 줄 테니, 옆자리에 있는 친구들과 각자 생각들을 이야기해 봐."

아이들은 조용해졌다. 아이들이 흥분한 목소리로 서로 상의하며 속삭이는 소리만 들렸다. 아이들은 그림을 놓고 친구들과 사이좋게 이야기를 나누었다.

교사는 너그러운 방법으로 아이들에게서 협조를 얻을 수 있었다. 그녀는 명령을 내리지 않았다. 아이들에게 현실적으로 해줄 수 없는 것을 상징적으로는 해주면서, 자립과 단결을 고취했다.

어떤 교사들은 자질구레하고 복잡한 지시를 하여 아이들의 저항과 버릇없는 행동을 자극하기도 한다. 다음은 쿠닌(Jacob S. Kunin)이 교실에서 비디오 테이프로 녹화한 상황이다.

교사는 다음과 같은 방법으로 맞춤법 수업에서 수학 수업으로 넘어가고 있었다.

1. 좋아. 자 모두 쓰기 책을 덮도록 해.
2. 빨간 연필을 치워.
3. 책을 덮어.
4. 책을 책상 안에 집어넣어.
5. 방해되지 않게 잘 넣어둬.
6. 수학 책을 꺼내서, 책상 위 자기 정면에 놓도록 해.
7. 좋아. 수학 책말고 책상에 있는 물건은 모두 치워.
8. 똑바로 앉아. 게으름뱅이가 되고 싶은 사람은 없겠지?
9. 좋아. 이젠 연필을 집어.
10. 16쪽을 펼쳐.

위의 열 가지 지시는 필요하지도 않고, 도움도 되지 않았다. 이런 지시는 짜증을 부르고, 수업을 더디게 한다.
"이제는 수학 시간이야. 공부할 곳은 16쪽이고."
이렇게 간단하게 말했더라면 아이들은 더 많은 자율을 누릴 수 있었을 것이고, 더 흔쾌하게 협력을 했을 것이다.
어떤 교사는 이렇게 말했다.
"교실에서 아이들이 방어적인 반응을 할까 봐 자극하지 않으려고 마음을 써요. 아이들에게 이야기할 때는 강제적인 표현을 쓰지 않아요. '반드시~해야 해', '~하는 것이 좋아', 이렇게 말하지 않아요. 죄책감과 두려움에 의존하지 않고서도 아이들의 협조를 얻고 싶어요. 요구와 지시를 도덕적인 판단으로 바꾸고 싶은 유혹도 느끼지만, 이를 억누르고 있어요."

다른 교사는 말한다.

"난 교실에서 아이들과 말씨름을 하지 않기로 다짐했어요. 내가 주장을 하면, 아이들은 반항을 정당화하고 의무를 뒤로 미루기 위한 반대 주장만을 내세워요. 협조를 얻으려면 아이들의 마음을 바꾸려고 하기보다 분위기를 바꾸는 편이 더 쉬워요."

받아들임과 인정

사람들은 교사들에게 아이들을 이해해 주고 그 뜻을 받아들여야 한다고 말한다. 하지만 어려움에 처한 교실의 조건 아래서 그것을 실천할 수 있는 방법에 대해서는 말하지 않는다. 뜻을 받아 주고 이해하면서 의사 소통을 하려면, 독특한 언어를 구사하는 정교한 기술이 필요하다. 다음에 몇 가지 원칙이 있다.

아이들과 의사 소통을 할 때, 비판적인 메시지와 무비판적인 메시지 사이에는 결정적인 차이가 있다. 아이들에게 지시를 할 때, 무비판적인 메시지를 보내면 협력을 얻을 수 있지만, 비판적인 메시지를 보내면 저항을 불러온다. 다음 예를 보자.

(한 아이가 교사의 말을 가로막았다.)
교사 A : 내 말을 마저 했으면 좋겠는데.

교사 B : 버르장머리 없는 녀석 같으니라고. 선생님 말을 가로
막다니.

(숙제를 내주고 있는데, 두 아이가 이야기를 하고 있다.)
교사 A : 내가 지금 숙제를 내주고 있으니까, 받아 적어야지.
교사 B : 떠드는 일말고는 할 일이 없니? 왜 숙제를 받아 적지
않는 거야?

(월요일 아침. 교실은 어수선하다. 아이들이 이리저리 돌아다니며 큰 소리로 떠들고 있다.)
교사 A : 난 이제 시작하면 좋겠는데.
교사 B : 떠들지 마. 모두 자리에 앉아. 주말은 지나갔어. 여긴
놀이터가 아니야.

(한 아이가 손도 들지 않고, 또는 차례를 기다리지 않고 교사의 질문에 대답한다.)
교사 A : 많은 학생들에게서 대답을 듣고 싶은데.
교사 B : 누가 너한테 말하라고 했어? 교실에 너 혼자만 있는
게 아니야. 너 혼자만 이야기하려고 하지 마. 버릇없
고 공평하지 못한 짓이야.

앞의 예에서 A 교사는 감정을 절제하며 갈등을 누그러뜨리는

메시지를 보냈다. B 교사는 분노를 자극하고 긴장을 고조시키는 메시지를 보냈다. 비판적인 메시지를 보내지 않으려고, A 교사는 자신이 느끼고 기대하는 바에 대해서 언급했다. 그는 '나'를 지칭하는 표현으로 말을 시작했다. '너'로 시작하는 주장은 아이의 사정, 불평, 질문에 대응할 때 쓰는 것이 가장 좋다.

'너'를 효과적으로 사용하는 메시지에는 다음과 같은 특징이 있다.

- 아이의 주장이나 마음 상태를 있는 그대로 인정한다.
- 아이의 지각을 부정하지 않는다.
- 아이의 감정을 반박하지 않는다.
- 아이의 소망을 부인하지 않는다.
- 아이의 취향을 조롱하지 않는다.
- 아이의 의견을 무시하지 않는다.
- 아이의 개성을 경멸하지 않는다.
- 아이의 인격을 훼손하지 않는다.
- 아이의 경험에 대해 왈가왈부하지 않는다.

여섯 살짜리 아널드는 교사에게 엠파이어 스테이트 빌딩보다 더 큰 사람을 보았다고 말했다. 교사는 아널드가 보았다는 사람에 대해서 부정하지 않았다. 그렇게 큰 사람은 없다는 사실을 말해 주려고 서두르지 않았다.

"거짓말하지 마. 허무맹랑한 소리 그만둬."

이렇게 말하지 않았다. 그 대신 아이의 지각을 인정하면서, 호의적이고 재치 있는 반응을 보였다.

"키가 큰 사람을 보았니? 덩치가 큰 사람이었어? 거인이었니? 엄청나게 컸어? 굉장히 커 보이든? 몸집이 컸어? 거대했어?"

교사가 물을 때마다 아널드는 그렇다고 대답했다. 교사는 "덩치가 크고, 키가 크고, 몸집이 크고, 굉장히 크고, 엄청나게 크고, 거대한 사람을 보았구나." 하고 아이가 보았다는 사람의 인상을 요약해 주었다. 교사의 방식은 어휘뿐만 아니라 인간 관계에서도 유익했다.

열두 살 된 레이는 수업 시간에 끝내지 못해 과제로 남은 공부에다 숙제가 너무 많다고 담임 교사에게 불평을 터뜨렸다. 교사는 숙고 끝에 레이의 주장을 타박하지 않기로 했다.

"웃기는 소리 하지 마. 내가 네 나이 때는 숙제가 열 배는 더 많았어. 수업 시간에 끝내지 못해 과제로 남게 된 것은 순전히 네 탓이야. 제 시간에 끝냈으면, 집에 가서 할 필요가 없잖아. 불평 그만하고 공부나 해. 그렇지 않으면 낙제할지도 모르니까."

이렇게 말하지도 않았다.

교사는 레이의 불평을 사실대로 인정하며 공감을 표시했다.

"숙제 때문에 단단히 화가 났나 보구나. 하루 동안에 공부할 분량으로는 많아 보여. 특히 수업 시간에 끝내지 못한 공부까지 시도 때도 없이 과제로 넘어오니까."

자기 마음을 이해해 주는 사람이 있다는 생각에 어느 정도 위안을 느낀 레이는 말했다.

"서둘러 집에 가는 것이 좋겠어요. 해야 할 공부가 많으니까요."

체육 시간에 한 아이가 수영장에 들어가지 않으려고 했다. 아이는 물이 너무 차갑고 너무 싫다고 말하며 울었다. 교사의 반응은 이러했다.

"물이 차가운 게 아니야. 네 몸이 젖어서 그래. 수영장 물은 따뜻한데, 네 발이 차가워서 그런 거야. 토끼처럼 벌벌 떨면서 우는 모습이 꼭 갓난아이 같구나. 목소리는 큰데 겁이 아주 많은 녀석이야."

교사의 의견은 아이의 지각을 부정하고, 경험에 대해 왈가왈부하고, 감정을 반박하고, 개성을 경멸하고, 인격을 훼손하고 있다. '너'를 효과적으로 사용하여 대응하는 교사라면 아이의 지각을 인정하며, 경험에 대해서도 반박하지 않는다.

"썩 내키지가 않나 보구나. 물이 차가워 보여. 오늘은 수영장 안에 들어가고 싶은 마음이 전혀 없을 거야."

그렇게 대응하면 아이의 반발심은 누그러지게 되어 있다. 아이는 자기 뜻을 받아주고 존중해 준다는 느낌을 받는다. 자기 말을 교사가 진지하게 받아들였고, 또 꾸중을 하지도 않았기 때문이다.

잠시 후에 교사는 이렇게 말할 수 있다.

"넌 어떻게 하면 좋겠니?"

이미 준비해 둔 해결책을 제시하기보다는, 해답을 찾는 데 아이가 참여하게 하는 것이다. 교사가 자기 감정을 배려해 줄 때, 용기를 얻어 현실을 극복하는 아이들을 자주 볼 수 있다.

아이를 옭아매는 낙인

열네 살 된 사이먼은 학교에 지각했다. 교사는 이렇게 말했다.
"이번에는 뭐라고 변명할 거냐?"
사이먼이 사정을 이야기하자, 교사는 이렇게 대답했다.
"네 말은 한 마디도 못 믿어. 난 네가 지각한 이유를 알아. 게을러터져서 제 시간에 일어나지 못한 거야. 지금도 네 형을 기억하는데, 너처럼 게을러서 애를 먹었어. 이 버릇 고치지 못하면, 앞으로 어떻게 될 것인지는 네가 더 잘 알 거야."
불과 1분 사이에, 이 교사는 효과적인 교육에 필요한 몇 가지 원리를 짓밟았다. 한 사람을 여러 사람 앞에서 분석하고, 낙인을 찍어 창피를 주었다. 교사는 아이와 그의 가족을 모욕하고, 우울한 경고를 내리고, 파멸을 예언했다.
권고하건데, 학생들을 대할 때 분석과 예단을 피해야 한다. 아이나 그의 가족이 과거에 일으켰던 사건의 역사 속으로 파고들지 말아야 한다. 아이를 분석하는 것은 위험하다. 낙인을 찍으면, 아이는 무능해진다. 분석이 병이 될 수도 있다. 아이들은 교사의 부정적인 예견에 맞추어 그렇게 되어버리는 경우가 자주 있다. 자신에 대한 평가를 들으면서 그런 사람이 되어간다.

아이가 지각했을 때, 교사는 다음과 같이 예상과 감정을 표현하면 된다.

"중간에 수업을 멈췄다 다시 시작하고 싶지 않아. 수업을 방해받으면 기분이 나쁘거든."

분석하고 예단하는 비슷비슷한 표현들이 풍부하지만, 교육에서는 이런 표현들이 발붙일 곳이 없다.

"넌 울보에다 교활하고 쓸데없는 생각이나 하는 녀석이야."

"넌 무책임하고, 믿을 수가 없고, 구제 불능인 녀석이야."

"넌 남의 이목을 끌고, 말썽을 일으키고, 동정받을 궁리만 하고 있어."

"어릿광대, 바보 천치, 천재들, 안녕!"

"난폭한 녀석, 바보 같은 녀석, 저능아들은 여기 다 모였군."

"그러다가는 유치장, 교도소에 들어가는 신세를 면하지 못할 거야."

"넌 학교, 가족, 나라의 수치야."

낙인을 찍지 않는다는 원칙을 교사들이 일단 받아들이면, 상황이 아무리 어렵더라도, 아이들에게 많은 도움을 줄 수 있다.

열 살 된 필은 부주의하여, 세워놓은 칠판을 넘어뜨렸다. 깜짝 놀란 필은 잔뜩 얼어붙어 그 자리에 멈춰 섰다. 평소 같았으면 교사는 이렇게 말했을 것이다.

"도대체 무슨 일이야? 어설프기는. 넌 왜 그렇게 조심성이 없는 거야? 그리고 왜 그렇게 멍청하게 서 있어? 뭘 기다리고 있는 거야?"

하지만 이번 반응은 달랐다. 마음의 지시에 따랐다. '상황에 대해서 이야기해. 인격에 낙인을 찍으면 안 돼.' 교사는 이렇게 마음속으로 다짐했다.

"아무튼 세워놓은 칠판들이 골칫덩어리야. 한 번만 건드려도 넘어지니 말이야. 내가 도와줄까?"

교사가 예상치 못한 반응을 보이자 필은 깜짝 놀랐다. 칠판을 들어 세우고, 분필을 줍고, 어질러진 것을 청소했다. 필의 눈은 친절한 교사에 대한 고마움으로 넘치고 있었다.

현명한 교사는 아이에게 말할 때, 집을 찾아온 손님에게 하듯 한다. 스미스 부인이 손님으로 왔다 우산을 놓고 갔다고 해서, 뛰어가서 이렇게 소리를 지르지는 않는다.

"당신 정말 정신 없는 사람이군. 우리 집에 올 때마다 늘 뭘 빠뜨리고 가니 말이야. 이걸 챙겼나 싶으면 저걸 잊어버리고. 머리가 어깨에 붙어 있지 않았으면, 아마 그것도 잊어버리고 놓고 갔을 거요. 당신이 잊지 않고 물건을 잘 챙기는 날을 보는 게 내 생전 소원이라니까. 난 당신 물건을 챙겨서 갖다주는 노예가 아니란 말이오."

현명한 교사라면 이렇게 말했을 것이다.

"스미스 부인, 여기 당신 우산이 있습니다."

그런데 바로 그런 교사도 아이가 잊어버리고 책이나 도시락, 안경을 갖고 오지 않았다고 하면 대부분 자기도 모르게 아이를 비난하고 싶은 충동을 느낀다.

다른 예를 들어보자.

자기 집에 손님으로 온 브라운 씨가, 구두를 신은 채, 거실의 소파 위에 길게 누워 있다고 해서 현명한 교사라면 이렇게 말하지는 않을 것이다.

"당신 미쳤소? 어떻게 감히 깨끗한 소파 위에 더러운 구두를 올려놓는단 말이오? 당신 때문에 집안의 모든 것이 엉망이 되었어요. 지금 당장 발을 바닥에 내려놓아요. 만일 한 번만 더 걸리면, 딱 한 번만 더 걸리면 내 가만 있지 않을 거요. 그러니 날 돕는 셈 치고 발을 내려놓아요. 내 말 명심하시오."

그렇다면 그 교사는 손님에게 어떤 말을 했을까? 어쩌면 이렇게 말했을 것이다.

"브라운 씨! 소파가 더러워질까 봐 걱정스러운데요."

사려 깊은 주인이라면 손님에게 어떻게 하라는 말을 하지는 않을 것이다. 일단 자기 의도를 전달한 다음에는 손님들이 그것을 이해할 것이라고 믿을 것이다.

아이들은 부모의 기대와 교사의 평가에 부응하여 생활하는 경우가 많다. 장래 어떻게 되고 말 것이라고 말하는 것은 위험하다. 그 행선지가 운명이 될 가능성도 있기 때문이다.

불길한 예언은 아이들의 생활에 심리적인 분열을 초래한다. 그런 예언은 지질 구조의 단층처럼 재앙을 초래한다. 교사는 아이들의 마음에 운명에 대한 의심의 씨앗을 뿌릴 수 있을 정도로 엄청난 힘을 가진 존재이다.

예를 들어보자. 열여섯 살 된 어니스트는 교사에게 고고학자가 될 계획이라고 털어놓았다. 교사는 노골적으로 아이를 업신여기며 이렇게 말했다.

"네가 고고학자가 되겠다고? 보석 상자 속에서 커프스 단추 하나도 찾을 수 없을 텐데. 사금파리 찾는 일 같은 건 관두는 게 좋을걸."

아이들은, 특히 미성년자들은, 이와 같이 부정적인 설득을 당할 경우에, 자신들이 지적으로 무능력하다는 생각을 떨치지 못한다. 많은 아이들이 자기들은 운명적으로 장학금을 받거나, 깨달음을 얻거나, 행복해질 수 있는 존재로 태어나지 못했다고 믿고 학교를 떠난다. 비극이 아닐 수 없다. 아이들의 소박한 꿈과 상상력을 가로막는 것은 어른들이 할 짓이 못 된다.

안내와 격려

도움이 될 수 있도록 바로잡아 줌으로써 방향을 제시할 수 있다. 바로잡아 줌으로써 도움을 주려면 과정에 대해 이야기해야 한다. 결과나 인격에 대해서 판단을 내려서는 안 된다.

열다섯 살 된 조지는 세대 차이에 대해서 수필을 썼다. 교사는 글이 마음에 들지 않았다. 빨간 볼펜으로 "문장은 겉만 번드레하고, 스타일은 건조하며, 쓸데없는 말이 많고 장황함."이라고 썼다. 조지는 마음에 상처를 받고 낙심했다. 교사의 신랄한 평가는 조지에게서 글 쓰고 싶은 마음을 송두리째 앗아갔다. 그는 자신과 교사를 증오했다.

어떤 고등학교 교사는 학생이 쓴 단편을 읽고 다음과 같이 비평했다.

"글이 횡설수설하면서 장황해. 소화하지 못한 언어를 그대로 토해내는 것 같아."

수기를 몇 편 써본 적이 있는 어떤 교사는 십대 아이가 쓴 시에 대해서 이렇게 썼다.

"표현이 빗나갔어. 번갯불에 대해서 이야기하는데, 언어는 천근만근이나 무거워."

이 교사는 다른 아이의 작문에 대해서는 이렇게 썼다.

"형편없는 글 쓰기로 따지자면 네가 전문가야. 순수한 국어를 망친 책임을 면치 못할 거야."

아이들에게 필요한 것은 안내이지 비난이 아니다. 아이들을 배려하는 교사라면 겉만 번드레하고 장황하다고 말하는 대신에, 겉만 번드레하지 않고 간결하게 글을 쓰는 방법을 보여줄 것이다. 예를 들어보자.

어떤 교사는 글을 장황하게 쓰는 학생에게 생략해야 할 사항에 대해서 말해 줌으로써, 글쓰기에 대한 용기를 북돋위주었다. 교사는 이렇게 설명했다.

"도입부에서는 쓸데없는 말을 하지 않는 것이 좋아. 말하자면 '다음에 논의할 요점은', '반드시 명심해야 한다', '언급하고자 하는 중요한 내용은' 따위의 표현을 사용하지 않는 것이 좋아. 곧장 사실에서 시작하는 거야. 독자 스스로 그 다음 요점이 무엇인지 알게 되고, 그것이 의미가 있는지, 명심해야 할 가치가 있는지를 결정할 테니까."

또 다른 교사는 학생에게 이렇게 조언했다.

"곧장 요점으로 들어가. 곧바로 사건과 감정에 대해 이야기하는 거야. '뭐에 대해 언급하고 싶다'거나 '매우 중요한 통찰력을 함께 나누고 싶다'거나 하는 따위의 말머리는 피하는 것이 좋아. 그 대신 이야기를 하면서 통찰력을 함께 나누면 돼."

간결한 표현 능력을 길러주기 위해서 어떤 교사는 이렇게 충고했다.

"가능하면, '무엇이 있다', '무엇은 어떠하다'는 문장으로 시작하지 않는 것이 좋아. 바로 주제로 들어가. '관점은 변한다'는 표현이 '다양한 관점이 있는 것이 분명하다'는 표현보다 더 효과적이야. 명사보다는 동사를 사용해. '고려에 넣었다'가 아니라 '고려했다', '경향을 갖는다'가 아니라 '경향이다'라고 써. 동사를 바꿔 쓰는 데 집착하지 마."

한 교사는 쓸데없는 표현을 못 하게 하려고 이렇게 말했다.

"글을 옆에 세워놓고, 없애도 좋을 표현들을 찾아봐. 할 수 있으면, 여러 마디보다는 한 마디로 표현해. 이를테면 '다음과 같은 이유로' 대신에 '그렇기 때문에', '다음과 같은 기간 동안에' 대신에 '그 동안에', '다음과 같은 사실로 인하여' 대신에 '그런 이유로' 라고 하는 것이 좋아."

한 교사는 아이들에게 같은 작문을 두 번을 시켰다. 한 번은 간결한 표현을, 다른 한 번은 무거운 표현을 사용하도록 했다. 이런 과정을 통해서 아이들은 정직한 문장과 겉만 번드레한 문장의 차이를 배웠다.

한 교사는 아이들에게 왜 명확한 표현이 필요한가에 대해서 설득하기 위해 의사 소통의 혼동이 어떤 비극적 결과를 초래할 수 있는지에 대해서 지적해 주었다.

"도로 표지판의 글자가 잘못되어 간선 도로에서 사망 사고가 발생했고, 좋은 의도로 보낸 편지에 문장들이 잘못 놓여서 사랑하는 사람들을 비탄에 잠기게 했으며, 아무렇게나 보낸 전보 때문에 만나지 못해 한 여행자는 괴로움에 빠졌어."

내용이 산만한 작문을 보고 그 교사는 이렇게 말했다.

"신문 기사에서 사용하는 문장 작성법을 사용해서 다시 써봐. 독자에게 누가, 무엇을, 어디서, 언제, 왜 했는지에 대해서 이야기해 줘."

그는 이렇게 말했다.

"아이를 사납게 몰아붙이며, '도대체 뭘 썼는지 알 수가 없구

나. 어떻게 이렇게 앞뒤 없는 글을 쓸 수가 있니? 바보가 쓴 글 같구나.' 하고 말해 주고 싶은 유혹을 느끼지만 참아요. 그만한 분별력은 있으니까요. 눈치 없이 아무 말이나 하면 아이를 망칠 수가 있어요. 그래서는 아이의 글쓰기 능력은 향상되지 않아요."

교사의 질문

의사 소통은 건강과 같아서 예방 활동이 중요하다. 노련한 교사는 아이에게 어리석음을 느끼게 하고, 죄책감이 들게 하고, 분노하게 하고, 복수심을 품게 하는 메시지를 전하지 않는다. 그런 교사는 생각이 깊어서 아이들에게 분노를 사고, 저항을 부르는 질문이나 언급은 하지 않는다.

교사의 질문은 아이에게 추상적인 것이 아니다. 교사의 질문은 아이의 삶에 구체적인 결과를 초래한다. 아이는 적대적인 조사를 고문으로 경험하며, 자기 삶이 고통스런 조사를 받기 위해 고문대 위에 놓여 있다고 생각한다.

어떤 5학년 교사가 하루 수업에서 '왜'라는 단어를 사용하는 파괴적인 질문 13가지를 살펴보면 다음과 같다.

1. 넌 왜 변화에 서투니?
2. 넌 왜 그렇게 이기적이니?

3. 넌 왜 모두 아이들하고 싸우니?
4. 넌 왜 다른 아이들 같지 않니?
5. 넌 왜 모든 아이들을 방해하니?
6. 넌 왜 잠시도 입을 닫고 있지 못하니?
7. 넌 왜 그리 동작이 느리니?
8. 넌 왜 항상 서두르니?
9. 넌 왜 그렇게 못돼먹었니?
10. 넌 왜 그렇게 조심성이 없니?
11. 넌 왜 그렇게 아무 일에나 끼어드니?
12. 넌 왜 내가 말하는 건 뭐든 다 잊어버리니?
13. 넌 왜 그렇게 멍청하니?

'왜'라는 말은 옛날에는 질문할 때 쓰는 말이었다. 이런 의미는 오래 전에 사라지고 말았다. '왜'를 비난의 용어로 악용함으로써, 그 의미가 타락하고 말았다. 아이들에게 '왜'는 거절, 실망, 불쾌함의 대명사가 되었다. '왜'에서 우리는 과거에 대한 비난의 울림을 감지한다. 그냥 단순히 "왜 그랬니?"라고 묻는 말만으로도 "도대체 왜 그렇게 바보 같은 짓을 했니?"라는 비난에 대한 기억을 떠올릴 수 있다.

현명한 교사라면 해로운 질문을 하지 않는다.

어떤 아이가 "시험 준비를 하지 못했어요"라고 말했다. 교사는 왜 시험 준비를 하지 못했느냐고 묻고 싶은 유혹을 느꼈지만 자제했다. 그렇게 질문해 봐야 변명, 절반의 진실, 수동적인 거짓말만을 부추긴다는 사실을 알고 있기 때문이었다. 교사는 이렇게 말했다.

"문제로구나. 어떻게 하면 좋겠니? 넌 뭘 선택하겠니?"

이렇게 요란스럽지 않은 반응은 아이에게 지울 수 없는 영향을 미친다. 이는 아이에게 존중받았다는 느낌을 주고, 자율성을 보장하며, 아이에게 삶에 대한 책임감을 안겨준다.

아이들의 의견

아이들은 이야기하고 있는 주제와 관계가 없어 보이는 질문이나 의견을 제기하는 경우가 종종 있다. 철도에 대해 공부하고 있는 중인데, 한 아이가 말했다.

"우리 할머니가 많이 아파요."

A 교사는 이렇게 대꾸했다.

"그래서 기차로 할머니 댁에 갔니?"

B 교사는 이렇게 말했다.

"너희 할머니에게 바퀴가 달렸니? 너희 할머니가 철도야? 왜 너희 할머니를 우리 이야기에 끌어들이는 거야? 넌 꼭 끼어들어서 바보 같은 소리를 하더라."

보호색에 대해서 공부하는 중이었다. 한 아이가 말했다.

"우리 집 개는 자기 새끼를 만지는 사람은 누구나 물어요."

A 교사는 이렇게 대꾸했다.

"넌 보호색과 개가 새끼를 보호하는 것이 관계가 있다고 보는구나."

B 교사는 이렇게 말했다.

"그것이 우리가 배우는 것하고 무슨 관계가 있다고 그래? 넌 왜 수업에 집중하지 못하니?"

건강에 대해서 이야기를 하고 있는 도중에 한 남자아이가 물었다.

"사람이 죽으면 어떻게 되나요?"

A 교사는 이렇게 대답했다.

"중요한 질문이야. 사람들도 수천 년 동안 그 질문에 대해서 생각하는 중이야."

B 교사는 말했다.

"몰라. 물어보지 않았으니까."

아이와 교사가 문답하는 것을 보면, 한 교사는 아이를 존중하고, 하나의 인격체로 대하며, 설령 공부 주제와 관계가 없어 보이는 질문을 하더라도 이를 받아들인다. 다른 교사는 아이를 공격하고 모욕했다. 한 사람은 교육을 하고, 다른 사람은 아이의 기를 꺾었다.

빈정대지 말자

점잖은 사람은 절대로 무의식중에 상대를 모욕하는 발언을 하지 않는다고 한다. 그런데 교사들은 가끔 그런 경우가 있다. 무심코 아이들의 마음에 상처를 입힌다. 혀끝이 매운 교사는 건강에 위험하다. 교사의 신랄한 의견은 자존심에 상처를 입히고, 학습을 방해한다. 마음에 상처를 받은 아이들은 복수심에 사로잡힌 상태로 성장한다.

다음 의견들은 교사들이 그 비극적인 영향을 거의 의식하지 못한 채, 무심결에 말한 것들이다.

"넌 또 네 자신의 의견에만 의존하고 있어. 내 말 믿어. 그건 잘못된 거야."

"넌 다시 정신이 돌아올 수 있을 거라고 생각하니? 한동안 제정신이 아니었는데."

"한 교실에 천재들이 이렇게 많은 경우를 본 적이 없었는데."

"넌 뭐든 손을 대야 직성이 풀리니? 손에 경련이 나기라도 하는 거냐?"

"네 머리로는 이 학급에서 공부하기 힘들어. 왜 네 부족한 능력에 더 어울리는 학교로 전학 가지 않는 거야?"

"네게는 심리학자가 필요한 게 아니라, 진공 청소기가 필요해. 네 정신은 쓰레기로 잔뜩 어질러져 있거든."

아이 : 어젯밤에 머리가 무척 아파서 시험 준비를 하지 못했어요. 죄송해요. 다른 날 시험을 보면 안 될까요?

교 사 : 좋아. 하지만 시험지 맨 위에는 '정신 상태'라고 쓰고, 맨 밑에다는 크게 빵점이라고 써.

아이들과 대화를 나눌 때, 교사는 마음을 아프게 하는 의견을 말해서는 안 된다. 전문적인 교사는 무심코 아이의 자존심을 파괴하는 말이 나오지 않도록 조심한다. 교사의 역할은 마음을 치료하는 것이지, 상처를 입히는 것이 아니다. 비판적인 성향에다 혀끝이 매서운 교사의 책임감은 더 무겁다. 그런 교사는 아이들이 자신의 치명적인 재주에 걸려 상처를 입지 않도록 보호해야 한다. 아이들과 대화를 나누는 새로운 방법을 습득하든지, 아니면 새로운 직업을 선택하든지 해야 한다.

성급한 도움은 금물

현대적인 교사는 아이들에게 자신의 감정을 소중하게 여기라고 가르친다. 내면의 느낌을 인정하고 존중하도록 도와준다. 무엇보다도 아이 스스로 자기가 어떤 생각을 하고 있는지에 대해서 혼동하지 않도록 주의를 기울인다. 화가 나 있는 아이에게 "넌 화낼 것 없어."라고 하거나, 겁먹은 아이에게 "두려워할 것 없어."라고 말하지 않는다. 고통스러워하는 아이에게 미소를 지으라고 하거나, 수줍음을 타는 아이에게 부끄러워하지 말라고 충고하지 않는다. 자기 반 아이들에게 "기쁘지 않더라도 기쁜 척해라." 하고 말하지 않는다.

아이에게 "무서워할 것 없어."라고 하면, 두려움이 더 커진다. 세 배는 더 무서워한다. 최초의 두려움에 더해서, 무서워할까 봐 두려워하고, 그 무서움을 숨길 수 없을까 봐 두려워한다. 떨어낸다고 해서 두려움이 사라지는 것은 아니다. 그 존재를 인정받지 못하는 한, 두려움은 사라지지 않는다. 아이가 무서워할 때는 드러내놓고 그 두려움을 인정하고 존중해 주는 것이 가장 좋다.

열 살 된 호프가 시험이 두렵다고 했을 때, 교사는 이렇게 대응했다.

"시험이 두려울 수도 있어. 특히 마지막 시험은."

그는 일부러 순간적인 위로를 하지 않았다.

"시험은 그렇게 두려운 게 아니야. 공부를 했다면 걱정할 게 하나도 없어."

이렇게 말했더라면 호프는 공황 상태에 빠졌을지도 모른다. 마음속으로는 이렇게 반응했을지도 모른다.

"만일 시험에 낙제하면, 선생님은 내가 공부를 하지 않았다고 생각할 거야."

아이들은 문제를 들고 교사를 찾아온다. 교사는 도와주고 싶다. 사실 해답도 이미 알고 있다. 하지만 해답을 알려주려고 서두르지 않는다. 성급하게 도와주려고 하면 아이들이 싫어한다는 것을 알고 있기 때문이다. 서둘러 해답을 알려주는 행위를 아이들은 자기 지능에 대한 위협으로 간주한다. 돌이켜보면서 아이들은 자신을 바보로 생각한다.

"그렇게 간단하게 해결할 수 있는데, 그걸 어려운 문제라고 생각했으니, 아무래도 난 머리가 나쁜가 봐. 혼자 힘으로 이해하지 못했다는 것은 내가 멍청하다는 증거 밖에 안 돼."

다음과 같이 서둘러 안심을 시켜주는 말들은 아이에게 도움이 되지 않는다.

"이건 그렇게 대단한 문제가 아니야."

"이건 정말 네겐 아무 문제도 아니야."

"누구에게나 그런 문제들이 있어."

"그건 십대에게 전형적인 걱정거리야."

"이건 해결하기 쉬운 문제야."

"그건 걱정하지 마."

교사는 문제에 귀를 기울이고, 그것을 다른 말로 고쳐 표현하여 명확하게 함으로써, 아이가 문제를 분명하게 드러냈다는 점을 인정한다. 그런 다음 이렇게 묻는다.

"네가 선택할 수 있는 것이 무엇이니?"

"이런 상황에서 넌 뭘 선택하겠니?"

아이가 해결책을 제기하는 경우도 자주 있다. 그렇게 해서 아이는 자신의 판단에 의지할 수 있다는 사실을 배우게 된다. 교사가 서둘러 해결책을 제시하면, 아이들은 문제 해결 능력을 획득하고, 자신감을 얻을 수 있는 기회를 놓치게 된다.

간단 명료

정신과 의사에게 도움을 요청하러 간 극작가에 대한 이야기가 있다.
"난 내 자신에게 이야기를 해요."
그가 불평했다. 의사는 그를 안심시켰다.
"그렇습니까. 많은 사람들이 자기 자신에게 이야기를 하지요."
극작가는 항의했다.
"하지만 당신은 내 이야기가 얼마나 지루한지 모를 거예요."
극작가처럼, 교사는 재미가 있거나 최소한 말을 많이 하지 말아야 할 의무가 있다. 더 이상 관객을 재미있게 해주지 못하면, 연극은 막을 내린다. 학생들은 지나치게 말이 많은 교사 앞에서 마음을 닫는다. 교사처럼 말한다는 말은 칭찬이 아니다. 왜 그럴까? 교사들은 하나의 주제에 대해서 장황하게 말하고, 명확한 사실을 과장해서 말하는 것으로 유명하기 때문이다. 이런 태도는 말을 듣고 있는 대부분의 사람들에게 다음과 같은 반응을 불러온다.
"이제 됐어. 그만큼 했으면 충분해."
다음 세 사건은 수업이 진행되고 있는 교실에서 쿠닌이 찍은 비디오 테이프에 담긴 것이다.

존이 연필을 잃어버렸다. 교사는 다음과 같이 말했다.

1. 네 연필 찾았니?
2. 뭘 하다가 연필을 잃어버렸는지 알고 싶구나?
3. 연필을 먹기라도 한 거냐?
4. 연필에 무슨 일이 있었던 거니?
5. 연필은 무슨 색이었니?
6. 연필이 없으면 공부를 할 수 없을 텐데.

그런 다음 교사는 연필을 찾아다녔다.

7. 연필을 찾았구나.
8. 내일 아침에 반드시 연필을 이곳에 갖다놓아야 한다.
9. 그 연필도 잃어버리지는 마라.
10. 연필을 다시 깎아. 끝이 뾰족하게 깎였는지도 보고.

위의 문장들은 모두 필요 없는 문장이었다. 아무 말 없이, 설교하지 않고, 연필을 검사하지 않고, 시간을 낭비하지 않고, 교실을 어수선하게 만들지 않고, 존에게 연필을 친절하게 건네줄 수도 있었다.

교사들은 사소한 사건을 간결하게 처리하는 방법을 배워둘 필요가 있다. 책을 잃어버리고, 연필이 부러지고, 종이를 잃어버리고, 숙제를 잊어먹은 일에 시간과 노력, 에너지를 빼앗겨서는 안 된다. 그런 일이 벌어졌을 때는 문제를 해결하려는 자세를 유지해야 한다. 미래의 책임과 과거의 철학에 대해서 장황하게 설명할 필요 없이, 현재의 문제를 해결하려고 해야 한다. 아래에서는 사소한 말썽을 가지고 요란법석을 떠는 예를 보여주려고 한다.

1. 리처드, 그만 떠들어.
2. 선생님을 도와주는 아이들이 있는가 하면, 그렇지 않은 아이들도 있어.
3. 메리는 도와주느라 공부를 하고 있어.
4. 지미도 그렇고.
5. 메이블은 선생님 말을 듣고 있지 않아.
6. 너희들 모두 알다시피, 여긴 운동장이 아니야.
7. 여긴 교실이야. 공부하기로 되어 있는 곳이야.
8. 훌륭한 시민은 배우려고 노력하는 다른 아이들을 괴롭히지 않아.
9. 우리 모두 서로 도와 좋은 시민이 되어서 다른 아이들을 방해하지 말자.
10. 시끄러우면 공부하기가 어려워.

열 마디 가운데 처음 아홉 마디 말은 생략했어도 아무 문제가 없었을 것이다. 아이들이 주목하도록 하기 위해서는 마지막 말로 충분했을 것이다.

시간에 대해서 입을 열면서 교사가 수업을 시작하고 있었다. 마거릿이 나지막하게 신음 소리를 냈다. 교사는 마거릿을 향해 다음과 같이 말했다.

1. 마거릿, 너 공부하러 학교에 온 거니?
2. 그렇게 아프니, 마거릿?
3. 내가 보기에는 그렇게 아픈 것 같지는 않은데.
4. 너희 부모님도 네가 시계를 볼 수 있길 바랄 거야.
5. 마거릿, 너도 시간 보는 법을 배우면 매우 기쁠 거야.
6. 시간 보는 법을 배우고 싶지 않다고 해서 그렇게 신음 소리까지 낼 필요는 없어.
7. 그래도 네가 시간을 볼 수 있다는 걸 알면, 너희 엄마가 시계를 사줄지도 몰라.

위의 일곱 문장 가운데 어느 것도 도움이 되지 않았다. 모두 다 할 필요가 없는 말이었다. 그 때문에 시간만 낭비했고, 수업은 지체되었다. 잔소리로는 아이에게 시간 보는 법을 배우고 싶어하는 동기를 유발하지 못한다. 수업 시간이 어서 빨리 지나가기를 바라는 마음만 부추길 뿐이다.

마거릿이 신음 소리를 냈을 때, 장황하게 잔소리하는 대신에

한 마디로 공감을 표시할 수도 있었다.

"마거릿, 어디가 불편하구나."

길고 지루한 훈계를 할 필요는 없었다.

학교에 처음 등교한 여자아이에게 얼마나 좋았는지에 대해서 물었다. 아이는 이렇게 대답했다.

"재미있었어요. 계속해서 훼방을 놓는 여선생님만 빼면요."

상급 학년의 학생들도 이런 기분을 털어놓을 때가 자주 있다. 어느 여고생은 이렇게 말했다.

"최근에 수학 여행을 다녀왔는데, 인솔 교사가 어찌나 길게 설명을 늘어놓는지 그만 경치 구경을 망치고 말았어요. 산의 높이는 정확하게 얼마이고, 계곡의 깊이는 정확하게 얼마인지에 대해서 쉴새없이 이야기했어요. 그 지방의 강수량에 대해서도 관심이 깊었는데, 덕분에 우리들은 바위 모양이 어떻게 생겼는지에 대해서 생각해 볼 겨를이 없었어요. 박식함을 쉴새없이 쏟아낸 탓에 시처럼 아름다운 경치들을 몽땅 다 놓치고 말았어요."

과시가 위력이 있다고 믿는 교사들이 많다. 하지만 궁극적으로 볼 때, 지적인 설명으로는 교육에 성공하지 못한다. 솔 벨로는 이렇게 말했다.

"지적인 인간들은 설명하는 동물이 되어버렸다. 아버지는 아이들에게, 아내는 남편에게, 전문가는 비전문가에게, 의사는 환자에게, 인간은 자기 영혼에게 설명했다. 그런데 대부분은 한쪽 귀로 듣고, 한쪽 귀로 흘렸다."

요즈음에는 아이들을 프로이트 이론에 대한 여러 가지 오해에 바탕을 두고 키우는 부모들이 많다. 아이들은 어머니 젖과 함께 설명을 먹고 자란다. 갓난아기 시절부터 아이들은 지나칠 정도로 '분석'에 노출된다. 어른들은 아이의 인격을 침해하고, 동기를 의심하며, 행동을 설명한다. 그렇게 자란 아이들은 장황하게 말이 많은 교사들에게 알레르기 반응을 보인다.

아이는 학교의 복잡한 요구에 어떻게 적응하는가? 이성의 규칙에 따라 적응하는 것이 아니다. 아이들의 경우에는 감성적인 동기가 없으면 학습은 불가능하다. 교사가 감성을 무시하고 지루한 논리적 설명에 의존할 때마다 학습은 절름거리며 중단된다.

어떤 교장은 말 많은 교사에게 이렇게 충고했다.

"기자가 기사를 쓰듯 이야기하세요. 제목, 요점, 특별한 세부 사항 순으로 말이에요. 간결하게 말하려고 하세요. 아이들에게 말 많은 교사로 알려지지 않도록 하세요. 가능하다면 결론에서 시작하세요."

아이들의 충격

교사들은 자기들이 한 말이 학생의 삶에 끼치는 영향을 의식하지 못할 때가 자주 있다. 그렇다면 학생들과 대화할 때, 한 차원 높은 방법을 적용하면 달라질 수 있는가? 학생들은 다정한 메시지와 파괴적인 메시지를 구별할 수 있는가? 학생들은 전자와 후자에 대해 서로 다른 반응을 보이는가?

다음에 나오는 6학년 학생들의 의견이 이러한 질문에 대한 답변이 될 수 있을 것이다.

"A 선생님 시간에는 수업에 협조적이던 아이들이 B 선생님 시간에는 마치 폭죽처럼 폭발해요. 아이의 행동은 교사에 달려 있어요. 예를 들면 허버트가 1주일 동안 결석한 뒤에 학교에 돌아왔을 때, A 선생님은 이렇게 말했어요.

'허비, 반갑구나. 우리 모두 네가 보고 싶었어.'

반면에 B 선생님은 이렇게 말했어요.

'이상하게 지난 주에는 교실이 조용하더라. 허비가 없었으니 당연한 일이었겠지.'

남은 수업 시간 동안 허비는 계속해서 떠들었어요."

"선생님들에 대해서 내가 싫어하는 점이 한두 가지가 아니에요. 해야 한다, 할 수 있다는 말이 듣기 싫어요. 예를 들어 어떤 선생님은 이렇게 말해요.

'이번 주말까지는 곡을 잘 연주할 수 있어야 해.'

내 연주가 신통치 않으면, 이렇게 말해요.

'연습을 좀더 했더라면, 이보다는 더 좋은 연주를 할 수 있었을 거야.'

나를 다른 아이들과 비교할 때도 기분이 나빠요.

'1학년에 다니는 남자아이를 가르쳤는데, 그 아이는 이 곡을

쉽게 연주하던데.'

난 다른 사람이 아니고, 그냥 난데."

"선생님이 수업 시간에 아이들에게 말하는 것 때문에 정말 짜증나요.

'켈리. 난 포기했어. 넌 절대 변할 애가 아니거든.'

항상 이런 식으로 말하거든요. 선생님은 늘 우리가 변하지 않을 것이라고 하는데, 우리가 어떻게 변할 수 있겠어요? 언제는 이렇게 말한 적도 있어요.

'톰, 너한테 놀랐어. 켈리라면 몰라도 네가 그렇게 행동할 줄은 몰랐어.'

이해하시겠죠? 톰과 저는 한 방에 나가떨어졌어요."

"난 절대로 R 선생님에게 질문을 하지 않아요. 무슨 대답이 나올지 뻔하거든요.

'정말 바보 같은 질문이구나!'

이런 식이에요. 그래서 한 번은 이렇게 대꾸했어요.

'바보 같은 질문 같은 건 없어요. 대답이 필요한 질문만 있을 뿐이에요.'

그랬더니 선생님은 경멸하듯 날 쳐다보면서, '멍청한 소리 마. 네가 날 이길 수는 없어.' 하고 말하더군요."

열두 살 된 조는 마음에 품고 있던 교사에 대한 분노와 경멸을 어머니에게 털어놓았다.

어머니 : 모든 면을 다 비난할 수는 없을 거야. 그 선생님에게도 뭔가 좋은 점을 있을 테니까.

조 : 어떤 좋은 점이 있는지 한 가지만 대보세요.

어머니 : 음. 콜럼버스 기념일에 연출했던 연극이 훌륭하던데. 나도 그 연극을 봤거든.

조 : (험상궂은 표정으로 손가락으로 누군가를 가리키며 사나운 목소리를 낸다.) 데이비드! 내일까지 네 대사를 완전히 외우지 않으면 연극에서 쫓겨날 줄 알아. 네 역을 다른 사람에게 맡길 테니까. 변명 따윈 듣고 싶지 않아. 네가 무슨 소리를 하든 관심 없어. 아무튼 내일까지 네 대사를 암기하지 못하면 넌 나가야 돼. (보통 목소리로 바뀌며) 맞아. 아주 훌륭한 연극을 연출하기는 했어.

"선생님에게는 웃기는 점이 있어요. 선생님도 사람인가 의아스런 생각이 들어요. 그런데 가끔 방과 후에 보면, 사람들을 만나 인간적으로 대화를 나누어요. 놀라지 않을 수 없어요. 선생님들이 인간처럼 대화를 나누니까요. 교실에서는 로봇처럼 걸어다니고, 아이들이 뭘 잘못하기라도 하면 기다렸다는 듯이 소리를 질러대는 게 선생님들인데. D 선생님만 빼고 다 그래요. 그분은 선생님이면서도 인간인 분이에요."

적절한 의사 소통

적절한 의사 소통을 통해서 교육을 변화시킬 수 있다. 적절한 의사 소통은 가르침에 덫이 되지 않는다. 배움의 핵심을 찌르는 기술이다. 우리 학교 제도에서는 아직까지 그것을 시도해 오지 않았다. 적절한 의사 소통이 주는 강력한 힘을 이용하여 아이들이 성숙한 인격을 형성하고, 품위 있는 삶을 살 수 있게 해준 적이 한 번도 없었다.

조종사, 건축가 또는 외과 의사하고는 달리, 교사들은 직업의 기술을 습득하는 데 엄격한 훈련 과정을 거치지 않는다. 사람들은 교사들이 어느 정도는 복잡한 인간 관계에 숙달된 상태로 교실에 들어갈 것이라고 기대한다.

일상적인 학교 생활 속에서 교사들은 다음 사항을 항상 염두에 두고 있어야 한다.

- 학생에게 학습 동기를 유발한다.
- 학생에게 자율성을 고취한다.
- 학생의 자존심을 격려한다.
- 학생의 자신감을 키워준다.
- 학생의 불안감을 누그러뜨린다.
- 학생의 두려움을 제거한다.
- 학생의 욕구불만을 해소한다.

- 학생의 분노를 가라앉힌다.
- 학생의 갈등을 줄여준다.

부모처럼 교사들에게는 고도의 의사 소통 능력이 필요하다. 이런 사실을 알고 있는 교사는 언어의 의미에 대해서 민감한 반응을 보인다. 아이가 배운 언어의 내용이 교사가 사용한 언어 스타일에 따르는 경우가 많다는 사실을 알고 있기 때문이다. 그는 아이의 감정을 의식하며, 이해를 표현하는 데 적절한 언어가 무엇인지도 알고 있다. 아이들을 더 비뚤어지게 하는 대화를 매우 싫어한다. 비난하고 창피를 주는 일을 피하고, 모욕을 주고 협박하는 대화를 꺼린다. 그의 언어는 파괴적인 대화와 수사학적인 폭력과는 무관하다.

적절한 의사 소통은 하나의 성취이다. 적절한 의사 소통에는 배움과 연습과 자율이 필요하다. "저절로 이루어는 것을 그냥 몸짓으로 옮기는" 일이 아니다. 모든 기술이 그렇듯이, 그것은 연습을 요구한다. 모든 예술처럼 선택을 필요로 한다. 좋은 인간 관계에서는 무슨 말을 해도 벌을 받지 않아야 한다는 주장은 마음에 위로는 될지 모르나, 진실은 되지 못한다.

이는 건강이 좋을 때는, 독을 포함해서, 무슨 음식을 삼켜도 해가 되지 않는다고 믿는 것이나 다를 바가 없다.

한 가지 주의 사항이 있다면 교사가 억지로 꾸민다고 해서 효과가 나는 것은 아니라는 사실이다. 교사에게는 속임수보다 더 파괴적인 것도 없다. 겉으로 아이를 존중하고 배려하는 척해도 들통나고 만다. 진심이 뒷받침되지 않은 기술은 금방 정체가 드러난다. 교사와 학생 사이에서는 조화 이외에는 다른 대안이 없다.

교사와 학생 사이 ·········· 제 5 장

위험한 칭찬

판결이냐 인정이냐

다음은 참인가 거짓인가?

   칭찬은 파괴적이다.
   칭찬은 건설적이다.

두 주장 모두 참이다. 판결을 내리는 칭찬은 파괴적이고, 인정하는 칭찬은 건설적이다.

심리 치료를 받는 아이에게는 절대로 다음과 같은 말을 하지 않는다.

"넌 착한 아이야."
"아주 잘 하고 있어."
"계속 이렇게 착하게 굴어야지."

판결을 내리는 칭찬은 피한다. 왜 그럴까? 도움이 되지 않기 때문이다. 판결을 내리는 칭찬은 아이에게 불안감을 조성하고, 남에게 의지하게 만들며, 수동적으로 움직이게 한다. 자신감, 자립심, 자제력을 기르는 데 도움을 주지 못한다. 이와 같은 자질들은 외부의 판단에서 자유로울 때 획득할 수 있기 때문에, 자기 내면의 동기와 판단에 대한 믿음이 필요하다. 자기 자신에 머물기 위해서는 판결을 내리는 칭찬의 압력에서 벗어나야 할 필요가 있다.

그런 칭찬은 도움이 되지 못하는데, 왜 그걸 추구하는가? 사람들은 이렇게 묻는다.

"마약은 해로운데, 왜 그것을 얻으려고 몸부림치는가?"

있을 수 있는 질문이다. 두 질문에 대한 대답은 하나이다. 칭찬을 들으면, 마약을 맞은 것처럼 아이의 기분이 좋아질지는 모른다. 잠시 동안은 말이다. 그러나 그것은 의타심을 부른다. 다른 사람들이 아이를 인정하는 주인이 된다. 아이는 그들에게 의지하여, 욕구를 해소하고 자기 가치를 확립한다. 그들의 입을 통해 날마다 자신의 가치를 인정받아야 한다.

칭찬하는 과정

칭찬은 두 가지로 이루어진다. 아이에게 말하는 것이 그 하나이고, 그 소리를 듣고 아이가 자기 자신에게 말하는 것이 다른 하나이다. 우리는 아이의 노력과 도움, 일과 성취 가운데 어떤 것을 좋아하고 인정하는지 이야기해 주면 된다. 그러면 아이는 자기 자신에 대해서 결론을 이끌어낸다. 우리가 사건과 감정에 대해서 사실적이고 인정하는 자세로 의견을 내놓으면, 아이는 자기 자신에 대해서 긍정적이고 생산적인 결론을 내린다.

열두 살 된 마르샤는 교사를 도와 학급 문고의 책을 정리했다. 교사는 다음과 같이 인격에 대한 칭찬을 하지 않았다.

"잘 했어. 넌 훌륭한 일꾼에다, 좋은 사서야."

그 대신 마르샤가 한 일에 대해서 말로 설명해 주었다.

"이젠 책들이 모두 정리되었어. 아이들이 원하는 책을 찾기가 쉬워질 거야. 어려운 일이었는데, 네가 해냈어. 고마워."

교사가 인정을 해주었기 때문에 마르샤는 스스로 결론을 내릴 수 있었다.

'내가 한 일이 선생님을 흐뭇하게 했어. 내가 일을 잘 했기 때문이야.'

열 살 된 필리스는 첫눈이 왔을 때의 기분을 보여주는 시를 한 편 썼다. 교사는 이렇게 말했다.

"네 시에 내 감정이 그대로 드러나 있어. 시 구절에 겨울을 생각하는 내 마음이 들어 있는 것을 보니 기분이 좋은데."

어린 시인의 얼굴에 미소가 번졌다. 필리스는 친구들에게 가서 말했다.

"A 선생님은 정말 내 시를 좋아해. 나를 대단한 시인으로 여겨."

일곱 살 된 루벤은 글씨를 잘 쓰려고 전부터 무진 애를 쓰고 있었다. 줄을 맞춰 글씨를 쓰는 일이 루벤에게는 쉽지 않았다. 마침내 노력 끝에 반듯하게 쓴 글씨로 공책 한 쪽을 가득 메울 수 있었다. 교사는 루벤의 공책에 이런 말을 써주었다.

"깔끔하게 글씨를 잘 썼구나. 네 글씨를 읽으면서 기분이 좋았단다."

숙제를 돌려받은 아이들은 교사가 써준 평가를 읽어보려고 서둘렀다. 갑자기 "쪽!" 하는 소리가 들렸다. 루벤이 숙제에 입을 맞추는 소리였다.

"내가 글씨를 잘 썼대."

루벤이 큰 소리로 말했다.

에밀리(열한 살) : 내 기타 연주 어때요?
교   사 : 네가 방금 연주한 곡은 활기가 있었어. 정말 그 곡을 즐기는 것처럼 들렸어.
에밀리 : 그랬어요. 내가 가장 좋아하는 곡 가운데 하나거든요.
교   사 : 네가 좋아하는 곡들을 알아맞힐 수 있을 것 같아. 소리를 들으면 알 수 있어. 약간은 뭔가 특별한 것이 전해지거든.
에밀리 : 그것이 내가 음악을 표현하는 방법이라고 생각하세요?
교   사 : 그럴 수도 있을 거야!

이 대화가 있은 뒤로, 자기 연주 실력에 대한 에밀리의 믿음은 더 커졌다. 열성적으로 기타를 쳤고, 즐거운 마음으로 좋아하는 구절들을 반복해서 연주했다. 이 일화를 보면 교사는 일부러 "넌 위대한 기타리스트야."라는 식의 인격에 대한 칭찬을 하지 않았다. 그 대신 에밀리의 감각에 대해 믿음을 보여주었다. 에밀리는 자신의 음악적 감각을 믿어도 된다는 결론을 내렸다.

판결에 함축된 의미

긍정적인 판결에는 부정적인 의미가 함축되어 있다. 판결을 내리는 칭찬은 사람들 사이에 불안감과 긴장을 조성한다. 의사 소통을 방해하고 관계가 끊어지게 한다. 안드레아가 돈을 잃어버렸다. 열두 살 된 리처드가 그것을 찾아서 교사에게 건네주었다. 교사는 이렇게 말했다.

"넌 정말 정직하구나. 네가 자랑스럽다."

리처드는 얼굴을 붉혔다. 교사의 칭찬은 그를 공황 상태에 빠뜨렸다. 리처드에게는 사소하나마 남의 물건을 훔친 과거가 있었다. 교사가 정직하다고 칭찬했을 때, 그는 두려움에 휩싸였다.

'그 사실이 알려지면 어떡하지?'

리처드는 이것을 걱정했다.

리처드는 교사와 만나는 것을 두려워하며, 자기 자신 안으로 움츠러들었다. 자기 자신에게 이렇게 말했다.

'나를 더 많이 알게 해서는 안 돼. 만일 그렇게 되면, 날 자랑스럽게 생각하지 않을 거야. 오히려 날 부끄럽게 생각할 거야.'

교사가 인정하는 칭찬을 했더라면, 리처드에게 더 큰 도움이 될 수 있었을 것이고 리처드도 기뻐했을 것이다.

"돈을 찾아줘서 고맙다, 리처드. 네가 안드레아의 큰 걱정을 덜어주었어."

결론 : 칭찬할 때는 특정한 행동을 인정해야 한다. 인격을 평가해서는 안 된다.

형용사와 인격

젊은 교사는 자기 반 학생들에게 추상적인 사고 능력을 길러주고 싶었다. 그녀는 앨리스에게 사과를 보여주며 물었다.

"사과 나무는 어떤 과에 속하지?"

앨리스는 얼굴을 붉히기만 할 뿐, 대답을 하지 못했다. 교사가 캐럴에게 묻자, 대답이 튀어나왔다.

"사과나무는 장미과에 속해요."

"착한 아이구나, 착한 아이야."

교사는 캐럴을 칭찬했다.

교사는 자기가 무슨 상처를 입혔는지도 모른 채, 수업을 계속했다. 답을 안 캐럴이 착한 아이라면, 답을 모른 앨리스는 어떤 아이가 되는가? 나쁜 아이가 되는 것이다.

민주주의 사회에서는 어떤 사실을 안다고 해서 착한 사람이 되고, 모른다고 해서 나쁜 사람이 되지 않는다. 많은 사실을 알아도, 사기꾼이 될 수가 있다. 지식이 사람을 착하게 만들지는 않는다. 동시에 지식이 부족하다고 나쁜 사람이 되지도 않는다.

교사로서는 앨리스에게는 답을 알려주고, 캐럴에게는 답이 맞았다는 사실만을 확인해 주었으면 좋았을 것이다. 인격에 대해서 평가할 필요는 없었다.

결론 : 아이의 인격에 형용사를 붙여 칭찬해서는 안 된다.

칭찬과 말썽

짐의 생일이었다. 다섯 살짜리 남녀 아이들 열 명이 과자를 먹고 놀며, 짐에게 생일 축하 노래를 불러주었다. 모두 다 즐거운 기분이었다. 아이들의 행동을 지켜보던 유치원 교사는 기쁜 마음에 아이들에게 칭찬을 해주기로 마음먹었다.

"기특한 아이들이 여기 다 모여 있었구나. 너희들은 정말 천사야!"

잠시 후에 싸움이 벌어졌다. 사탕은 총알이 되고, 과자는 어뢰로 변했고, 컵 케이크는 유도 미사일처럼 날아다녔다. 파티에 폭탄이 떨어진 듯했다. 교사는 충격을 받았다. 조금 전에 아이들을 그토록 진정하게 칭찬해 주었다는 사실이 교사를 가장 분노케 했다.

"아이들에게는 칭찬도 아무런 도움이 되지 않나요?"

교사는 씁쓸한 어조로 이렇게 물었다.

칭찬을 받을 만한 자격이 없다는 기분이 들면, 어른의 생각을 바로잡아 주기 위해서, 아이는 말썽을 피울 수가 있다. 짐의 생일 잔치에 모인 아이들은 자기들을 천사로 생각하지 않았다. 그런데 교사가 천사라고 부르자, 잘못된 이미지를 바꾸어주려고 했던 것이다. 아이들은 효과적으로 교사의 환상을 깨뜨려주었다.

결론 : 행동에 판결을 내리는 칭찬은 바람직하지 않다. 말썽을 피울 것으로 예상했는데 '착한' 행동을 해서 놀랐다는 사실을 말해 주는 결과가 될 수도 있기 때문이다. 아이들은 스스로 추론한 기대에 맞춰 사는 경우가 종종 있다.
그와 비슷한 경우에, 다른 교사는 정반대로 말했다.
"우리 유치원에서 이런 생일 잔치를 갖게 되어서 즐거웠어. 그렇게 재미있게 놀아주어서 고마워."
아이들은 환하게 웃었다. 교사는 아이들에게 판결을 내리는 칭찬을 하지 않았다. 그냥 자신의 즐거운 감정과 감사하는 마음을 표현했을 뿐이다. 아이들 스스로 자신들이 환영을 받고 있으며, 존중을 받고 있다는 결론을 내렸다.

칭찬과 지위

칭찬을 하는 것은 지위를 사칭하는 행위이다. 칭찬하는 사람은 평가하는 사람이 된다. 재판관의 자리에 올라가 자기에게 특별한 능력이 있다고 주장한다. 한 젊은 교사가 선배 동료 교사에게 아이디어를 제시했다가, 깎아내리는 소리를 들었다.

"좋은 생각이야. 젊은 선생."

이는 젊은 교사에게 서열 속의 위치를 지정해 주는 칭찬임이 분명했다. 판결을 내리는 칭찬은 '지위가 낮은' 사람들을 자기 위치로 돌아가게 하는 역할을 한다. 그렇기 때문에 아이가 교사를 칭찬하는 것은 무례한 행위로 간주된다.("잘했어요, 선생님. 선생님은 일류예요. 선생님이 자랑스러워요. 계속 그렇게 잘 하세요.")

피카소를 만났다면, 우리는 "당신은 위대한 화가예요. 굉장한 일을 하고 있어요."라고 말하지 않을 것이다. 레너드 번스타인에게 "번스타인 씨, 당신은 위대한 음악가예요. 가장 위대한 음악가들 중의 한 사람이에요."라고 말하지 않는다. 그렇게 판결을 내리는 칭찬은 무례하고 천박하다고 생각한다. 감히 스스로 재판관의 자리에 앉으려고 하지 않기 때문이다. 다음과 같이 말할 수는 있다.

"피카소 씨, 당신 그림에 감사드려요. 내 삶을 풍요롭게 해주었거든요."

"번스타인 씨, 당신 음악에 감사드려요. 「웨스트 사이드 스토리」는 내게 큰 기쁨을 안겨주었어요. 「예레미아 심포니」를 듣고는 깊은 감동을 느꼈고요."

아이들도 이와 비슷한 대우를 받을 자격이 있다. 아이들에게도 비교하거나 으스대며 생색내는 칭찬이 아니라, 인정하는 칭찬이 필요하다.

칭찬과 동기

판결을 내리는 칭찬은 위협으로 들릴 때가 자주 있다. 기쁨이 아니라 불편함을, 즐거움이 아니라 두려움을 안겨주기 때문이다. 아이들은 판결을 내리는 칭찬의 압박감을 이기지 못해서 허우적거린다. 그래서 무슨 일이 있으면 몸을 사리고 뒷걸음질치는 경향이 있다. 아이들은 그런 칭찬으로 자기들을 변화시키려 한다는 것을 눈치채고 있다. 그래서 그런 의도에 대해 분노하고, 변화를 유도하려는 시도에 대해 저항한다.

열세 살 된 로리는 인상주의 작품을 멋지게 연주했다. 교사는 능숙한 연주에 깊은 감동을 받았다.

교 사 : 음, 정말 좋은데.
로 리 : 선생님은 '멋지게' 연주했다는 말을 하지 않으시네요. 다행이에요. 내가 곡을 연주할 때마다, 우리 어머니는 흥분을 주체하지 못해요. "멋있어, 멋있어, 멋있어. 네 연주를 들으면 얼마나 감정이 풍부해지는지 몰라." 이럴 정도니까요. 난 꼭 머리를 한 방 맞은 듯한 느낌이 들어요.
교 사 : 연주할 때마다 판결을 받는 게 싫은가 보구나.
로 리 : 싫어요. 멋지게 연주했다는 소리를 들을 필요는 없다고 생각해요. 사실은 내 자신을 위해 피아노를 연주하

니까요. 남들을 위해 연주하지 않으니까, 연주할 때마다 판결을 받고 싶지가 않다는 거예요.

열두 살 된 벤은 화살을 쏴서 과녁 한복판을 맞혔다. 체육 교사는 이렇게 말했다.
"대단하구나. 네 눈은 완벽해. 넌 명사수야."
그러자 벤은 놀이에서 뒷걸음질쳤다. 교사는 깜짝 놀랐다. 격려하려는 의도에서 칭찬을 한 것인데, 벤을 의기소침하게 만든 결과가 되었기 때문이다. 교사는 그 이유가 궁금했다.
칭찬을 듣고 나서 벤은 생각했다.
'내가 화살을 쏠 때마다 과녁 한복판을 맞힐 거라고 기대할 거야. 난 명사수가 아니야. 우연히 만점을 받았을 뿐이야. 한 번 더 쏘면 한복판은 고사하고, 과녁조차 맞히지 못할지도 몰라. 점수가 좋을 때, 그만두는 것이 더 나을지도 몰라.'
어떻게 칭찬을 했으면 벤이 계속해서 노력하려고 했을까? 판결을 내리는 칭찬이 아니라, 설명하고 기술하는 칭찬을 했어야 했다. 교사로서는 이렇게 말하면 좋았을 것이다.
"이번 화살은 과녁 한복판을 맞혔구나."
그러면 벤의 마음속에서는 이런 반응을 보였을 것이다.
'쏠 때마다 과녁 한복판을 맞힐 거라고 기대하지 않으니까, 한 번 더 쏴도 괜찮겠어.'
다음에 겨냥한 화살이 과녁 한복판을 맞히지 못했다면, 교사는 화살이 오른쪽이나 왼쪽, 아니면 위나 아래쪽으로 빗나갔다고 말했을지 모른다. 이렇게 결과를 객관적으로 평가하는 의견을 들었더라면, 벤은 좀더 잘 쏠 수 있는 방법을 터득했을 것이다. 그보다 더 중요한 사실은 한 인간인 자신에 대한 교사의 태도가 화살을 얼마나 잘 쏘느냐 못 쏘느냐에 따라 달라지지 않는다는 것을 벤이 깨달았을 수도 있었다는 점이다. 그와 반대로 교사가 판결을 내리는 의견을 말했더라면("훌륭해, 대단해. 넌 전문가야."), 표적을 맞히지 못한 아이는 자기 자신에게 이렇게 말할 것이다.

'난 서툴러, 형편없어. 난 실패작이야.'

결론 : 인격에 대해서 판결하지 않을 때나 성격을 평가하지 않는 칭찬을 할 때에만, 아이는 안심하고 두려움 없이 실수도 저지를 수 있고, 불안감 없이 실수를 만회할 수 있다.

여섯 살 된 돈은 그림을 교사에게 보여주면서 물었다.
"그림이 엉망이죠?"
교사는 돈의 그림을 쳐다보더니 공감한다는 뜻으로 이렇게 말했다.
"그림이 네가 원한 대로 되지 않은 것 같구나. 실망했겠는데."
돈은 아무 말 없이 책상으로 돌아가 다른 그림을 그렸다. 그런 다음 교사에게 가서 물었다.
"이 그림은 마음에 드세요?"

교사는 이렇게 대답했다.

"여러 가지 색을 썼구나. 빨간색, 검은색, 초록색, 노란색을 썼어."

"오렌지색도 있어요."

돈이 덧붙였다.

"그래, 오렌지색도 있었구나. 색을 풍부하게 써서 그렸어. 좋은데."

교사가 대꾸했다. 돈의 얼굴이 기쁨으로 환하게 빛났다.

'난 여러 가지 색깔을 쓰는 것이 좋아. 그래야 기운이 나거든.'

돈은 혼자 중얼거리며 자기 자리로 돌아가 계속해서 다른 그림을 그렸다.

교사는 판결을 내리는 의견을 말하지 않았다. 그것이 돈에게 도움이 되었다. 처음 그림을 보여주었을 때, "그림이 엉망이구나." 하고 말하지 않았다. 그 대신 돈의 실망감을 대신해서 말로 설명해 주었다. 돈이 두 번째 그림을 보여주었을 때, "멋있구나. 넌 아주 훌륭한 화가야." 하고 말하지 않았다. 그 대신 그림에 대한 자신의 생각과 돈이 사용한 색깔에 대해서 말로 설명했다. 돈은 마음이 흐뭇했고, 용기를 얻었으며, 거기서 동기를 얻어 다시 그림을 그리고 싶은 의욕을 느꼈다.

결론 : 생산적인 칭찬은 아이의 감정을 인정하고, 결과를 있는 그대로 기술해 주는 칭찬이다.

아홉 살 된 올가는 교사에게 온통 파란 그림을 보여주었다. 볼품 없는 그림이었다. 교사는 건설적으로 대응하는 방법을 알고 있었다. 그림을 쳐다보고 나서 이렇게 말했다.

"무척 푸르구나."

"네."

교사는 다시 한 번 더 쳐다보고 나서 말했다.

"내가 보니까 여기는 옅은 파란색이고, 여기는 짙은 파란색인데."

"네, 맞아요."

올가가 기쁜 목소리로 대답했다.

"여기는 하늘이고 여기는 바다거든요."

"오, 그래."

교사는 인정한다는 마음이 가득 담긴 목소리로 대답했다.

"하늘 풍경과 바다 풍경을 그렸구나."

"네."

올가는 수긍했다.

"하늘 풍경과 바다 풍경을 무척 좋아해요. 전원 풍경도 좋아하고요."

올가는 다른 그림을 그리기 시작하며 묻지 않은 말까지 했다.

교사는 올가에게 무엇을 그린 그림이냐고 묻지 않았다. "정말 멋있는 그림이구나." 하는 거짓 칭찬을 하지도 않았다. 그 대신 그림과 그림에 대한 자기 생각을 말로 설명했다. 그 결과 올가는 자신의 창의력이 진지한 평가를 받았다는 느낌을 받았다.

다섯 살 된 올랜도는 잔디를 깎고 있는 유치원 교사의 일을 도와주었다. 교사는 여러 번 올랜도를 칭찬해 주었다.

"풀을 한 아름이나 깎았구나. 또 한 무더기를 깎았네. 벌써 또 한 무더기를 깎았잖아! 한 시간에 다섯 무더기나 깎다니! 정말 일을 많이 했구나. 도와주어서 정말 고맙다."

교사의 칭찬은 올랜도의 기운을 북돋워주었다. 그래서 힘차고 재미있게 일을 할 수 있었다. 자기 어머니가 데리러 오자, 올랜도는 교사에게 가서 말했다.

"내가 깎아놓은 풀 무더기가 어떤 것인지 엄마에게 말해 주세요."

교사는 올랜도를 칭찬할 때, 인격을 치켜세우거나 성격에 대해 평가하지 않았다.

"넌 훌륭한 아이야. 내 작은 도우미야. 네가 없었으면 어떡할 뻔했니?"

이렇게 칭찬하지 않았다. 단지 올랜도의 노력을 인정하기만 했다. 올랜도 스스로 자기가 훌륭한 일을 했으며, 커다란 도움이 되었다는 결론을 내렸다.

결론 : 생산적인 칭찬은 아이의 노력과 성취, 그것에 대한 생각을 사실대로 말해 주는 것이다. 인격을 평가하거나 성격에 대해 판결을 내리지 않는다. 칭찬할 때 가장 중요한 원칙은 평가하지 않고, 사실대로

말하라는 것이다. 즉, 객관적으로 보도하라, 판결을 내리지 말라. 그리고 아이에 대한 평가는 아이 자신에게 맡겨두라.

생산적인 칭찬

판결을 내릴 때 사용하는 상투적인 표현을 쓰지 않기로 하면(착하다, 대단하다, 어마어마하다, 뛰어나다), 인정하고 감사를 표시하는 박력 있고 활기 있는 언어를 개발할 수 있다. 다음 여러 가지 예는 칭찬에 관한 특별 세미나에서 교사들이 제시한 것들이다.

매력적인 구성

열다섯 살 된 플로렌스가 희곡을 한 편 썼다. 교사는 상세한 칭찬의 글을 써서 보냈다.

"언어가 예리하고 힘이 있어. 구성이 세심하게 짜여 있고, 전개 속도도 적당한 것이 매력적이다. 전체적인 접근 태도가 마음에 들어. 그 때문에 극중 인물들이 스스로를 평가할 수 있는 가치의 저울을 정립할 수가 있었어."

플로렌스는 기대했던 것보다 더 만족했다. 교사가 칭찬을 통해 그녀의 재능을 인정해 주는 데 그치지 않고, 독자성을 추구하려는 노력을 격려해 주었기 때문이다.

이국적인 배경

열여섯 살 된 윌리엄이 단편 소설을 썼다. 교사는 아낌없이 또 효과적으로 칭찬을 해주었다.

"네 이야기가 마음에 들었어. 배경은 이국적이고, 사건은 환상적이야. 구성을 마치 시나리오처럼 풀어냈고, 장면 묘사는 정교했어."

교사의 칭찬에 잔뜩 고무된 윌리엄은 다른 소설을 쓸 계획을 세웠다.

펜클럽 후보자

열다섯 살 된 낸시는 길고 아름다운 시를 썼다. 교사는 이렇게 언급했다.

"낸시, 넌 펜클럽 후보야, 국제 펜클럽 후보."

"그게 뭐예요?"

낸시가 물었다.

"시인·수필가·소설가 협회야."

교사는 대답했다. 낸시의 얼굴이 환하게 밝아졌다. 그처럼 매력적인 목표를 향해 공부하고 노력하고 싶은 마음이 솟구치는 것을 느꼈다.

『뉴욕타임스』에 실어도 되겠어

열네 살 된, 바버라는 자기 학교의 인종적 긴장에 대해 상세한 보고서를 작성했다. 교사는 다음과 같이 논평했다.

"바버라, 네 보고서는 『뉴욕타임스』에 실어도 되겠어."

인격을 칭찬하는 한 페이지 가득한 말보다 이 한 마디가 바버라에게는 더 커다란 격려가 되었다.

한 민족의 무용담

열일곱 살 된 제롬은 이스라엘 집단 농장을 방문한 뒤, 장문의 보고서를 썼다. 교사는 다음과 같이 칭찬해 주었다.

"네 보고서에는 초기 개척자들의 노고와 승리가 잘 담겨 있어. 네 보고서를 읽으면서, 진흙 바다와 먼지 사막이 정원으로 변하는 모습을 상상할 수 있었어. 한 민족의 무용담을 감동적으로 서술했어."

분위기 포착

열여섯 살 된 마틴은 미국 사회의 빈곤에 대해서 글을 썼다. 교사는 마틴을 이렇게 칭찬했다.

"우리 나라의 빈곤 현장을 그려내고, 그 분위기를 포착해 냈어. 통렬하게 분석하고, 반드시 필요한 제안을 했더구나."

제국주의의 본질

열여덟 살 된 로드니는 독립을 위한 아프리카 여러 나라의 투쟁에 대한 글을 썼다. 교사는 그를 다음과 같이 칭찬했다.

"제국주의의 본질을 '군사력에 바탕을 둔 경제적 착취'라는 말로 잘 요약했더구나."

골리어드의 노래

열다섯 살 된 엔리코는 자기가 속한 소규모 재즈 악단을 위해 땅의 노래를 몇 곡 작곡했다. 음악 교사는 그를 칭찬하면서, 문화적 소양을 풍부하게 해줄 수 있는 표현을 사용했다.

"네 노래들은 골리어드(Goliard)의 음악을 생각나게 하는구나."
"골리어드요? 어떤 사람들인데요?"

엔리코가 물었다.

"백과 사전에서 한 번 찾아봐."

교사가 제안했다.

엔리코는 열심히 백과 사전을 뒤져, 골리어드가 유랑 시인, 편력 학자, 방랑 수도승, 다시 말하면 13세기의 히피들이라는 사실을 깨달았다.

토피어리 재능

열여섯 살 된 체스터는 학교 정원에서 일하는 것을 좋아했다. 꽃을 돌보는 데 특별히 정성을 쏟았다. 교사는 그를 칭찬하면서 어려운 낱말을 썼다.

"체스터, 넌 토피어리(Topiary)에 재능이 있어."
"토피어리요? 그것이 뭐예요?"

체스터는 물었다.

"사전을 찾아볼 만한 가치가 있는 낱말이야."

교사가 말했다.

체스터는 식물들의 가지를 자르고, 관목의 가지를 다듬어 기하학적인 모양과 동물 형상을 만드는 고대 예술의 재능이 자기에게 있다는 사실을 깨닫고는 기뻤다.

고개를 내민 배우의 재능

열세 살 된 달리아는 학교 강당에서 공연된 희극에서 주인공을 맡았다. 교사는 다음과 같이 칭찬의 글을 써주었다.

"무대에 서 있는 네 모습을 보면서 기뻤어. 너의 성격 묘사가 어찌나 우습던지 옆구리가 결리더라. 느닷없이 웃음이 터지고 또 배꼽을 잡지 않을 수 없었거든."

카네기홀

열일곱 살 된 레너드는 학교 오케스트라를 지휘했다. 음악 교사는 다음과 같은 칭찬의 글을 써보냈다.

"극적이고 열정적으로 오케스트라를 지휘하더구나. 단호한 지도력을 보이며, 곡을 능수능란하게 구사했어. 언젠가는 카네기홀에서 네가 연주하는 모습을 보길 바란다."

문학적인 언어

다음은 고등학교 국어 교사들이 심사숙고하여 칭찬의 표현을 문학적인 언어로 다듬은 것이다. 사용된 낱말들이 가끔은 새롭고 어렵긴 하지만, 자기를 향한 칭찬의 의미를 이해하지 못할 학생은 한 사람도 없을 것이라고 교사들은 확신했다.

"구성과 장소, 성격을 표현하는 너의 감각은 작가에 필적해. 극적 감각이 충만한 작품이었어. 아주 재미있고."
"히피 문화에 대한 수필에서 너는 그들의 습관이 정당하다는 주장을 설득력 있게 전개했어."
"정신 착란을 일으키기 직전에 있는 사람을 묘사한 것을 보니, 임상적으로도 옳았고 극적으로도 생동감이 있었어."
"네 이야기는 정글 같은 경쟁 사회 속에서 품위 있게 살려고 몸부림치는 사람들에 대한 예리한 통찰력을 제공하고 있어."
"너의 산문은 그림처럼 아름답고, 성격들에는 믿음이 가. 그야말로 활기 있고 시각적인 네 이야기를 즐겁게 읽었어."
"너의 설명은 산문의 절제된 우아함과 완벽하게 조화를 이루고 있어. 세련됨과 힘, 고통과 희망을 보여주고 있어."
"네 노래를 들으면 감동적인 소박함이 느껴져. 감정이 깊고 풍부해."
"마치 천연색 카메라로 찍은 사진처럼 사람과 장소를 묘사했더구나. 정확하고 생생하고 자세해."
"네 작품에 능숙한 솜씨, 힘과 정교함이 반영되어 있다는 사실이 내 눈길을 끌었어."
"네 시는 힘의 이미지를 떠올리게 해. 감수성과 감각을 느낄 수 있는 작품이야. 읽는 그 자체만으로도 보상이 돼."
"네 보고서에서는 지적인 중량감이 느껴져. 그걸 읽고 그 의미의 무게를 놓칠 사람은 아무도 없을 거야."
"네 이야기는 인간의 조건을 거울처럼 비춰주고 있어. 넌 그 어둠을 가시적으로 그려냈어."
"볼 만한 살인 추리 소설이야. 음산한 분위기, 시시각각 다가오는 위험으로 처음부터 끝까지 눈을 떼지 못했어."
"네 작품의 대화는 극작가의 그것에 못지 않아. 성격에 따라 자유자재로 변하거든. 때로는 우스꽝스럽다가 때로는 경박하고, 여기서는 엄숙하다가 저기서는 냉소적이야. 가히 소리의 교향곡이라 할 수 있어."

문학적인 언어로 설명하고 기술하는 칭찬은 아이들에게 생각과 추론을 유도한다. 잔물결처럼 찰랑거리는 설명의 여운은 아이에게 반향을 자극하며, 자신의 실제 모습에 부합하는 결론을 내리도록 강요한다. 그런 칭찬은 아이의 기억 속에 확고하게 각인되어, 자신이 가치 있는 존재라는 의식을 강화해 주고, 자기 이미지를 고양시켜 준다.

교사와 학생 사이 ·········· 제 6 장

 꾸지람과 가르침

처벌을 대신할 여러 가지 대안들

한 교사가 말썽꾸러기 남자 녀석들만 모아놓은 학급에서 처음으로 수업을 하게 되었다. 그는 몹시 걱정이 되었다. 성공과 실패는 처음 대면에 달려 있었다. 기세 좋게 자기 책상으로 걸어가던 교사는 비틀거리다가 바닥에 넘어졌다. 학급 아이들은 소리내어 웃느라 야단법석이었다. 교사는 천천히 몸을 일으켜 자세를 똑바로 한 다음 이렇게 말했다.

"이것이 내가 너희들에게 주는 첫 번째 교훈이야. 사람은 넘어져서 얼굴을 바닥에 처박았다가도 다시 일어설 수 있다는 거야."

침묵이 내려앉았다. 그러더니 박수갈채가 터져나왔다. 교사의 의도를 이해했기 때문이다.

이 교사야말로 참된 의미의 교육자이다. 그는 사건에 영향을 미치기 위해서 지혜의 힘을 이용했다. 고통스런 순간에 위협과 처벌이 아니라, 인격적 반응의 힘을 통해서 아이들에게 영향을 끼쳤다. 그의 언어는 내면의 소망을 어루만져주고, 혼란한 분위기를 생각하는 분위기로 바꿔놓았다.

훈육의 본질은 처벌을 대신할 효과적인 대안을 찾는 데 있다. 처벌을 하게 되면, 아이의 분노를 자극하여, 교육을 할 수 없게 된다. 벌을 받은 아이는 적대감의 인질, 앙심의 포로가 되고, 복수심의 감옥에 갇히게 된다. 분노에 함몰되고 원한에 빨려들어가, 공부할 시간이지만 정신이 없다. 처벌할 때는, 미움을 낳는 방법을 반드시 피하고, 자존심을 키워주는 방법을 장려해야 한다.

경험이 풍부한 한 교사는 훈육에 관해 효율적인 태도를 다음과 같이 요약했다.

"나는 학생들이 자신에 대해 왜곡된 이미지를 갖고 학교에 오는 것이 당연하다고 생각해요. 자존심이 확고하지 못한 것도 당연하고요. 그렇기 때문에 아이들을 대할 때는 조심스러워요. 내 말이 아이들 내면의 감정에 영향을 끼친다는 사실을 의식해요. 자존심이 줄어들지 않도록 신경을 써요. 자기 가치 의식을 떨어뜨리지 않으려고 조심해요."

인간 관계는 배와는 달리 좌초하면 모래톱이 아니라 자갈 위에 걸린다. 매일 규율 문제로 아이들을 대하면서, 교사는 가장 파괴적이거나 가장 교훈적인 존재가 될 수 있다. 교사의 즉각적인 반응은 질책과 위안, 격한 분노와 평화 사이에 차이를 낳는다. 훌륭한 훈육은 사소한 승리의 연속으로서, 그런 가운데 교사는 작은 친절을 통해서 아이의 마음에 도달한다.

우리 시대의 혼돈과 폭력에 적응된 교사들은 학교라고 해서 광기어린 현대의 분위기에서 벗어날 수는 없다는 사실을 의식하고 있다. 과거에는 교실 안에서 일어나는 사건뿐이었지만, 이제는 연좌 농성, 항의 행진, 시위, 파업의 영향을 받을 수도 있다. 많은 아이들의 내면의 풍경에는 부주의로 건드리게 되면 당장이라도 폭발할 듯한 지뢰가 가득 널려 있다. 모욕적인 의견이 닿기만 하면 곧장 폭발을 일으킨다.

자율

교육은 마치 외과 수술과 같아서 정교해야 한다. 마음대로 자르면 안 되고, 장황하게 훈계하면 안 된다. 무엇보다도 교사가 자율과 훌륭한 몸가짐을 보여야 한다. 역정을 내면 안 되고, 모욕을 주어서도 안 되며, 거친 비난의 언어를 사용해서도 안 된다.

다음은 한 경험 있는 교사가 이야기한 것이다. 교실에서 흔히 볼 수 있는 이와 같은 부조리는 이제 사라져야 한다.

"내 자신이 역설적인 행동을 하고 있다는 사실을 깨닫게 되었어요. 학생들의 행동을 막으려고 하면서, 그와 비슷한 행동을 전략으로 사용하는 경우가 많더군요. 떠들지 못하게 한답시고 내 목소리를 높이고, 싸움을 말린다면서 폭력을 쓰고, 예의 없는 아이에게는 난폭하게 대하고, 나쁜 말씨를 쓰는 아이를 심한 말로 호되게 꾸짖는 거지요."

어떤 교사는 자신의 도덕적 권위를 절대 포기하지 않는다. 그런 교사는 아이들과 벌이는 진흙탕 싸움에 말려들지 않는다. 절대 유별난 꾸지람을 하지 않으며, 결코 가학적인 벌을 주지 않는다. 동정의 법칙을 받들며 생활한다. 도저히 동정심을 발휘할 수 없을 정도로 아이들이 못살게 굴어도 변치 않는다. 아이들은 어른에 대한 부정적인 견해를 뒷받침해 줄 반응을 자극하려고 종종 일부러 못된 행동을 하기도 한다. 자기 의견에 대한 증거를 얻기 위해서 교사의 화를 돋우며, 벌받기를 자청한다. 아이는 벌을 자청하는 그런 행동의 힘을 의식하지도 못하고, 그 힘에 대해서 책임감을 느끼지 못할지도 모른다. 맹목적으로 사건들을 저지르면서 자신은 희생자라고 여길 뿐이다.

교사가 이런 아이들에게 도움을 줄 수 있는 가장 좋은 방법이 있다. 그들 장단에 맞춰 춤을 추거나, 자기 파괴적인 계획에 끌려다니지 않으면 된다. 아이들이 분위기를 장악하고, 교사의 기분을 좌지우지하게 내버려두지 않는다. 그들이 아무리 어떻게 해보려고 해도 거기에 대응하는 교사의 레퍼토리는 떨어지지 않는다. 예상할 수 있는 반응을 보여서 부정적인 기대를 높여주는 일도 없다. 그의 언어는 스스로 선택한 언어이다. 자극받은 언어가 아니다. 그의 행동은 스스로 택한 행동이다. 강요받은 행동이 아니다.

아이를 나무랄 때, 교사는 개인적인 분노에 자극을 받아서는 절대 안 된다.("어떻게 해서라도, 반드시 내 손으로 네게 응분의 대가를 지불하겠어.")

개인적인 복수는 또 다른 복수만을 부를 따름이다. 처벌에는 늘 위험이 따른다. 처벌은, 가학적이든 피학대적이든, 야만성을 키운다. 벌을 주는 교사에게 화를 내며 원한을 품는 아이들이 있는 반면에, 스스로 희생자의 역할을 받아들이는 아이들도 있다. 피학대적인 욕구는 아이들에게 교사들을 자극하라고 시킨다.

다시 말하면 자기들을 비천하게 다루도록 교사를 자극한다. 적어도 말이라도 그렇게 하도록 부추긴다. 훈육은 죄에 합당한 벌을 주어서 대차대조표를 맞추는 문제가 아니다. 가르침에서 중요한 것은 교사의 관용이지, 정확함이 아니다. 교사는 독재자가 아니다. 교사의 공식적인 힘은 제한되어 있으며, 점점 줄어드는 추세에 있다. 교사의 권위는 개인적인 감화력과 설득력을 능숙하게 구사하는 데서 비롯된다.

교사가 지닌 최고의 무기는 폭력에 대한 차원 높은 혐오, 처벌에 대한 문명화된 불신이다. 그렇다면 결국 누가 진정한 훈육자인가? 아이들의 마음을 폭력에서 믿음으로 움직일 수 있는 사람이 바로 진정한 훈육자이다.

예방의 중요성

비행과 처벌은 서로 상쇄되는 대립항이 아니다. 그 반대이다. 비행과 처벌은 서로를 키워주고 강화한다. 처벌로는 비행을 막지 못한다. 비행 당사자로 하여금, 더 조심스럽게 범죄를 저지르게 하고, 더 능숙하게 흔적을 은폐하게 하며, 더 기술적으로 발각을 피하게 만들어줄 따름이다. 처벌을 받은 아이는, 더 정직해지고 책임감을 가져야겠다고 마음먹는 것이 아니라, 다음에는 좀더 조심해야겠다고 다짐한다.

한 고등학교 학생은 이렇게 말했다.

"우리 반 선생님이 정직에 대해서 긴 설교를 했어요. 귀기울이는 척은 했지만, 속으로는 웃음이 나왔어요. 선생님 자신이 아이들에게 부정직한 행동을 하도록 가르치면서도, 그걸 모르고 있었으니까요. 늦잠을 잔 탓에 학교에 지각한 적이 있었어요. 선생님은 그것이 이유 있는 변명이 안 된다고 하면서, 내게 벌을 주었어요. 그래서 깨달았어요. 다음 번에 지각을 했을 때는 더 그럴듯한 이야기를 꾸며냈어요."

처벌은 의미가 없다. 처벌로는 목적을 달성할 수가 없다. 벌을 받는 동안에, 자신에게 이렇게 말할 아이는 하나도 없다.

'앞으로 행동을 고칠 거야. 지금보다 더 좋은 아이가 될 거야. 더 책임감이 있고, 마음이 착하고, 사랑스런 아이가 될 거야.'

아이들은 처벌이 아이의 이익을 위해서 이루어지는 경우는 거의 없다는 것, 즉 처벌은 처벌하는 어른의 욕구만을 해소해 준다는 것을 알고 있다.

처벌에 의존하는 사람들은 보복을 받는 것이 사실이다. 악담을 퍼붓고 물리적 폭력에 호소하는 교사는 폭력을 가르치고 있는 것이다. 미움을 빚어내는 교사는 폭력의 동반자, 미래의 범죄 부속품이 될 것이다.

윌러드 모틀리(Willard Motley)가 쓴 책 『아무 대문이나 두드려라』를 보면, 처벌에 대한 맹목적인 믿음이 어떻게 세대에서 세대로 전수되었는지가 극적으로 묘사되어 있다. 살인을 저지른 아들 닉이 사형 선고를 받았다는 소리를 듣는 순간, 아버지는 이렇게 말했다.

"이해할 수가 없어……. 그 녀석이 나쁜 짓을 할 때마다 늘 호되게 혼을 내주었는데."

사형수 독방에 갇힌 처지의 닉은 갓 태어난 조카를 키울 때는 이렇게 하라는 당부의 말밖에 할 수 없었다.

"그 애에게는 나 같은 일이 생기게 해서는 안 돼. 속일 수 있다면 지옥이라도 속여. 그 애가 잘한 일만 봐야 해."

이렇게 질문하는 교사와 부모들이 더러 있다.

"타이르지 않고 벌을 주면서, 아이들에게 책임감과 존중하는 마음을 가르쳐서는 안 되는 겁니까?"

책임감, 존중하는 마음, 충성심, 정직, 자비심, 연민과 같은 윤리적인 관념들은 직접 가르친다고 해서 아이들이 배울 수 있는 것이 아니다. 그것들은 삶이 이루어지는 구체적인 상황 속에서 자기가 존경하는 사람을 통해서만 배울 수 있다. 사람이 미덕을 갖추어 가는 것이다. 처벌을 통해 미덕을 강요받을 수는 없다.

위협과 처벌의 효능을 믿는 교사는 거의 없다. 그런데도 매일 처벌과 위협에 호소한다. 자포자기하는 심정으로 꾸짖고, 창피를 주고, 비난하고, 징계하고, 위협하고, 처벌한다. 이런 방법들로는 아이들을 교정하는 데 성공할 수 없다. 그뿐만 아니다. 이런 방법들은 말썽을 피운 아이에게 과거의 비행을 정당화시켜 주고, 미래의 위반 행위에 대한 변명거리를 마련해 준다.

처벌을 대신할 대안은 있는가?

여기서는 대안에 대해서 기술해 보려고 한다.

쪽지 돌리기

교사는 곁눈질로 퍼트리샤가 다른 여자아이에게 쪽지를 전하는 것을 보았다. 그는 자리에서 벌떡 일어나 퍼트리샤의 친구에게 달려가, 손가락에서 쪽지를 낚아챘다. 소리내어 쪽지를 읽던 교사는 갑자기 입을 다물었다. 쪽지에 적힌 교사의 이름 앞에 입에 담기조차 싫은 형용사가 붙어 있었기 때문이다. 교사의 얼굴은 분노로 벌겋게 달아올랐다.

"이런 못된 녀석 같으니. 감히 어떻게 이럴 수가 있어?"

교사는 퍼트리샤를 향해 소리쳤다.

퍼트리샤는 울음을 터뜨리기 시작했다.

"아무리 닭똥 같은 눈물을 흘려도 소용 없어. 이번엔 용서하지 않을 거야."

교사는 말했다.

"네 부모님을 만나야겠다. 자기들이 키운 딸이 얼마나 몹쓸 짓을 했는지 말해 줘야 할 테니까."

이 사건에서는 치료가 오히려 병을 더 키웠다. 교사의 대응은 쪽지를 돌린 것보다 더 커다란 손해를 끼쳤다. 교사는 여러 가지로 실수를 저질렀다. 교사는 개인적으로 저지른 경솔한 행위를 가지고, 여러 사람 앞에서 창피를 주었다. 가벼운 죄를 중죄로 키웠다. 냉정함을 잃고, 모욕적인 언어를 사용했으며, 난폭한 태도를 드러냈다.

오래 전부터 학생들은 심심풀이로 쪽지를 돌렸다. 수업에 방해가 되긴 하지만, 범죄 행위는 아니다. 그에 대처하는 절차를 만들 수도 있다. 빼앗은 쪽지들은 교사가 읽지 말고 찢어버리면 된다. 비록 허락받은 편지는 아니지만, 교사에게 보여주려고 쓴 것이 아니기 때문이다. 교사는 교사답지 못한 행동을 보여서는 안 된다.

아이들은 순진한 교사를 '골려주려고' 쪽지를 사용하기도 한다. 교사가 쪽지를 읽어본다는 것을 알기 때문에 일부러 꾸민 내용을 적어놓는다. 어떤 학급에서 한 여자아이가 똑같은 연애 편지를 세 개나 썼는데, 세 개 모두 발각되어 각기 다른 교사들에게 읽혔다. 교사들은 각자 상의해야 할 문제가 있다면서 여자아이에게 방과 후에 남으라고 했다. 아이는 문제의 그 인물을 기다리고 있을 교사들을 남겨둔 채 집으로 갔다.

"누가 내 책상 위에 귤 껍질 올려놨어?"

프랑스어 교사가 교실에 들어와 보니, 책상 위에 귤 껍질이 한 무더기 놓여 있었다. 얼굴이 새빨갛게 되어, 교사는 학생들을 향해 성난 목소리로 말했다.

"누가 내 책상에 귤 껍질 올려놓았어?"

아무도 대답하지 않았다.

"딱 한 번만 더 물어보겠다. 누가 그랬어?"

쥐 죽은 듯 조용했다.

"지저분하기만 한 줄 알았더니, 비겁하기까지 한 녀석이군. 너희들에게 한 번만 더 기회를 주겠다. 누가 그랬어?"

그 비겁하고 지저분한 아이를 찾아내기 위해, 교사는 학급 아이들을 자세하게 훑어보았다. 자진해서 나서는 아이가 한 명도 없었다. 그러자 교사는 단체로 벌을 주었다.

이 사건에서 교사는 여러 가지 실수를 저질렀다. 좋지 못한 태도를 보이고, 야만성을 드러냈으며, 미움을 불러일으켰다. 독설을 퍼부어서는 고백을 유도하지 못한다. 협박한다고 교실의 질서가 개선되지도 않는다.

단체 기합은 자율을 강화시켜 주지 못한다. 우스갯소리만 조금 할 줄 알았어도, 이 사건을 효과적으로 다룰 수 있었다. 귤 껍질을 쓰레기통에 담으면서 교사는 이렇게 언급할 수도 있었을 것이다.

"귤 껍질을 여기 버린 녀석에게 한 마디 하겠는데, 난 껍질 벗긴 귤을 좋아하지, 귤이 들어 있지 않은 껍질은 좋아하지 않아."

아마도 이런 교사가 하는 프랑스어 수업이 싫어서 도망치는 학생은 거의 없을 것이다.

상스런 표현

5학년 담당인 암스트롱 교사는 올리버가 아이들이 흔히 하는 듣기 거북한 말을 들었다. 교사는 그냥 넘어가지 못하고, 아이들 앞에서 그 말을 문제 삼았다.

교 사 : 너 뭐라고 그랬어?
올리버 : 무슨 말씀이세요?
교 사 : 내가 무슨 말을 하는지는 네가 더 잘 알 텐데!
올리버 : "쫘."라는 말밖에 하지 않았는데요.
교 사 : 그렇게 말하지 않았어.
올리버 : 그 말밖에 하지 않았어요.
교 사 : 내 귀에는 그렇게 들리지 않았어.
올리버 : 그거야 듣는 사람에 따라 다르겠죠.
교 사 : 더 이상 약아빠진 의뭉한 소리 듣기 싫어. 나가!
올리버 : 이 놈의 수업 지겨워.

올리버는 뛰쳐나가면서 출입문을 "쾅" 닫았다. 교사는 어수선한 교실을 바라보며 그 자리에 서 있었다. 이 사건에서 교사는 불필요하게 싸움을 증폭시켰다.

상스러운 말을 되풀이해 보라고 아이에게 요구하면서 시작된 사건이, 친구들 앞에서 아이에게 모욕을 주는 것으로 끝이 났다. 이런 싸움은 처음부터 피할 수도 있었다. 그런 상스런 말을 하면 안 된다는 표시로 엄격한 표정을 짓는 것으로 충분했을 것이다. 말을 할 필요가 없었다.

시심

펄펄 함박눈이 내리고 있었다. 몇몇 아이들이 반쯤 성에가 낀 창문으로 눈을 바라보고 있었다. 교사가 화를 냈다.

"너희들 무슨 일이야? 눈구경 한 번도 못해본 사람 있어? 수업 받기 싫은데, 무슨 핑계는 못 대겠어. 바깥 좀 그만 쳐다봐. 또 쳐다보면 날도 추운데 바깥으로 내보낼 거야. 마지막 경고야, 내 말 알아듣겠어?"

아이들이야 눈이 오면 구경하고 싶어한다. 그건 누구나 예상할 수 있는 일이다. 아이들의 호기심을 꺾어서 교사들에게는 득 될 것이 없다.

배움은 열의를 요구한다. 교사 스스로 아이들에게 기회를 즐기고, 순간의 매력을 만끽하며, 하얀 기적을 감상하자고 초대할 수도 있었을 것이다. 그랬더라면 시심이 그 날의 진정한 주인이 되었을 것이다.

반성

열 살 된 하워드는 글자맞추기놀이를 하고 있었다. 글자 몇 조각이 바닥에 떨어졌는데, 찾을 수가 없었다. 교사는 화를 내며 이렇게 말했다.

"저렇게 조심성이 없다니까. 학급 비품인데 조심해서 사용했어야지. 넌 이 놀이 금지야. 비품을 좀더 조심스럽게 다룰 수 있다는 것을 보여주기 전까지는 안 돼."

하워드는 교사의 말에 화를 냈다. 잠시 실쭉하니 앉아 있더니, 사고를 치기 시작했다. 연필이 책상 아래로 구르고, 책이 바닥에 떨어졌다. 시키지도 않았는데 말을 하고, 다른 아이와 싸움을 벌였다. 교사는 이렇게 이야기했다.

"사건을 제대로 처리하지 못해서, 규율 문제를 야기했다는 걸 알아요. 말을 험하게 하지 말았어야 하는데, 후회가 돼요. 성격에 대해 공격할 것이 아니라, 사건만을 다루었어야 했어요. 설교하고 위협할 것이 아니라, '교실 비품을 잘 보살펴줄 것이라고 기대해.' 하고 간단하게 말할 수도 있었어요. 다음에는 이번하고는 다르게 좀더 신중하게 처신하리라고 마음먹었어요."

간결한 설교

다섯 살 된 프레드는 장난감 때문에 친구와 싸웠다. 교사는 화해시키려고 두 아이를 타일렀다. 그러나 두 아이는 더 심하게 싸웠다. 싸움은 말리지 않고, 교사는 연설을 했다.

"누구 한 사람이 다쳐야 성이 차겠구나. 둘 다 제 고집을 꺾으려 들지를 않으니 말이야. 하지만 더 이상 소란을 피우면 안 돼.

계속 이러면 가만 안 놔둘 거야."

두 아이는 교사의 말은 들은 체도 하지 않고 계속 싸웠다. 교사는 두 아이를 붙들어놓고 다시 한 번 연설을 늘어놓았다.

"너희들도 참기 힘들겠지만, 나도 너희들을 그냥 보고 있을 수는 없어. 너희들이 싫어해도 할 수 없어. 이젠 더 참을 수가 없어. 가만두지 않을 거야."

당황한 얼굴로 프레드가 교사를 바라보며 말했다.
"그렇다면 왜 가만히 있어요?"

교사는 연설을 할 것이 아니라 싸움을 중단시켜야 했다. 단호한 목소리로 간명하게 말했어야 한다.

"싸움은 안 돼. 때려서도 안 돼. 우리 반에서는 용납할 수 없어. 말로 해, 주먹을 쓰지 말고."

효율적인 훈육을 하려면 위기의 순간에 간명한 표현을 사용해야 한다. 긴 설명과 논쟁에는 힘이 실리지 못한다. 권위는 간명함을 요구한다. 간명한 것이 확고한 것이다.

어려운 표현

많은 교사들은 아이들을 가르치고, 교실을 평온하게 하기 위해서 말을 구사하는 법을 배웠다. 위협하고 처벌하는 대신에, 휴대용 사전을 이용하면서까지 어려운 낱말을 구사한다. 이런 접근 방법을 통해서 교사들은 차분함을 유지할 수 있고, 아이의 어휘력을 풍부하게 해줄 수 있다. 다음 이야기는 어른의 권위와 말의 용법을 효율적으로 이용한 사례를 잘 보여준다.

교사는 여섯 살 된 레온이 친구를 때리는 것을 보고 큰 소리로 이렇게 말했다.

"네가 어떻게 했는지 다 봤어. 난 대경실색하고, 아연실색했어. 원통해. 사람을 때리면 안 돼."

레온은 어안이 벙벙한 표정이었다. 무슨 말인지 알아듣지 못했기 때문이다. 하지만 교사의 의도는 이해했다.

교사는 이 사건을 좋은 행동뿐만 아니라 여러 가지 어휘를 가르치는 기회로 활용했다.

사소한 일은 모르는 체한다

교실에서 크게 다투는 소리가 들렸다.

카　렌 : 내 연필 돌려줘.
린　다 : 이건 내 연필이야.
카　렌 : 넌 거짓말쟁이에다 도둑이야. 그건 내 거야.
린　다 : 입 닥쳐. 가져갈 수 있으면 가져가 봐.
교　사 : (불쾌한 표정으로) 너희들 얘기 다 들었어. 그런 말 듣

기 싫어. 너희들이 싸우고 있는 이 물건은 내가 보관
할게. 서로 자기 것이라고 주장하는 연필을 여기 놓아
둘 테니, 누구 연필인지는 수업이 끝난 뒤에 따져보기
로 하고, 지금은 수업하자.

사건은 그것으로 끝이었다. 교사가 사건을 해결하는 데는 30초밖에 걸리지 않았다. 교사는 일부러 무의미한 질문을 하지 않았다. 개인의 소유물인 연필의 진짜 임자가 누구인지를 따지는 말싸움에 끼어들지 않았다. 위험한 그 연필이 수업을 방해하지 못하도록 막았다. 노련함과 권위를 가지고, 시간을 낭비하는 사소한 일들을 비켜 갔다. 다시 말하면 고소와 맞고소, 상반된 증거, 판결, 질서 유지의 수고를 피해 갔다.

"죄송하다고 말했으면 앞으로는 그러지 말아야지"

다섯 살 된 프랭크가 친구 샘을 꼬집자, 샘도 지지 않고 꼬집었다. 그러자 치고받고 하는 싸움이 벌어졌다. 사건을 목격한 교사는 프랭크에게 말했다.
"내가 봤어. 사람을 주먹으로 때리면 안 돼."
그러자 프랭크는 죄송하다고 교사에게 사과했다. 교사는 이렇게 대답했다.

"죄송하다고 말하는 것은 앞으로는 그러지 않겠다고 마음먹는다는 뜻이야."

"네."

프랭크가 대답했다. 프랭크는 샘에게 가서 자기가 해야 할 행동을 했다.

말대꾸

열 살 된 빅터가 떠들지 말라고 했는데도 계속 말을 듣지 않자, 교사가 이렇게 물었다.

"넌 무슨 이유에서 시키지도 않은 말을 자꾸 할 필요가 있다고 생각하니?"

그러자 빅터의 입에서 "그건 선생님이 상관할 문제가 아니잖아요?" 하는 대답이 튀어나왔다. 교사는 깜짝 놀라서 이렇게 답변했다.

"방금 그 말 때문에 너무나 화가 나서, 너하고 더 이야기할 기분이 아니야."

빅터는 분명히 놀란 것 같았다. 아마도 매를 맞거나 크게 꾸중을 들을 것으로 예상했기 때문이었을 것이다. 나머지 수업 시간 내내 빅터는 입을 다물고 있었다. 아이들이 다 나갔을 때, 빅터는 교사에게 다가가 아무 말 없이 옆에 서 있었다. 잠시 뒤에 빅터는 이렇게 말했다.

"선생님은 제가 싫을 거예요!"

"싫어했으면 좋겠니?"

교사가 책상 위에 있는 서류를 정리하며 물었다.

"있잖아요, 선생님에게 아까 그렇게 말해서 죄송해요."

빅터는 울음을 터뜨렸다.

"죄송하게 생각한다면 수업 시간에 보여주면 돼."

교사는 이렇게 대답했다. 교사의 반응에 깜짝 놀랐는지, 빅터는 생각에 잠긴 눈치였다.

분노의 순간

여덟 살 된 후안은 2학년을 두 번 다니는 중이었다. 후안은 전에 만났던 교사와 아이들을 모두 다 멀리했다. 공격적이고 폭력적으로 변한 후안은 극히 사소한 자극만 받아도 지나친 반응을 보였다. 걸핏하면 싸움에 휩쓸리고, 반 친구들을 심각하게 위협했다. 후안이 싸우고 있을 때, 교사는 이렇게 말했다.

"후안, 내가 보니까 너 화난 것 같아. 네 얼굴을 보면 알 수 있어. 무척 화가 났다는 걸."

"그래요."

후안이 대답했다.

"화가 나거든 내게 와서 화가 났다고 말해."

교사가 꾸중을 하지 않자, 후안은 놀란 표정을 지었다. 지금은 화가 나면 그 때마다 교사에게 가서 화가 난다고 말한다. 육체적으로 공격하지 않고, 상징적인 말로 화를 푸는 방법을 배우고 있다.

한 번은 후안과 마누엘이 공놀이를 하려고 남자아이들로 팀을 만들고 있었다. 그런데 자꾸 불만이 커지자, 둘은 싸우기 시작했다. 교사가 개입하여 시합을 시작할 수 있도록 도와주었다. 잠시 후에 두 녀석이 나타나 서로 속였다며 상대를 비난했다. 교사는 이렇게 말했다.

"사내 녀석 둘이 말로 자기 기분을 솔직하게 드러내고 있는 것을 보니 매우 기쁘구나."

자랑스런 마음에 으쓱하여 두 아이는 서로를 쳐다보며 씩 웃더니, 말다툼을 그만두었다.

"네가 얼마나 화가 났는지 보여"

열 살 된 마리오가 걸레로 칠판을 닦는데, 어쩌다 보니 제인의 머리에 물이 몇 방울 튀었다. 제인은 칠판지우개를 집어서 물에 담그더니 마리오에게 던졌다. 잔뜩 화가 난 마리오는 제인을 실컷 때려주고 싶었다. 교사가 그를 말렸다.

"많이 화가 났구나. 제인이 네 옆에 있으면 좋지 않겠어. 제인,

다른 자리로 가서 앉아야겠다."

그러자 마리오는 "제인이 더 이상 앞을 보지 못하게 해줄 거예요." 하며 씩씩거렸다. 그 말을 들은 교사는 이렇게 대답했다.

"네가 얼마나 화가 났는지 보여. 그 기세가 귀에 들릴 정도야. 네 화를 가라앉힐 다른 방법을 생각해 봐. 지금도 폭력이 넘쳐나고 있잖아."

마리오는 깜짝 놀란 표정으로 교사를 바라보았다. 그의 분노도 가라앉았다.

자율 훈련

학급 아이들이 자율적으로 책을 읽고 있는 동안에, 카를로는 눈에 보이는 아이들을 모두 귀찮게 하며 교실을 돌아다녔다.

"카를로, 네가 돌아다니면 책을 읽기가 힘들잖아."

교사가 말했다. 더 돌아다니지는 않았지만, 이번에는 종이를 찢어 다른 아이들에게 던지기 시작했다.

"사람들을 귀찮게 하면 안 돼."

교사가 말했다. 카를로는 반응이 없었다.

"카를로, 네가 결정해야겠다. 교실에 우리와 함께 있든지, 아니면 나가든지."

교사가 제안했다.

"교실에 있겠어요."

카를로가 대답했다.

몇 분 후에 카를로는 바닥에 엎드려 다른 아이들을 꼬집었다.

"마음을 정했나 보구나, 카를로. 내가 보니까 아이들과 떨어져 있겠다고 결심한 것 같아."

교사가 말했다. 카를로는 항의했지만 교사는 그를 교실 뒤에 앉혔다. 수업이 끝난 뒤에, 카를로가 다가와서 말했다.

"죄송해요, 선생님."

교사가 대답했다.

"앞으로 더 잘하겠다고 마음속으로 결심한 끝에 죄송하다고 한다면 됐어."

"오후에는 더 잘할 거예요."

카를로가 약속했다. 카를로는 약속을 지켰다.

청소

여덟 살 된 피터는 교사들을 힘들게 했다. 책을 떨어뜨리고, 주스를 흘리고, 의자를 뒤엎었다. 늘 주변을 쓰레기장으로 만들었다. 교사들은 화가 나서 대놓고 아이에게 창피를 주었다.

"넌 어떻게 교실을 그렇게 어질러놓을 수가 있니? 너 같은 애에게는 돼지우리도 호사야."

피터는 듣는 척은 했지만, 마음속으로 받아들이지는 않았다. 계속해서 주변을 더럽혀 눈살을 찌푸리게 했다. 마침내 다른 학급으로 쫓겨갔다.

새 교사는 피터를 다르게 대했다. 지저분한 것을 보면 이렇게 말했다.

"피터, 이렇게 쓰레기장을 만들어놓으면 난 마음까지 어수선해지더라. 얼른 치우는 게 좋겠어."

피터는 어질러진 것을 청소했다. 늘 지저분했던 책상 주위도 눈에 띄게 깨끗해졌다. 교사의 방법은 효과적이었다. 피터의 인격에 대해서는 아무 말도 하지 않았기 때문이다. 비판하거나 험담하지 않았다. 그 대신 교사 자신의 생각을 명확하게 표현하고, 해야 할 일을 사실 그대로 지적했다.

협조

열 살 된 버트는 늘 남의 말을 가로챘다. 부르지도 않았는데, 시도 때도 없이 끼어들어 대화를 방해했다. 묻지도 않았는데, 온갖 문제에 간섭하며 의견을 내놓았다. 전혀 관계 없는 문제에 참견하고, 이야기가 있는 곳이면 어디나 나타나 얼토당토않은 소리를 해댔다. 그런 눈치 없는 행동에 교사와 학급 아이들의 인내심도 한계에 도달했다. 비난과 질책에도 버트는 눈썹 하나 까딱하

지 않았다. 말을 가로막는다고 나무라는 말도 가로막을 정도였
다. 교사는 자포자기하는 심정으로 버트에게 다음과 같은 내용의
편지를 썼다.

안녕, 버트!
네 협조를 얻으려고 편지를 쓰는 거야. 수업 시간마다 두 마디
이상은 말을 하지 않았으면 좋겠다. 더 할 말이 있으면, 글로
써서 말해. 네 생각을 편지지에 쓰고, 봉투에 넣어서 내게 우
편으로 보내. 네 편지 기다릴게. 이만 줄인다.
― 선생님이.

버트는 교사가 자기 주소로 보낸 편지를 받자 우쭐한 기분을
느꼈다. 편지를 읽고 또 읽으면서, 교사의 부탁에 따르려고 노력
했다.

교사가 보낸 편지

일곱 살 된 앤서니는 계속해서 교사를 괴롭혔다. 계속해서 의
자 뒤편에 몸을 기댔다가 바닥으로 떨어지며 수업을 방해했다.
말려도 소용이 없었다. 마침내 교사는 편지를 한 통 써서, 우편으
로 보냈다. 좀더 공부하기 좋은 교실로 만드는 데 협조하기 바란

다고 진지하게 부탁하는 편지였다. 편지는 효과가 있었다. 당장 변화가 나타났다.

이튿날 일찍 학교에 온 앤서니가 말했다.

"선생님이 편지를 보냈던데요."

"오, 편지를 받았구나."

"전에는 한 번도 편지를 받아본 적이 없어요. 내가 넘어지는 것이 그렇게 남을 괴롭히는지 몰랐어요. 다시는 안 그럴게요."

"고맙다, 앤서니."

자기 자리로 돌아가면서 앤서니는 이렇게 말했다.

"우리 엄마에게 말하지 않아서 감사해요. 엄마는 무지무지하게 화를 냈을 거예요."

앤서니는 자기 어머니가 교사에게 편지를 보내주어서 감사하다는 전화를 했다는 사실을 모르고 있었다. 그녀는 아이에 관한 문제로 어른이 보낸 편지를 받아보는 것이 아이에게는 좋은 일이라고 느끼고 있었다. 덧붙여 "내가 아이 문제에 관여하지 않도록 해준 점에 대해서도 감사드려요." 하고 말했다.

영혼 구하기

다음 이야기에는 소박하지만 보편적인 교훈이 담겨 있다. 친절함은 오로지 친절하게만 가르칠 수 있다는 교훈 말이다.

여덟 살짜리 앤디는 자기 반 아이들의 속죄양이었다. 아이들은 집단으로 몰려들어 앤디를 괴롭히고 공격했다. 말썽꾸러기들의 우두머리는 아홉 살짜리 제이로, 이 아이가 다른 아이들과 앤디를 이간질했다. 제이가 그런 짓을 한다는 사실을 알았을 때, 교사는 분노가 머리끝까지 치밀어올랐다. 생각대로라면 당장 제이를 크게 혼내주고 싶었다. '제이에게도 그런 쓴맛을 보여주어야 할' 것 같았다. 하지만 교사는 자신을 억제했다.

'아이들보다 더 야만적인 행동을 보여주고 싶지는 않아. 여기에 대해서 제이에게 정글의 맛을 보게 할 필요는 없어. 그 아이에게는 문명을 직접 보여줄 필요가 있어.'

말다툼도 피하고 좀더 긴 여운을 남기기 위해서 교사는, 얼굴을 맞대고 이야기를 나누는 대신에 제이에게 편지를 썼다.

안녕 제이!
앤디의 어머니가 그러는데, 자기 아들이 올해는 학교 생활을 하기가 무척 힘들다고 했다는구나. 아이들이 따돌리고 못살게 굴어서 외롭고 슬프다는 거야. 선생님도 염려가 돼. 네가 반에서 대장 노릇을 하니까, 선생님은 너에게 도움을 얻는 것이 좋겠다고 생각했어. 넌 힘들어하는 아이들을 잘 보살펴주잖아. 어떻게 하면 앤디를 도와줄 수 있겠는지, 좋은 생각이 있으면 내게 편지해 주렴. 이만 줄일게.

— 선생님이.

제이는 교사의 편지에 답장을 하지 않았다. 그러나 앤디를 더 괴롭히지는 않았다.

교사가 성공할 수 있었던 것은, 꾸짖고 벌을 주려는 유혹을 이겨냈기 때문이다. 교사는 거친 손으로는 삶의 정교함을 느끼게 해줄 수 없다는 사실을 알고 있었다. 사랑은 사랑으로, 동정심은 동정심으로만 가르칠 수 있다. 교사는 걱정스럽다는 말을 일부러 넌지시 표현했다. 비난하지 않았다. 오로지 문제 해결에만 초점을 맞추었다. 교사는 제이의 가슴과 자부심에 호소했다. 그리고 제이는 문제 해결에 도움을 주는 반응을 보여주었다.

"글로 써"

나의 세미나에 참석한 한 교사가 이렇게 보고했다.

내가 교실에 도입한 새로운 아이디어들을 학교 당국에서는 거의 1년 동안 거들떠보지도 않았어요. 딱 한 번 교장이 그것들에 대해서 언급한 쪽지를 보냈을 뿐이에요.

"축하합니다. 이번 달에 교장실로 학생을 한 명도 보내지 않은 교사는 당신뿐입니다. 당신이 잘 하고 있어서 그럴 거예요."

어느 날 교무실에 있는데, 월터가 소리를 지르며 달려왔어요.

"선생님, 빨리요. 러스가 카를로스를 죽일 것 같아요."

난 월터를 따라 교실로 돌아갔어요. 교장은 제 뒤를 따라왔고요. 카를로스와 러스가 바닥에서 뒹굴고 있었어요. 과학 교사가 조용히 하라고 고함을 치고 있는데, 소용도 없었어요. 난 교실로 들어갔어요. 얼굴로는 한껏 화가 난 표정을 짓고, 목소리에는 분노를 가득 채워 소리쳤어요.

"이거 무슨 일이야. 이 녀석들 바닥에 뒹굴며 싸우고 있잖아. 말로 해. 주먹질로 싸우지 말고."

두 녀석이 일어나더군요. 러스가 먼저 소리쳤어요.

"쟤가 우리 엄마 욕을 했어요."

카를로스가 말을 가로챘어요.

"안 그랬어요. 쟤가 내 욕을 했어요."

내가 말했어요.

"어떻게 된 일인지 처음부터 끝까지 글로 써. 너희 둘 다."

"그게 아니라, 재가……."

카를로스가 입을 열더군요. 나는 말렸어요.

"종이에 적어. 싸움이 어떻게 시작되어서, 어떻게 진행되었는지, 상세하게 글로 읽어야겠어. 앞으로 어떻게 했으면 좋겠는지 너희들 의견도 써."

두 녀석은 교실 모퉁이로 가서 쓰기 시작했어요. 다시 수업을 시작하자, 교장은 자리를 떴어요. 사건 전체가 5분 만에 마무리되었어요. 나중에 교장이 아이들이 쓴 글의 사본을 달라고 부탁하더군요. 다음 교무 회의 때, 그 사건에 대해 언급하면서 아이들이 쓴 글을 읽어주었어요. 싸운 아이들을 처벌해 달라고 자기 방으로 보내는 대신에 이런 방법을 쓰면 어떻겠느냐고 하더군요.

불평 불만

아홉 살짜리 폴라는 골치가 아플 정도로 불평을 털어놓는 아이였다.
"선생님, 팀이 내 연필을 가져갔어요."
"선생님, 짐이 껌을 씹어요."
"선생님, 테드가 내 공책을 찢어요."
목소리까지 갈라지는 소리여서, 교사의 신경에 거슬렸다. 마침내 치료법을 생각해낸 교사는 폴라에게 이렇게 말했다.
"불평을 털어놓을 일이 있거든 글로 써서 제출해."
그러자 하루 동안은 약효가 있었다. 이튿날 폴라는 다시 불평을 늘어놓기 시작했다. 교사는 단호한 목소리로 이렇게 말했다.
"우리 반의 체면을 지키기 위해서야. 불평할 일이 있으면 모두 글로 써서 제출해."
그러자 문제가 현저하게 줄어들었다.
어떤 학교에서는 이런 방법을 정책으로 채택했다. 유치원과 1학년을 포함한 모든 학급에 건의함을 설치했다. 어린 아이들은 아직 글을 쓸 줄은 모르지만, 그림을 그릴 수는 있었다. 아이들은 불평이 있으면 이를 효과적으로 표현하는 법을 배웠다. 이 방법 덕분에 훈육 문제가 심각해지려고 할 때, 종종 이를 예방할 수 있었다. 시간과 에너지를 절약할 수 있었고, 모든 교사들이 자기 재량으로 아이들의 불평을 처리할 수 있었다.

체면 살리기

"할 수 있다면 항상, 사소한 위반 행위를 고의적인 반항 탓으로 돌리는 일이 없어야 한다. 체면을 살릴 수 있는 길을 열어놓아야 한다."

이런 격언대로 하면 많은 훈육 문제를 사전에 예방할 수 있다. 예를 들어보자.

열 살 된 바버라는 안전 규칙을 어겼다. 아이들로 가득 찬 운동장에서 자전거를 탔기 때문이다.

교　사 : 바버라, 운동장에서 자전거를 타면 안 된다는 것은 우리 학교의 중요한 안전 규칙이야. 너무 위험하거든.
바버라 : 잊었어요.
교　사 : 어떻게 하면 기억하는 데 도움이 될 수 있겠니?
바버라 : 지금부터는 기억하고 있을게요.
교　사 : 그렇다면 좋아.

바버라는 교사에게 감사하고 안도하는 마음으로 운동장을 떠났다. 교사가 다음과 같이 다루었더라면 이 사건은 심각해질 수도 있었다.

"넌 규칙도 모르니?"

"넌 다른 아이들을 고려하는 마음이 조금도 없니?"

"이번 주말까지 자전거를 집에 두고 다녀. 이것이 네게 규칙을 준수하는 태도를 가르쳐 줄 거야."

이처럼 교사의 대응에 따라 갈등의 결과가 달라지는 경우가 많다.

마음의 소리

어느 날, 교사는 아이들이 교실에서 떠드는 소리 때문에 더 참을 수 없는 지경에 이르렀다. 교사는 아이들을 시켜 교실 안에서 지켜야 할 행동 규칙을 정하게 해야겠다고 마음먹었다. 교사의 제안에 따라 아이들은 '마음의 소리'와 '바깥의 소리'의 차이에 대해 이야기를 나누었다. 언제 그 두 가지 소리를 사용하는 것이 적절한가에 대해서도 논의했다. 교사는 이렇게 말했다.

"지금은 마음의 소리를 사용해야 하지 않겠니, 애들아?"

그렇게 말하는 것이 "조용히 해!" 하고 말하는 것보다 더 효과적이며, 더 기분 좋은 표현이라고 생각했기 때문이다.

선택

한 공립 학교에서는 통합 학급을 여러 반 만들었다. 그런 다음 고질적으로 말썽을 피우는 아이들에게 선택할 기회를 주었다. 행동을 고치든지, 통합 학급으로 옮겨가든지 결정하라고 했다. 꾸중을 하거나 훈계하거나 비난하지도 않고 다만 이렇게 말했다.

"우리 학급의 규칙을 지키든지, 다른 반으로 옮겨가든지 네 선택에 달렸어. 결정은 네가 해."

이 방법은 효과적이었다. 잠시 반을 옮김으로써 교사와 아이 모두, 그토록 바라던 유예 시간을 얻을 수 있었다. 울화도 식힐 수 있었다. 아이의 요청을 교사가 승낙하면, 아이는 다시 본래 자기 학급으로 돌아갈 수도 있었다.

교실과 집단 행동

교사라면 교실에서 예기치 않게 집단 행동이 벌어진다는 것을 예상할 수 있다. 그리고 집단 행동이 있을 때는 처음부터 효과적으로 대처해야 할 필요가 있다. 그렇지 않으면 그것이 습관적인 행사가 되어 교사와 학급을 괴롭히는 상습적인 문제가 될 수도 있다.

교사가 집단 행동을 예방하고, 해결하는 데 적용할 수 있는 방법을 알고, 그 방법을 사용하는 테크닉을 갖추고 있으면 비상 사태가 벌어지더라도 많은 경우에는 기선을 제압할 수 있다.

교사에 따라서 아이들이 교실에서 하는 행동에 차이가 생기는 이유는 무엇인가? 어떻게 하면 효과적인 '교실 환경과 학습 분위기'를 형성할 수 있는가?

웨인(Wayne) 주립 대학교의 쿠닌과 그의 동료들은 이 문제를 독창적인 방법으로 연구했다. 그들은 실제 교실을 비디오로 촬영하여, 꾸준히 연구했다. 어떤 학급들은 공부에 몰두하는 학생의 비율이 높았고, 수업 분위기를 흐리는 학생의 비율은 낮았다. 다른 학급들에서는 그 비율이 반대로 나타났다. 연구자들의 의문은 이것이었다.

"왜 교사에 따라서 이렇게 서로 다른 결과가 나타나는가?"

연구자들은 교실에서 학생들이 행하는 행동과 중대한 관계가 있는 교사의 스타일과 행동을 범주에 따라 분류했다.

관심

유능한 교사는 교실에서 무슨 일이 벌어지고 있는지 알고 있다는 것을 증명해 보인다. 문제가 생겼을 때, 잘못하지도 않은 아이를 지목해서 꾸중하지 않는다. 구경꾼이나 추종자가 아니라, 주동자를 집어낸다. 속담에서 말하는 것처럼 '뒤통수에도 눈'이 달린 사람처럼 행동한다.

일석이조

유능한 교사는 동시에 두 가지 일을 처리할 수 있다. 메리가 큰 소리로 책을 읽고 있는 동안, 자리에 앉아서 문제를 풀고 있어야 할 두 남자아이가 이야기를 하고 있었다. 교사는 이렇게 말했다.

"메리, 계속 책을 읽어. 내가 듣고 있으니까."

그리고 거의 동시에 남자아이들에게는 이렇게 말했다.

"너희들이 말하는 소리가 다 들려. 이젠 그만두고 문제를 풀어."

교사는 소란 피우거나, 시간을 낭비하거나, 화를 내지도 않고 두 가지 문제를 처리했다. 그와 반대로 서툰 교사는 사소한 말썽에 정신을 빼앗겨, 중요한 일은 빠뜨린다. 예를 들어보자.

베티는 큰 소리로 책을 읽고 있었다. 자리에 앉아 문제를 풀고 있어야 할 게리와 리가 서로를 쿡쿡 찌르고 있었다. 교사는 다음과 같이 행동했다.

1. 자리에서 일어났다.
2. 읽고 있던 책을 자리에 내려놓았다.
3. 두 남자아이를 향해 걸어갔다.
4. 그들을 노려보다가 화를 내며 말했다.
5. "잡담 그만둬!"
6. "당장!"
7. "리, 넌 수학 문제도 다 풀지 못했잖아."
8. "지금 당장 시작해. 제대로 풀어."

9. "게리, 너도 마찬가지야."
10. 교사는 다시 책을 읽는 아이들에게 돌아갔다.
11. 자기가 읽던 책을 집어들었다.
12. 의자에 앉아서, 다음과 같이 말했다.
13. 좋아, 이제 우리 이야기를 시작하자.

여기서 교사는 시간, 에너지, 감성을 불필요하게 낭비했다.

움직임 관리

각 교실에서 아이들은 육체적 · 심리적으로 움직인다. 육체적으로는 책상에서 독서 그룹으로, 심리적으로는 수학에서 맞춤법으로 이동한다. 그와 같은 움직임을 교사가 어떻게 제안하고 유지하고 종결하느냐에 따라 교실의 규율은 크게 영향을 받는다. 쿠닌의 연구를 보면, 서툰 교사는 말이 지나치게 많으며, 일정한 움직임을 유지하는 데 실패한다. 교사들이 흔히 저지르기 쉬운 실수를 다음과 같이 목록으로 정리해 보았다.

1. **오락가락한다.** 한 행동을 중지시키고 다른 행동을 시작하게 했다가, 갑자기 정반대의 조치를 취한다. 예를 들어보자. 교사가 받아쓰기 공책을 치우고, 수학 책을 꺼내라고 하자, 아이들은 시키는 대로 했다. 그러더니 교사는 이렇게 물었다. "받아쓰기를 다 맞은 사람이 누구였더라?"

2. **지나치게 관여한다.** 목표를 달성하는 데 필요한 정도를 넘어 대화와 행동의 흐름에 빠져든다. 예를 들어 제4장의 '간단명료' 항을 참고하기 바란다.

3. **잘게 나눈다.** 아이들이 일시에 한 사람처럼 할 수 있는 일을, 자잘하게 나누어 하라고 요구한다. 예를 들어 제4장의 '협력' 항을 참고하기 바란다.

4. **자극에 민감하다.** 유능한 교사는 목표 지향적이다. 서툰 교사는 불필요한 일에 반응을 보이며, 핵심적인 문제에서 쉽게 벗어난다. 예를 들어보자. 칠판 앞에서 수학 문제를 설명해주고 있던 교사는 한 남자아이가 책상에 엎드려 있는 모습을 목격했다. 교사는 설명을 멈추고, 칠판을 떠나 아이의 책상으로 걸어가서 말했다. "지미, 똑바로 앉아. 그렇게 엎드려 있는데, 어떻게 설명을 듣고 필기를 할 수 있겠니? 이젠 정말 똑바로 앉아. 저쪽으로. 그래, 그게 낫겠다." 그런 다음 교사는 칠판으로 돌아가, 설명을 다시 시작했다.

5. **말을 가로챈다.** 유능한 교사는 갑작스런 명령, 질문, 주장을 내세워 아이들의 행동을 방해하지 않는다. 아이들이 교사의 의도를 받아들일 준비가 되어 있는지 민감하게 살핀다. 서툰 교사는 주목할 때까지 기다려주지 않고, 아이들의 말을

가로막는다. 자기 자신의 욕구에 따라 아무 때나 끼어들고 또 그만둔다.

6. **뒤끝을 흐린다.** 서툰 교사들은 하나의 일을 마무리짓지 않은 상태에서 다른 일을 시작한다. 예를 들어, 한 교사가 수학 문제 풀이를 점검하고 있었다. 교사는 메리를 불렀다. 메리는 자리에서 일어나 책을 읽으려고 했다. 그런데 그 때 교사는 주위를 둘러보더니 이렇게 말했다. "아니, 이것 좀 봐. 수전이 없잖아. 왜 오늘 수전이 결석했는지 아는 사람 없니?"

모든 아이에게 관심을

유능한 교사들은 집단에 초점을 맞춘다. 그런 교사들은 수업 중에 한 학생에게만 눈을 두지 않는다. 다양한 테크닉을 구사하여 학급 아이들이 방심하지 못하도록 만든다. 예를 들어보자.

책 읽을 아이를 지명하려고 할 때, A 교사는 플래시 카드를 보여주면서, 누가 읽을 것이냐고 질문하며, 살피듯 학급 아이들을 둘러본 다음, 한 아이를 지명한다. 반 아이들은 모두 주의를 기울이며 수업에 몰두한다. 그와 반대로 B 교사는 곧바로 한 아이에게 집중하여("존, 네가 카드를 읽어보렴.") 다른 모든 아이들을 수동적인 역할에 머물게 한다.

A 교사와 B 교사의 차이는 교실에서 일어나는 많은 일들과 결부되어 있다. A 교사는 의도적으로 판단을 보류하고, 학급 아이

들을 방심하지 못하게 하며, 항상 모든 아이들에게 초점을 맞춘다. B 교사는 한 아이에게는 가정 교사처럼 행동하지만, 다른 모든 아이들에게는 교사의 행동을 보여주지 못한다. 쿠닌의 연구에 따르면, 모든 아이들에게 지속적으로 관심을 보이는 교사들이 학생들의 학습 집중력을 높이고, 교실에서 일어나는 일탈 행동을 줄일 수 있다.

개인적인 특징

내가 쿠닌의 연구를 강조한 데에는 두 가지 이유가 있다. 먼저 쿠닌의 연구는 무례한 행동을 처리하기보다 예방하는 데 초점을 맞춘다. 두 번째, 능률적인 '교실 환경과 학습 분위기'를 조성하는 데 필요한 쿠닌의 테크닉에는 처벌이라는 것이 없다. 쿠닌의 연구는 슬로건과 상투적인 표현이 아니라, 구체성과 설명을 강조한다. 교사들은 모두 알고 있다. '사랑'만으로는 충분하지 않다는 사실을. '친밀한 관계를 형성'하거나 '재미있는 관계를 이루는 것'만으로도 충분치 않다. 다정한 형용사들도 교실 문제를 해결해 주지는 못한다. 예를 들면, '따뜻하고', '인내심 있고', '상냥한' 교사도 여전히 교실 문제를 극복하지 못한다.

가르침에는 바람직한 인격도 필요하지만, 특별한 테크닉도 필요하다. 쿠닌의 주장에 부연 설명을 하자면, 테크닉만 있다고 해서 다 해결되는 것은 아니다. 테크닉에는 도구가 필요하다. 테크닉에는 특별한 점이 있다. 즉, 테크닉이 없다는 것은 장벽이 가로막고 있는 것이나 다름없다. 기술에 초점을 맞추는 것과 각각의 아이들에게 관심을 보이는 것은 대립적인 행동이 아니다. 오히려 기술에 초점을 맞춤으로써 교사는 아이들의 개별적인 차이를 배려하는 계획을 세울 수가 있다.

숨은 결점을 감싸주며

자연은 숨은 결점을 항상 감싸준다는 말이 있다. 교사들은 그와 정반대의 역할을 해야 한다. 숨은 자질을 감싸주고, 아이의 결점을 최소화하고, 경험을 강화하고, 삶을 풍부하게 해주는 역할을 해야 한다. 매일 교실에서 아이들과 만나면서, 스스로에게 묻는 교사가 있다.
"지금 내가 어떻게 해야 도움을 줄 수 있을까?"
이런 생각을 하게 되면, 흠을 잡고, 죄책감을 느끼게 하고, 벌을 주지 않는다. 교사들은 충돌을 방지하는 전문가, 위기를 예방하는 달인, 갈등을 누그러뜨리는 명인이 된다. 가르침의 과정은 가치를 전수하고, 통찰력을 제공하며, 자존심을 강화하는 기회가 된다.

교사와 학생 사이 ·········· 제 7 장

 교사와 학생의 갈등 : 부모의 역할

교사와 아이가 충돌할 때, 부모가 할 일은 무엇인가? 교사의 편을 들어 권위를 세워야 할 것인가? 힘들어하는 자기 아이 편을 들어야 할 것인가? 아니면 또 다른 대안이 있는가? 다음 일화들은 어느 편도 들지 않고 부모가 관여하는 방법에 대해서 설명한다. 문제를 해결하고 자존심을 키워주는 데 초점을 맞춘다.

계획된 도움

열 살 된 얼이 긴장하고 흥분한 얼굴로 방에서 나와 소리쳤다.
"나 숙제 못 하겠어. 선생님이 말도 안 되는 숙제를 내줬어. '빈둥거리지만 않으면 나도 뭔가 배울 수가 있다.'는 문장을 50번을 써오라는 거야. 10번은 이미 썼는데, 더는 못 쓰겠어. 엄마 같으면 어떻게 하겠어?"
어머니는 깜짝 놀라며 말했다.
"얼, 생각할 시간을 좀 다오."
얼은 눈물이 나오는 것을 꾹 참으며 자기 방으로 돌아갔다. 충격을 받은 어머니는 그 자리에 말없이 서 있었다. 내면에서는 독백이 이어졌다.
'아들 녀석이 학교에서 좌절감을 느끼는 것 같아. 그 애한테 쓰기는 고문이나 마찬가진데. 이런 처벌은 아이를 더 비참하게 할

뿐이야. 어떻게 해야 지금 그 애에게 도움을 줄 수 있을까?'

어머니는 다음과 같이 하기로 마음먹었다.

'관심을 보여주되, 교사를 비난하지는 말자.'

'교사를 변하게 할 수는 없지만, 우리가 상황을 견뎌낼 수는 있을 거라고 설득하자.'

'부정적인 감정을 표현하도록 허락하자. 부정적인 감정을 인정하고, 그 증거로 도움을 주자.'

어머니는 아들 방으로 들어갔다. 미리 계획한 대로 마음을 굳게 먹었다. 얼은 눈물을 흘리며 실쭉하게 부은 얼굴로 침대에 누워 있었다.

어머니 : 선생님이 정말로 이 문장을 50번씩 써오라고 했니?

얼 : 분명히 그랬어. 숙제를 가져가면 선생님이 어떻게 할 것 같아? 바로 찢어버릴 거야. 그것도 모든 아이들이 다 보는 앞에서. 그래서 쓰레기통에 던져넣을 거야.

어머니 : 세상에? 너 그거 정말이니? 네가 화를 내는 이유를 이제야 알겠다.

얼 : 나 다른 반으로 옮길 거야. 정말 형편없다고 생각하면 선생님은 날 낮은 학년으로 보낼 거야. 난 머리 좋은 아이는 못 되니까, 바보가 될 거야. 다시는 공부도 하지 않고, 무슨 말을 해도 듣지도 않을 거야.

어머니 : 선생님한테서 벗어나고 싶어서 공부까지 소홀히 할

생각을 가지고 있구나. 정말 마음이 쓰라리고 기분이 비참한 모양인가 보구나.

얼 : 응.

어머니 : 얼, 엄마도 네 생각과 같아. 같은 문장을 반복해서 쓴다고 아이들이 더 좋아지는 것은 아닐 거야. 자존심만 깎아 내리지.

얼 : 자존심이 뭐야?

어머니 : 자기 자신을 존중하는 마음이야.

얼 : 하지만 난 앞으로도 저 망할 놈의 것을 40번이나 더 써야 해.

어머니 : 쉽지는 않을 거야. 한 시간도 더 걸릴 거야. 엄마도 도와주고 싶구나. 정말 힘든 숙제야. 어디다 불을 비춰줄까? 침대? 아니면 책상?

얼 : 침대.

어머니 : 거기가 더 편할 것 같니?(불을 비춰준다. 베개로 얼의 등을 받쳐주고, 공책 밑에 받칠 딱딱한 책을 한 권 가져다준다.) 얼, 숙제하면서 건포도 좀 먹을래?

얼 : 응.

건포도를 씹으면서, 얼은 숙제를 시작했다. 틈만 나면 어머니에게 와서 그 때까지 한 것을 보여주었다. 어머니는 얼에게 잘 했다는 칭찬을 아끼지 않았다.

얼 : 이젠 다 했어.

어머니 : 한 번 결심하더니, 끝까지 해냈구나. 네 인내력에 감탄했어.

얼 : 이젠 선생님이 숙제를 갈기갈기 찢어도 상관 없어.(입술을 오므리고, 찡그린 얼굴로 숙제의 앞뒷면을 찬찬히 살피며 몇 번을 셌나 세어본다. 그러더니 종이를 천천히 찢는 흉내를 낸다.)

어머니 : 선생님이 숙제를 찢지 않았으면 좋겠지?

얼 : (씁쓸한 미소를 지으며) 응. 가보면 알 거야.

얼은 인사를 하고 잠자러 방으로 들어갔다.

성난 편지

열세 살 된 진은 교사에게 잔뜩 화가 나서 집에 왔다. 교사의 태도가 무뚝뚝하고 말씨가 거칠다고 불평했다. 다른 반으로 옮기고 싶다고 했다. 어머니는 불만을 편지로 써보라고 했다. 진은 교사에게 보내는 것이 확실해 보이는 편지를 써서 어머니에게 건넸다.

폭군 선생님!
내가 이 학급을 떠나려는 큰 이유 가운데 하나는 선생님 때문이라는 것을 알려주고 싶어요. 선생님한테 배우는 학생들이 불쌍해요. 선생님이 직접 선생님 같은 교사에게서 배워보세요. 두 사람이 서로 잘 어울릴 거예요. 선생님은 이기적이고, 인정머리 없고, 어울리지 않는 자존심으로 꽉 차 있어요. 한 번도 내게 좋은 말을 해준 적이 없어요. 늘 비열하고 사나워요. "입 닥쳐, 조용히 해, 멍청하기는!" 선생님이 아는 말은 이게 전부예요. 앞으로는 내게 그럴 수 없을 거예요. 다행히 선생님 손아귀에서 벗어나게 되었으니까요. 만일 그러지 않으면, 난 더 이상 못 살 거예요. 선생님은 내가 미워했던 유일한 사람(선생님을 사람이라고 불러도 된다면)이에요.

내 마음속의 원한을 담아서.

— 예전에 배웠던 학생이.

어머니는 편지를 크게 소리내어, 천천히, 조심스럽게 읽었다. 진은 주의 깊게 귀를 기울였다. 편지에는 진의 감정이 사실 그대로 표현되어 있었다. 자기가 쓴 말을 어머니의 목소리로 들을 수 있어 기뻤다. 분노가 사그라졌다. 물론 편지는 보내지 않았다.

어머니와 아버지

샌디(열네 살) : 난 타자 선생님이 싫어요. 내 머리가 나빠서 그런지는 모르겠지만, 이 타자 선생님한테서는 배울 수 가 없어요. 난 왜 그렇게 타자 시간만 되면 바보가 될까?

어머니 : 바보 같다고? 누가 내 딸에게 그런 모욕적인 말을 한단 말이야?

샌 디 : 타자 선생님이 내게 얼마나 창피를 주는지 엄마가 한 번 들어봤어야 하는 건데. 타자가 빠른 아이들만 좋아해요. 나머지 아이들은 귀찮아해. 우리 이름도 기억하지 못해요. 생각해 보세요, 엄마, 이름도 기억하지 못하는 아이들을 모욕한다는 게 말이 되는지.

어머니 : 타자 시간이 힘들겠구나.

샌 디 : 존경하지도 않는 사람에게 뭘 배울 수 있겠어요?

어머니 : 배우고 싶어도 마음속에서는 반감이 일어나겠지.

샌 디 : 맞아요. 엄마가 정확하게 맞혔어. 집에서 연습하려고 했는데, 하지 않을 거예요. 이제 신경 쓰지 않을 거야.

(우연히 어머니와 딸의 대화를 들은 아버지가 거실에서 나왔다.)

아버지 : 이력서를 타자로 쳐야 하는데, 누가 도와주면 좋겠구나. 너무 오래 미뤄뒀거든. 내일 필요한데.

샌 디 : 내가 타자 쳐줄까요, 아빠? 아빠 이력서인데, 나한테 맡길 수 있겠어요?

아버지 : 네가 쳐준다면 내겐 큰 도움이 되겠지.

샌 디 : 몇 장이나 필요한데요?

아버지 : 두 장.

샌　디 : 앞으로 아빠가 필요할 때 쓰게 덤으로 한 장 더 칠게요.

(샌디는 방으로 들어가 타자기를 열고, 이력서를 만들어서 아버지에게 가져왔다.)

아버지 : 샌디, 고맙다. 아빠한테는 정말 도움이 되었어. 그렇게 금방 치다니.

샌　디 : 뭘요, 아빠. 생각해 보면 우리 집에서 정식 타자 방식에 따라 치는 사람은 나밖에 없잖아요. 난 자판을 거의 보지 않고 칠 수 있어요. 타자수가 필요하면 언제든지 신호만 보내시라고요.

샌디의 어머니는 이렇게 의견을 덧붙였다.

"이 이야기는 자칫하면 파국으로 끝났을 수도 있었어요. 평소처럼 딸에게 비판적인 '충고'를 했더라면 그렇게 되었을 거예요. '넌 늘 허풍이 심하더라. 타자 교사는 그렇게 나쁜 사람이 아니야. 교사가 귀여워해 주지 않으면, 질투를 하고 배 아파 하는 게 너야. 타자를 배울 기회를 가질 수 있다는 게 얼마나 행운인지 알기나 하니? 고등학교와 대학교에 가면 타자가 필요하게 돼. 타자로 숙제를 해오라는 교사들이 있을 거야. 그러니 네 얼굴에 침 뱉을 짓 하지 마.'"

분노의 물길을 돌리다

에디가 뚱한 기분으로 점심을 먹으러 집에 왔다. 어머니에게 투덜거리고 여동생과 싸웠다.

어머니 : 온 집안 사람을 못살게 구는데, 그건 안 돼. 기분이 몹시 나쁜 것 같은데, 화나는 일이 있으면 말로 해.
(에디는 소파에 몸을 던지며 훌쩍거리기 시작했다.)
에 디 : 오늘 아침에 임시 선생님이 들어왔는데, 정말 얄미워 죽겠어요. 숙제를 더 내주면서 오늘 저녁에 해서 가져오라는 거예요. 정말 싫어! 오후에는 학교에 가고 싶지 않아요.
어머니 : 임시 선생님 때문에 무척 속이 상하겠구나. 수업 시간에 마음을 진정시키기가 어려웠을 거야.
에 디 : 자리에서 일어나 때려주고 싶었어요.
어머니 : 거기다 오후에도 내내 그 선생님과 얼굴을 마주해야 할 텐데. 용기도 필요하고, 마음도 단단하게 먹어야 할 거야.
에 디 : 네. 나도 견딜 수 있으면 좋겠어요. 그 선생님에 대해서 아이들끼리 소곤대며 많은 이야기를 했거든요.
어머니 : 원래 담임 선생님이 돌아올 때까지 기다릴 수가 없나 보구나.

에   디 : 네. 기다리지 못할 것 같아요.

어머니 : 무척 화가 날 텐데, 틀림없이 내게 더 할 말이 있을 거야. 여기 연필과 종이가 있으니, 무엇 때문에 화가 나는지 글로 써봐. 그런 게 바로 창의력이라는 거야.

에   디 : 지금은 창의력을 발휘할 시간이 없어요. 학교로 돌아가야 해요. 늦고 싶지 않아요.

(에디는 외투를 입고 학교로 돌아갔다.)

신뢰가 약

(아침 식사 때다.)

베스(열 살) : 학교에 가고 싶지 않아요. 학교가 싫어요.

어머니 : (동정심을 보이며) 그래. 올해는 힘이 들 거야. 엄한 선생님을 만났으니까. 그 선생님이 걸핏하면 소리를 지르고, 넌 그걸 질색한다는 것을 엄마도 알아.

베   스 : 말로 하기는 쉬워요. 지금까지 내가 만난 선생님 중에서 가장 난폭한 선생님이에요.

어머니 : 그럴 거야.

베   스 : 엄마가 그래도 난 학교에 가지 않을 거예요. 엄마가 차에서 내려주더라도, 학교를 빼먹을 거예요.

어머니 : 그럴 수도 있겠지. 하지만 엄마는 네가 학교를 빼먹지

않을 거라고 믿어.

베　　스 : 그걸 어떻게 알아요?

어머니 : 엄마는 널 믿어.

(베스는 마음이 편안해졌다. 아무리 많은 논리를 동원했더라도 한 마디 신뢰의 말로 거둔 만큼의 성과를 얻지 못했을 것이다.)

공감과 인정

열한 살짜리 배리는 긴장하고 기죽은 모습으로 집에 왔다.

"학교에서 무슨 일이 있었니?"

어머니가 물었다.

"응. 선생님이 내 머리카락을 잡아당겼어. 그 때문에 화가 났어. 남자애들 둘하고 나하고 복도에서 왔다갔다하면서, 시끄럽게 떠들었거든. '이 녀석들, 그만 해'라고 하든가, 아니면 '여기서 떠들지 마', '돌아다니지 마'라고 말해도 될 텐데, 내 머리카락을 잡아당기는 거야."

어머니는 이렇게 대답했다.

"넌 교사가 더 점잖게 대해 주길 바랐을 거야. 나도 같은 생각이야."

배리는 기분이 풀린 표정이었다.

"집에 와서 웃겨라"

교사가 전화를 걸어 열 살 된 워렌에 대해서 어머니에게 불평을 늘어놓았다.

"워렌이 계속 바보 같은 짓을 하기 때문에, 수업에 크게 방해가 돼요."

워렌은 인정했다.

"내가 마치 희극 배우처럼 아이들을 웃기거든요."

어머니는 이렇게 말했다.

"반 아이들 전체를 웃기는 일인데, 얼마나 하고 싶겠니. 알고도 남아. 하지만 선생님은 너 때문에 무척 화가 나 있어."

"나도 그만할까 생각 중이에요."

워렌의 말에 어머니는 이렇게 대꾸했다.

"네 마음을 억제하기가 쉽지는 않을 거야. 농담을 하고 싶은 유혹을 느낄 테니까. 아이들을 웃기고 싶은 생각이 들면, 아껴두었다가 집에 와서 해. 우린 함께 웃어도 되니까."

워렌도 그 생각이 마음에 들었다. 수업 시간에 워렌의 행동도 좋아졌다. 어머니는 긴말 하지 않고도 문제 해결에 도움을 주었다. 질문하거나 위협하거나 야단을 치지 않았다. 선생님이 워렌 때문에 기분 나빠한다는 사실을 전해 주고, 앞으로는 잘 하겠다는 워렌의 의지를 평가해 주었으며, 웃기고 싶은 충동을 해소할 수 있는 적절한 출구도 마련해 주었다.

자존심 회복

아홉 살 된 팀은 잔뜩 화가 나서 학교에서 돌아왔다. 국어 교사가 자기를 '무책임하고 믿을 수 없는 아이'라고 했다는 것이다. 사실 교사는 팀에게 이렇게 말했다.

"화장실에 가서 놀다 왔지? 앞으로는 혼자 화장실에 가지 못할 거야. 누가 널 따라갈 거야."

팀은 불쾌했고, 모욕을 느꼈다. 이번말고 국어 교사에게 받았던 모욕과 상처를 생각해 냈다.

"한 번은 운동장에서 껌을 주웠다고 했더니, 이러는 거야. '너야 이미 유명한 거짓말쟁이잖아.' 또 한 번은 내가 정직 게시판에서 나에 대해 높은 점수를 매겼더니, 날 놀리면서 이렇게 말하는 거야. '네가 정직하다고? 웃기지 마.'"

아들의 이야기를 심각하게 듣고 있던 어머니는 화가 치밀어 올랐다. 국어 교사가 아들의 자기 이미지를 엉망으로 만들고 있다고 생각했다. 팀은 계속 독설을 내뱉었다. 어머니는 공감한다는 뜻으로 고개를 끄덕였다. 그런 다음 이렇게 말했다.

"얘, 팀. 국어 선생님이 널 잘못 생각하는 것 같아. 네가 얼마나 책임감이 강한 아이인지 말해 주고 싶구나. 네가 돈을 주우면 돌려주는 아이라는 것을 모른단 말이니? 엄마 아빠가 외출할 때는 네가 책임지고 아래층 출입문을 단속한다는 얘기도 해줘야겠구나."

팀은 어머니의 말을 가로막았다.

"정원사에게 믿음이 가지 않았을 때, 엄마가 내게 전지 가위를 주면서 개나리 가지를 치라고 했잖아. 그 이야기도 해줘."

"그래. 잡초 나지 말라고 뿌리는 농약 이야기도 해줘야지. 네게 맡기면 일을 확실하게 한다는 걸 난 알았거든."

팀은 어머니 말에 동의했다.

"응, 국어 선생님이 밉다는 말도 전해 줘."

팀은 여전히 화가 나 있었다. 어머니는 이렇게 말했다.

"팀, 네가 얼마나 화가 났는지 글로 쓰면 도움이 될 것 같은데, 네 생각은 어때?"

"괜찮을 것 같아."

팀이 대답했다.

팀은 종이에 분노의 감정과 복수하고 싶은 기분을 정성 들여 상세하게 썼다. 그런 다음에 종이를 갈기갈기 찢었다. 화가 가라앉는 느낌이었다.

"그런 식으로 말하지 않았으면 좋았을 텐데"

한 교사가 벽에 구멍을 뚫고 있었다. 송곳이 꽉 박혀 움직이지를 않았다.

열두 살 된 랜디는 이렇게 말했다.

"내게 좋은 생각이 있는데요. 송곳을 드릴에 넣고 뒤로 잡아당기면 어떨까요?"

교사는 이렇게 대답했다.

"그게 무슨 대단한 아이디어라도 된다고 생각하니? 네 생각은 아무것도 아니야."

교사를 바라보는 랜디의 눈길에 엷게 미움이 번졌다. 랜디는 교실을 떠났다.

랜디가 학교에서 있었던 일을 이야기하자, 아버지는 화를 냈다.

"넌 왜 항상 네 일도 아닌데 끼어들어 이런저런 소리를 하니? 교사가 네게 도와달라고 부탁하지도 않았잖아. 그런데 왜 먼저 입을 여는 거야? 네 문제나 신경 쓰란 말이야."

랜디는 신경질을 내며 소리쳤다.

"아빠는 교사보다 더 나빠. 선생님은 모르는 사람이지만, 아빠는 내 아빠잖아. 아무것도 모르면서, 이해하려고 하지도 않아."

랜디는 집을 뛰쳐나갔다.

화가 난 아이에게는 야단을 치기보다는 이야기를 귀담아들어 줄 사람이 필요하다. 화를 돋우는 것이 아니라, 분노를 누그러뜨려 주는 어른이 필요하다. 랜디는 부드럽게 제안했는데, 교사는 거칠게 거절했다. 아버지는 이렇게 말해 줄 수도 있었다.

"넌 매우 현명한 제안을 했는데, 교사가 그렇게 매정하게 거절했으니, 마음이 상했을 거야. 왜 그랬는지 모르겠구나. 그런 식으로 말하지 않았더라면 좋았을 텐데."

랜디는 그 순간에 자기편을 들어준 아버지를 고맙게 생각했을 것이다.

성숙

칼(열 살) : 오늘 교무실에 불려갔어요.

어머니 : 어떻게 된 일인지 말해 봐.

   칼 : 점심을 먹고 와서 자리에 앉는데, 의자가 거꾸로 놓여 있는 거야. 그래서 두 다리를 약간 벌리고 앉았어.

어머니 : 그것 때문에 선생님이 화가 난 거니?

   칼 : 네. 그랬나 봐요. 그런데 선생님이 그러는 거야. "칼, 당장 네 자리를 돌려놓지 못해!" 그래서 자리를 돌렸어요. 책상을 돌려놓고, 의자에 앉았어요. 당연히 우리 반 아이들과 얼굴을 마주 보게 되었죠.

어머니 : 아이들이 모두 웃었겠구나.

   칼 : (웃으며) 응. 그리고 선생님이 날 교무실로 데려갔어요.

어머니 : (한숨을 쉬며) 이젠 알겠다. 왜 아빠에게 너에 대해 상의할 일이 있다는 전화가 왔는지를.

(잠시 침묵이 흘렀다)

   칼 : 엄마, 미안해요. 다시는 그런 일 없을 거예요.

어머니 : 넌 마음만 먹으면 뭐든 해낸다는 것을 엄마는 알아.

(이튿날)

칼 : 선생님이 '숨긴다'는 낱말로 짧은 글을 지으라고 했어. "더러움은 거센 바닷물로도 숨길 수 없다."고 소리쳐서 우리 반 아이들을 웃기고 싶은 생각이 간절했지만 참았어요. 엄마는 어떻게 생각하죠?

어머니 : 너야말로 너의 진정한 주인이 된 거야. 언제 말을 하고, 언제 말을 하지 말아야 하는지 판단할 줄 아는 아이가 되었잖아. 너의 이런 점이 좋아. 그게 바로 엄마가 말하는 성숙한 인간이 된다는 거야.

퇴짜맞은 연구 과제

열한 살 된 케니가 화를 내며 학교에서 돌아왔다. 사회 과목의 연구 과제를 퇴짜맞았다고 불평을 터뜨렸다.

"선생님이 내 연구 과제가 형편 없대요. 그 과제를 하느라고 얼마나 많은 시간을 들였는데. 어떻게 해야 할지 모르겠어요."

어머니는 이렇게 말했다.

"네가 열심히 한 것을 엄마도 봤어. 실망이 크겠구나."

"이 선생님을 위해서는 아무것도 더 하고 싶지 않아."

어머니는 이렇게 대답했다.

"사회 선생님이 널 실망시켰구나. 안타까운 일이야."

"한 번 더 해볼 거야."

케니가 용기를 냈다. 그러더니 자기 방으로 들어가 과제와 씨름했다.

이 사건에서 어머니는 많은 도움을 주었다. 아들을 꾸짖지도 않았고, 과제에 퇴짜를 놓았다고 해서 교사를 비난하지도 않았다.

"왜 좀더 잘하지 못하니? 너 지금 5학년이야. 더 이상 어린애가 아니야. 조금만 놀고 공부를 좀더 했더라면, 이런 어려움은 겪지 않아도 되었을 거야."

이렇게 말하지 않았다. 그 대신 어머니는 아들이 처한 상황을 재치 있게 인정하면서 동정하는 마음을 보여주었다. 어머니의 정신적인 응원을 받아, 케니는 다시 과제에 착수할 수 있었다.

두 번째 기회

열두 살 된 빌과 친구 마이클은 늘 수업 시간에 말썽을 피웠다. 마이클은 다른 학급으로 쫓겨났다. 빌은 충격을 받았다.

빌　　：더 이상 못 참겠어요. 선생님이 날 못 잡아먹어서 안
　　　　달이에요. 마이클처럼 날 쫓아내려고 해요.
어머니：무슨 일인데 그러니?
빌　　：선생님은 매일 아침마다 내게 이렇게 말하죠. "오늘

은 너한테 아무 소리도 듣고 싶지 않아." 지금까지 나에게 질문하기 싫어하는 선생님은 한 사람도 없었는데, 그 선생님은 날 믿질 않아요. 내가 잘해도 인정하지도 않고. 왜 내게 이러냐고 물어봤거든요. 그런데 심술궂은 눈길로 날 쳐다보더니 그냥 교실로 나가버리는 거예요. 그 선생님은 절대 마음을 바꾸지 않을 거예요. 내겐 기회가 없어요. 죄를 지은 사람에게도 한 번 더 기회를 주는 법인데.

어머니 : 상황이 그렇다면, 무척 화가 날 만도 하겠구나. 나도 이 문제에는 깊이 신경을 쓸게. 해결책을 생각하려면 시간이 필요해. 어려운 문제거든.

빌 : 그래도 부드럽게 이야기한 거예요.

어머니 : 좀더 강하게 글로 표현할 수도 있겠구나. 하고 싶으면 해봐.

빌은 다음과 같은 시를 썼다.

T 선생님은 어찌나 내게 심술궂은지
그 선생님이 나무에 꽉 끼여버렸으면 좋겠다
그 선생님이 사라져버린다면 내 기분이 어떨까?
이런 엄청난 기적이 일어난다면
기분 정말 좋을 거야. 행복하고 자유로울 거야.

어머니 : 정말 네 감정을 뚜렷하게 표현했구나. 이 문제에 대해서 아빠하고 충분히 상의할 거야.

어머니의 말을 듣고 시를 쓰고 나서 빌의 분노는 누그러졌고, 긴장도 완화되었다. 아버지가 왔을 때, 빌은 자기 문제를 이야기했다. 그들은 행동을 취하기로 결정을 내렸다. 아버지가 교사를 만나 빌과 교사의 관계를 원만하게 만드는 문제에 대해서 상의해 보기로 했다.

형편없는 성적표

열세 살 된 메리는 성적이 좋지 않았다. 과학이 C였다. 메리는 불평을 늘어놓았다.
"B는 나와야 했어. 그런데 선생님이 날 싫어해요. 과학 선생님은 학생에 대한 감정에 따라 성적을 주거든요."
"정말 B를 받을 성적이 된다고 생각하나 보구나."
어머니가 말했다.
"네. 그렇게 생각해요."
메리가 대꾸했다.
"내가 과학 선생님에게 말해서 신경 좀 써달라고 말해도 되겠니?"

어머니가 물었다.

"아니, 올해는 내가 알아서 할게요."

메리가 대답했다. 어머니는 소용 없는 논쟁을 벌이거나, 쓸데없이 야단법석 떨지 않았다. 아이를 자극하는 질문도 하지 않았다.

"왜 과학 선생님이 널 괴롭히겠니? 선생님이 화날 짓을 했기 때문에 그럴 거야. 너 무슨 짓을 한 거니?"

어머니가 공감을 표시하며 도움을 주었기 때문에, 메리는 자기 삶에 대해 책임감을 가질 수 있었다.

과학적 호기심

여덟 살 된 레스터가 과학에 대해 여러 가지 질문을 하면, 교사들은 귀찮아했다. 레스터는 교사들이 참을성이 없다며 불평을 터뜨렸다.

"난 알고 싶은 게 많은데. 예를 들면 지구가 자전을 멈추면 사람들이 튕겨나갈까? 산산이 흩어질까? 만일 달이 태양에서 1000만 마일 떨어져 있었다면 얼어붙었을까? 선생님들은 '쓸데없는 질문하지 마. 호기심이 지나치면 고양이를 죽이는 법이야.' 하는 거야. 난 고양이도 아니고 호기심이 생겨서 그런다고 했어. 그랬더니 내게 화를 내며 입 닥치래."

어머니는 이렇게 대답했다.

"네게 과학적 호기심이 샘솟고 있다는 걸 알아. 중요한 질문을 한 거야. 글로 써둘 필요가 있을 것 같아. 여기 종이와 연필이 있으니, 질문을 글로 적어봐."

레스터는 질문을 글로 적은 다음, 깨끗하게 다시 썼다. 어머니는 질문 목록을 교사에게 보내는 편지에 함께 넣었다. 도움을 요청하는 편지였다.

어머니는 일부러 불필요한 설명을 피했다.("선생님들에겐 그런 질문에 대답할 시간이 없어. 학급의 모든 아이들이 그런 질문을 하면 어떻게 되겠니? "넌 호기심이 너무 지나쳐. 너 혼자만의 호기심이야." "공부나 해! 네가 할 일은 공부가 전부야!") 비난하는 대신에 어머니는 이해심을 보여주었다. 아들의 호기심을 지지하면서, 올바른 방향으로 이끌어주었다.

인터뷰

린은 전 과목 우등생이었다. 하지만 수학 성적은 좋지 않았다. 한 번은 수학 교사에게 수학과 인생의 관계에 대해서 설명해 달라고 부탁하기까지 했다. 교사는 대답했다.

"분석하지 마. 외워!"

린이 학교에서 공연할 연극 연습을 하고, 합창단 활동을 하고, 피아노까지 연주한다는 이야기를 들은 수학 교사는 화가 났다.

"넌 다른 일에는 열심인데, 수학만 예외구나."
수학 교사는 린을 꾸짖고는, 어머니에게 상담을 요청했다.

교　사 : (빈정거리는 말투로) 린도 어머니가 상담하러 학교에 오신 줄 알고 있는 것 같더군요. 갑자기 수업에 열심인 걸 보니.
어머니 : (함정에 빠지지 않으려고) 분명히 린은 수학 보충 학습을 받아야 해요. 가정 교사를 추천해 주시겠어요?
교　사 : 가정 교사에게 돈 낭비하지 마세요. 나한테 와서 배우면 돼요. 나도 항상 시간을 낼 수는 없어요. 하지만 마음이 있으면 린이 나랑 상의해서 시간을 정하면 돼요.
어머니 : 선생님은 학교 일만으로도 책임이 무척 무거우실 테니까, 과외 선생님을 추천해 주시면 정말 고맙겠어요. 그것이 린에게는 가장 도움이 되는 방법이기도 해요.
교　사 : 좋아요. 정 그렇게 하고 싶으시다면 하는 수 없죠. 수학은 전에 배운 것을 전제로 해서 그 다음 단계를 공부하는 과목이니까, 기초부터 시작해야 할 거예요.
어머니 : 가장 적절한 교재를 선택하는 문제는 선생님과 과외 선생님에게 부탁드릴게요.

한 여대생이 과외 교사로 결정되었다. 린은 그 교사를 좋아했다. "수학이 합리적이고 중요하다는 걸 알게 되었어요. 과외 교사는 여러 가지 것을 연결하여 이해하고 있었어요. 수학을 많이 알고, 또 진정으로 나를 도와주고 싶어해요."

이 일화를 보면, 어머니는 논쟁을 벌이지 않았다. 교사를 화나게 만들지 않았고, 그를 자극하지 않으려고 조심했다. 문제를 해결하고 딸에게 도움을 주는 데 초점을 맞추었다.

태도 변화

엘　렌 : 신화 수업을 할 때는 정말 가슴을 치고 싶은 심정이에요. 신화는 지금 나의 삶과 아무 관계가 없잖아요. 정말 싫어. 지루하고 맥이 빠져요. 사실 선생님에게 따져볼 생각을 하고 있어요. 왜 우리가 그리스·로마 신화나 북유럽 신화를 공부해야 하는지 이유를 알고 싶어요.

어머니 : 신화에 대해서 감정이 퍽 좋지 않나 보구나.

엘　렌 : 엄마는 내가 언젠가는 동화와 현실이 서로 연관되어 있다는 것을 알게 될 거라고 생각하는 것 같아요.

어머니 : 그래. 하지만 네게는 신화가 싫다는 감정을 표현할 권리가 있어.

(3일 후)

엘　렌 : 정말 환상적이야. 어떻게 그럴 수 있을까, 정말 멋져요.

어머니 : 애, 무슨 과목이 그렇다는 거니?

엘　렌 : 신화 말이에요. 브래디 선생님은 신화를 정말 재미있게 가르쳐 주세요. 훌륭한 교사는 정말 학생들에게 길을 비춰줄 수 있나 봐요. 난 신화가 지금 우리 삶과 시대와 어떤 관계가 있는지 분석해 봤어요. 신화는 무척 심리학적이에요. 신화 속의 각자 인물이 우리의 다양한 감정과 인간 관계를 반영하고 있어요.

잔뜩 신이 난 엘렌은 열을 내며 신화의 영원함에 대해서 공부한 내용을 빠짐없이 어머니에게 이야기했다.

이 일화를 훑어본 사람은 왜 어머니가 도움이 되었는지 알 수 있을 것이다. 어머니는 말이 거의 없었다. 아무런 설명도 하지 않았다. 그리스 신화를 옹호하거나 딸의 심리를 공격하지 않았다. 판결을 내리지 않고 엘렌의 현재 기분을 받아주었다. 자기 딸이 신화에 대해 공부할 수 있으며, 그에 대한 태도도 바뀌게 될 거라고 믿었기 때문이다.

소망을 비춰주다

열두 살 된 멜은 어머니에게 사회 교사에 대한 불평을 늘어놓았다.

멜 : 우리 사회 선생님은 시험 점수를 매기지도 않고 숙제를 점검하지도 않아요. 학급 토론에도 관심이 없어요. 늙어서 노망이 들었는지 투덜거리기만 해요.

어머니 : 사회 선생님 때문에 기분이 좋지 않구나.

멜 : 네. 정말 지루해요.

어머니 : 재미있는 선생님하고 수업하면 좋겠지?

멜 : R 선생님하고 수업했으면 좋겠어요. 정말 훌륭한 선생님이시거든요.

어머니 : 그 선생님 반으로 갔으면 좋겠니?

멜 : 네. 어느 반이라도 상관없어요. 지금 선생님 반만 아니면 돼요.

어머니 : 알겠다.

이번 사건은 금방 조용하게 끝났다. 어머니는 아들의 기분과 소망에 합세했고, 아들에게는 그것이 도움이 되었다. 교사 편을 들려고 하거나, 상황을 설명하지 않았다. 상투적인 얘기를 꺼내지 않았다.("네가 정말 배우고 싶어한다면, 누구에게나 배울 수 있는 거야.") 멜은 어머니가 자기를 이해해 준다는 기분을 안고 대화를 끝냈다. 아이들이 부모들에게 가장 많이 바라는 것이 바로 이것이다.

교장에게 보내는 편지

여덟 살 된 에이미는 엄하고 차갑고 큰 소리 많이 치기로 유명한 교사의 학급에 배정되었다. 에미의 아버지는 교장에게 편지를 보냈다.

교장 선생님.
치맛바람 일으키는 부모가 되지 않으려고, 지난 봄 학급 배정 때, 선생님께 전화를 하고 싶은 충동이 있었지만 눌러두었습니다. 하지만 내 딸의 정서 발달과 성적 향상이 염려스러워 이번에는 몇 마디 의견을 전할까 합니다.
오늘 우편으로 온 학급 배정표를 받아보니, J 선생님의 학급에 배정이 되었더군요. 들리는 얘기로 보건대 이번 학급 배정이 내 딸에게는 잘못되지 않았나 생각이 듭니다.
지난 2년간의 학교 생활을 보면, 에이미의 선생님들은 아이가 즐겁게 생활할 수 있는 환경을 조성해 주었어요. 그런데 작년에는 학습 의욕이 저하되었어요. 내가 보기에는 참을성이 없고, 정서적으로 접근하기 힘들고, 일상적인 아이의 욕구를 배려하지 못하는 선생님를 만났기 때문이었어요. 다른 선생님의 학급으로 옮겨달라고 부탁하는 것이 부모로서 책임을 다하는 길이라고 생각합니다.
지금까지 협조해 주셔서 감사드립니다. 교장 선생님이 아이들의 요구를 무엇보다도 중요하게 여긴다는 것을 알고 있습니다. 소식 기다리겠습니다.

편지는 효과가 있었다. 교장은 교사들에게 부모들의 평판에 대해 주의를 기울이라고 요구했다. 교사들은 행동과 이미지를 개선하려고 노력했다.

교사에게 보내는 편지

다음 편지는 여덟 살짜리 여자아이가 음악 교사에게 쓴 것이다.

선생님께!

제 이름은 로즈예요. 선생님께 음악을 배우는 학생이에요. 특별 독창은 항상 힐다를 시키시는데, 그것은 공평하지 못하다고 생각해요. 다른 아이들도 독창을 하고 싶어해요. 저를 시켜줄 수도 있고요. 자랑하려고 하는 말은 아니지만, 저도 노래를 부르는 데는 최고의 조건을 갖추고 있어요. 청음도 잘 하고, 목소리도 좋아요. 적어도 한 번쯤은 독창을 하게 해주세요. 이만 줄이겠어요.

— 로즈.

교사는 편지를 받았다는 사실을 로즈에게 확인해 주지 않았다. 편지를 '약삭빠른' 짓으로 여겨서, 교장에서 보여주었다. 그리고 로즈의 불평은 무시했다. 한 달 뒤에 로즈의 아버지는 교사에게 편지를 보냈다.(교장에게 보내는 사본도 동봉했다.)

선생님께.

얼마 전에 제 딸이 선생님께 편지를 보낸 것으로 알고 있습니다. 부당하다고 여기는 상황에 대해서 이야기한 편지 말입니다. 내가 알기로는 선생님께서는 아무런 응답을 하지 않았습니다. 우리는 불만이 있으면 품위 있게 존중하는 마음으로 표현하라고 아이들에게 가르쳐왔습니다. "네 편지를 받고, 지금 생각 중이야." 하는 식의 간단한 응답만 해주었어도, 내 딸은 '의사 전달 통로'가 제대로 작동한다고 생각했을 겁니다. 그런데 아무런 응답이 없었습니다. 학생들은 학교 당국과 제대로 의사 소통을 할 수 없다고 불평합니다. 그게 무슨 뜻이라고 생각합니까? 내 딸은 "아빠도 봤지? 그건 시간 낭비였어."라고 하더군요. 이 문제에 대해서 선생님의 의견을 듣고 싶습니다.

로즈의 아버지는 이렇게 말했다.

"그 뒤 얼마 안 있어 M 교사가 응답을 했더군요. 봄 연주회 때, 로즈에게 독창 기회를 주겠다고 했어요. 그렇지만 그는 이 문제의 핵심을 잘못 짚고 있었어요. 서글픈 일이에요."

증오

열여섯 살에 키가 180cm인 폴은 황당한 사건을 겪었다. 어머니가 적절하게 간여하지 않았더라면, 불행한 사태가 벌어질 뻔했다. 폴이 작문을 제출했다. 교사는 대충 훑어보더니 점수를 매길 가치도 없다고 하면서 작문을 꾸깃꾸깃 구겨서 쓰레기통에 던져 넣었다. 폴은 마음이 무너져 내렸다. 격분을 못 이겨, 교사를 향해 다가가기 시작하더니 방향을 출입문 쪽으로 바꿔 교실 밖으로 달려나갔다. 폴은 5km나 되는 집까지 뛰어갔다. 책을 마룻바닥에 던지며 소리쳤다.

폴　　 : 정말 밥맛이야, 재수 없어. 꼴도 보기 싫어.
어머니 : 무슨 일이 있었구나. 정말로 네 속을 뒤집어놓은 일이 있었던 모양이야.
폴　　 : 이 재수 없는 선생님이 내 작문을 제대로 읽어보지도 않고 구기더니 쓰레기통에 버리는 거예요.
어머니 : 정말 치욕이었겠구나!
폴　　 : 정신적인 살인 행위나 마찬가지예요.
어머니 : 한 대 때려주고 싶었을 거야.
폴　　 : (정말 놀라며) 엄마, 지금 뭐라고 했어요?
어머니 : 폭력을 휘두르고 싶었을 거라고 했어.
폴　　 : 그래요. 사실이에요.

폴은 분노가 누그러졌는지 마루에 흩어진 책들을 주워 모아 위층으로 올라갔다. 다시 아래층으로 내려왔을 때는 학교로 돌아가도 될 만큼 차분히 가라앉아 있었다.

문제부터 해결하다

열 살 된 메리는 학교 오케스트라에서 제1 바이올린 연주자였다. 연주회에 가는 길에, 돌에 걸려 넘어지는 바람에 손에서 바이올린 케이스를 놓쳤고, 바이올린이 깨졌다. 혼비백산한 메리는 울음을 터뜨렸다.

"다 내 잘못이야. 나는 연주회에 갈 수도 없을 거야. 다 내 잘못이야."

어머니가 말했다.

"그런 말은 불행한 일이 발생했을 때 하는 말이 아니야. 누구 탓인지를 찾지 말고, 문제를 해결할 방법을 찾아야지. 중요한 것은 어떻게 하면 오늘 저녁에 바이올린을 구할 수 있을까 하는 것이야."

메리의 입이 떡 벌어졌다.

"음악실에 여분의 바이올린 있을 거예요."

메리가 울음을 참으며 말했다.

"바로 그거야. 네가 해결책을 찾아냈구나."

어머니가 메리의 제안을 받아들였다.

메리와 어머니는 서둘러 음악실로 갔다. 메리에게 자초지종을 들은 음악 교사는 야단을 치기 시작했다.

"바이올린이 부셔졌다고? 네게 바이올린을 맡길 때는 당연히 잘 돌볼 것이라고 생각했기 때문이야. 네가 물어내야 돼. 바이올린은 비싼 악기야. 다른 것을 줘도 될지 모르겠구나."

메리가 큰 소리로 말했다.

"선생님, 지금은 문제를 해결해야 할 때예요. 손해 배상은 내일 할게요. 지금 당장은 연주회에서 쓸 바이올린이 필요해요."

음악 교사는 말문이 막히는 것 같았다. 바이올린을 건네받은 메리는 무대 뒤로 달려가 연주회에 대비하여 바이올린을 조율했다.

메리의 어머니는 딸에게 큰 도움을 주었다. 정신 건강에 가장 중요한 원칙을 딸에게 가르쳐주었다. 일이 어려워지면 책임감 있는 사람은 죄인을 찾지 않는다. 해결책을 추구한다.

남아 있는 교훈

영혼을 질식시키고, 정신을 혼란케 하고, 마음을 우울하게 할 때, 학교는 실패한다. 위에 소개한 일화에 등장하는 부모들처럼, 기술을 갖춘 교사들은 분노를 자극하지 않고 학생과 의사 소통을 할 수 있다. 부정적인 반응을 극복하고, 새로운 방법을 터득할 수 있다. 요컨대 새로운 방법으로 비판을 제기하고, 분노를 배출하고, 규율 문제를 처리하고, 협조를 구할 수 있다. 의사 소통을 완전 개방하는 만능 열쇠는 없지만, 문을 열 수 있는 열쇠는 여러 가지가 있다.

토마스 만은 "대화야말로 문명 그 자체이다." 하고 말했다. 그러나 언어는 인간을 깨우쳐주기도 하지만 야만스럽게 만들기도 하며, 상처를 치료하기도 하지만 상처를 입히기도 한다. 교사들은 부모처럼 연민의 언어, 사랑으로 기다릴 줄 아는 언어를 구사해야 한다. 언어로 감정을 전달하고, 반응으로 분위기를 변화시키며, 주장을 통해 선의를 자극하고, 대답으로 통찰력을 키워주고, 존중하는 마음을 담아 응답해야 한다. 세계가 정신을 향해 이야기한다면, 교사는 좀더 친밀한 방법으로 말을 건넨다. 요컨대 교사는 마음에 대고 이야기한다. 마음의 자양분은 예민함이다. 즉, 마음은 호소하는 눈길, 긍정하는 끄덕거림, 확인해 주는 한 마디를 먹고 자란다. 교육은 경험을 가치로 전환한다. 가치가 영원히 지속되려면, 교육이 직접적인 경험과 긍정적으로 연결되어 있어야 한다.

교사와 학생 사이 ·········· 제 8 장

 숙제

효과적인 접근

교사들은 숙제를 내주고 검사하는 데 많은 시간을 쏟는다. 학급에서는 숙제를 둘러싸고 수많은 희극과 비극들이 벌어진다. 아이들은 숙제를 못 했을 때는 거짓말도 하고, 친구들 숙제를 베끼기도 하며, 등굣길에 '잃어버렸다'거나, 집에 '놓고 왔다'고 둘러대기도 한다.

어느 학교에서는 숙제를 관리하는 효율적인 절차를 마련했다. 숙제를 하지 못했거나 집에 두고 온 아이는 무엇을 못했는지, 언제까지 할 수 있는지를 정식으로 진술서에 기록해야 한다. '이유'는 묻지 않는다. 당연히 아이 나름의 이유가 있을 것이라고 여긴다. 억지로 믿을 만한 변명과 그럴듯한 거짓말을 꾸며내지 않아도 된다. 진술서는 한 곳에 모아두었다가, 아이가 숙제를 다 해오면 돌려준다. 그렇기 때문에 모든 아이는 자신의 진술서에 대해서 책임을 지게 되어 있다. 성실함이나 부족함에 대한 증거가 자기 손으로 쓴 글씨 안에 들어있기 때문이다. 이렇게 해서 아이에게 더 좋은 성적을 얻고자 하는 동기와 기회가 주어지게 된다.

부모들은 아이들의 숙제를 도와주는 방법을 모르는 경우가 많다. 그러면서도 아이가 나쁜 점수를 받아오면, 화를 내며 소리를 지르고, 잔소리를 하고 벌을 준다. 아이들이 숙제를 잘 할 수 있도록 도와주는 방법에 대해 부모들이 지도를 받아보는 것도 좋다. 다음에 나오는 일화들은 숙제 문제를 다루는 유익한 방법에 대해서 이야기해 줄 것이다.

자율의 존중

날마다 해야 하는 숙제의 자세한 내용에 대해서 부모가 일부러 모르는 체해 주면 아이는 한결 마음이 편하다. 학교 숙제는 학생과 교사의 책임이다. 어떤 아버지는 아들에게 이렇게 말했다고 한다.
"숙제는 네가 할 일이고, 일은 내 몫이야. 개인적으로 책임을 져야 하는 거야."
부모가 숙제와 성적에 극성스럽게 간섭하면 아이는 반발하게 되고, 성적은 바닥으로 내려간다. 잔소리와 간섭이 자율을 가로막는 행위라면, 성적 하락은 자립의 상징이 된다. 한 아이는 이렇게 말했다.
"어머니 아버지는 내 의견도 무시하고, 또 텔레비전도 마음대로 할 수 있어요. 그러나 내 성적이 떨어지는 것만은 마음대로 할 수는 없을 거예요."
어머니의 치마폭에 싸여 고분고분 시키는 대로 하는 아이는 성장할 수가 없다. 성숙하기 위해서는 자기가 별개의 인간이고 한 인격체라는 의식을 가져야 하며, 자기만의 정신을 가진 개인이라는 사실을 깨달아야 한다. 요구할 때는 하더라도, 어른들이 아이의 자율성을 뒷받침해 줄 수 있는 방법은 있다. 아이의 삶에 영향을 끼치는 문제들에 대해서는 그가 자신의 목소리를 내고 선택을 할 수 있게 해주면 된다.

여덟 살 된 브루스는 숙제를 뒤로 미루는 버릇이 있었다. 그러다 보니 꾸중을 듣고 기분이 엉망이 되는 일이 일상사가 되었다.

"브루스, 너 숙제했어? 넌 왜 항상 숙제를 뒤로 미루며 꾸물거리는 거야? 낙제하고 싶어? 저렇게 게을러서야. 하는 일이라곤 텔레비전 보는 게 전부니 원!"

어느 날 어머니는 방법을 바꿨다. 위협하는 대신에, 선택을 하게 했다. 이렇게 말했다.

"브루스, 이렇게 하자. 방과 후에 곧바로 하거나, 저녁 먹은 뒤에 하거나, 텔레비전 보기 전에 숙제를 하는 거야. 결정은 네가 해."

브루스는 저녁 먹고 나서 숙제하는 길을 선택했다.

자부심에 호소하기

학교에서 경고 편지가 왔다. 열 살 된 이반의 성적이 형편없었기 때문이다. 그럴 때면 아버지는 당장 아들을 불러 앉혀놓고 사정없이 야단을 쳤다.

"지금부터 내 말 잘 들어. 오늘부터는 매일 자습을 해야 돼. 주말과 휴일에도 마찬가지야. 영화 보러 다니지도 말고, 텔레비전도 보면 안 돼. 친구들 집에 놀러 가지도 마. 우리 집안에서는 이때까지 공부를 못 했던 사람이 하나도 없었어. 네가 처음 그렇게 되게 생겼어. 그럴 수는 없어. 내가 몸소 나서서 반드시 네가 스스로 공부하도록 만들겠어."

이런 연설은 전에도 이미 여러 번 써먹었던 것이었다. 결과는 항상 험악한 분위기로 끝났다. 아버지는 펄펄 뛰고 아들은 반항했다. 세게 압력을 가할수록 아이번의 반항도 심해졌다. 핑계를 대고 거짓말을 하는 데 달인이 되었다.

아버지는 이번에는 꾸중하고 벌을 주는 방법을 피하고, 아들의 자부심에 호소하기로 했다. 의논하기 위해 만나서, 아이번에게 교사가 보낸 편지를 보여주면서 이렇게 말했다.

"아이번, 우리는 네가 장학금을 받을 것이라고 기대했어. 세상에는 유능한 사람들이 필요해. 해결해야 할 문제들이 아직도 매우 많거든."

아버지의 말과 목소리의 어조에 깜짝 놀란 아이번은 이렇게 대답했다.

"앞으로는 더 열심히 공부할게요. 약속해요."

"숙제는 너하고 선생님의 문제야"

열두 살 된 제프는 어머니와 함께 숙제를 하려고 했지만 그럴 수가 없었다. 어머니가 "숙제는 네 책임이야." 하며 도움을 거절했기 때문이다. 제프의 동생 베스티는 여덟 살인데, 숙제하는 걸 재미있어했다. 그런데 어느 날 오후 친구 집에 놀러 가려고 했을 때, 어머니가 가지 못하게 하자, 떼를 쓰며 울었다.
"못 가게 하면 숙제를 하지 않을 거야."
그러자 어머니가 대꾸하기도 전에 제프가 담담하게 말했다.
"숙제는 너하고 선생님의 문제야."

촛불

아홉 살 된 레이철이 숙제를 하기 시작했는데 전기가 나갔다. 칠흑 같은 어둠 속에서 레이철은 어머니에게 물었다.
"엄마, 어떡해야 하는 거야? 숙제를 끝내야 하는데 어떡하지?"
어머니는 레이철을 부엌으로 데리고 가서 촛불을 몇 개 밝혔다. 촛불 옆에서 어머니는 요리를 하고, 레이철은 숙제를 했다. 숙제를 마치자 어머니가 말했다.
"어두운데도 숙제를 다 했구나. 결단력과 인내심이 필요한 일인데. 촛불에 의지해서 복잡한 숙제를 하기가 쉬운 일은 아니거든."

어머니의 눈에는 레이철이 다 큰 것 같았다. 그 날 어머니는 아버지에게 레이철이 전기가 나가서 어두운데도 혼자서 숙제를 다 했다고 말해 주었다. 어머니 말을 들으며 뿌듯해하던 레이철은 이 이야기에 매듭을 짓는 한 마디를 덧붙였다.

"응. 난 책임감 있는 아이거든."

"난 학교가 싫어"

밥이 소리를 지르며 집으로 뛰어들어왔다.
"학교가 싫어. 숙제를 너무 많이 내줘. 학교 안 갈 거야."
어머니는 매일 한 시간씩 숙제를 해보라고 했다. 밥은 더 화를 냈다.
"학교 안 갈 거야. 그러면 돼."
어머니도 화를 내며 밥에게 소리를 질렀다.
"숙제를 하든 말든 네 마음대로 해. 학교는 가."
밥은 계속 신경질을 부리며 울었다.
"숙제 안 할 거야. 학교도 안 갈 거야."
그런데 밥의 어머니에게 퍼뜩 좋은 생각이 떠올랐다.
"밥, 너 엄마에게 정말 학교가 싫다고 했니?"
밥은 눈을 반짝이며 대답했다.
"으으응."

"넌 아예 학교 건물이 무너져 산산조각이 나면 좋겠다고 생각하는 것 같구나."

어머니는 한 술 더 떴다.

"응."

기다렸다는 듯이 밥의 입에서 대답이 튀어나오며, 마치 요술처럼 분노가 가라앉았다. 밥은 자기 방으로 들어가 숙제를 했다.

잃어버린 숙제

다음 일화에서 어머니는 처벌이 아무런 효과가 없다는 것을 깨닫고, 방법을 바꾸어 효율적인 대화를 시도하여 고질적인 문제를 해결했다.

아홉 살짜리 드와이트에게는 낱장에 숙제를 해놓고는 어디다 두었는지 깜빡 잊어버리는 버릇이 있었다. '잃어버린' 숙제를 찾느라 몇 시간씩 허비하곤 했다. 그 때마다 어머니는 화를 내며 고함을 지르고, 큰 소리로 꾸짖고, 위협하고, 벌주고, 공격하고, 창피를 주었다. 그래도 숙제를 잃어버리는 드와이트의 버릇은 고쳐지지 않았다.

어머니는 방법을 바꾸기로 결심했다. 둘 사이에 특별히 다정한 분위기가 감돌 때, 어머니는 대화를 시작했다.

어머니 : 드와이트, 너 보니까 아직도 숙제를 공책에 하지 않더라. 숙제는 숙제장에 하는 게 좋은데. 낱장에다 해놓고 잃어버리고 나서 찾느라 시간 보내지 말고, 그 시간에 노는 것이 더 좋을 텐데.

드와이트 : 내일부터는 숙제장에다 할게요. 약속해요.

어머니 : 그럼 됐어.

드와이트 : 무슨 뜻이죠?

어머니 : 네 입으로 숙제장을 사용하기로 했으니 됐다는 뜻이야. 넌 약속을 잘 지키니까.

드와이트는 공책에다 몇 마디를 적으면서 "이렇게 하면 잊어먹지 않을 거야."라고 말했다.

아버지 차례

다음 일화를 보면, 어머니는 아버지에게 문제 해결을 부탁하여 불필요한 갈등을 미연에 방지했다. 자기는 너무나 화가 났기 때문에 나서 봐야 도움될 것이 없다고 생각했기 때문이다.

어머니는 자신에게 화가 났다. 열 살 된 에셀에게 숙제를 하기 전에 텔레비전을 보라고 했기 때문이다. 잘 시간은 다가오는데, 에셀은 아직도 숙제를 다하지 못했다. 어머니는 아버지에게 에셀과 이야기를 해보라고 부탁했다.

아버지 : 잠 잘 시간인데.
에　셀 : (화를 내며) 아직 숙제를 끝내지 못했어!

이렇게 대답하면서 의자 위에서 몸부림을 치기 시작하더니, 결국 에셀은 바닥으로 굴러 떨어졌다. 야단맞을 생각을 하면서 에셀은 아버지를 올려다보았다. 아버지는 꾸중을 하는 대신 손을 내밀며 "이 녀석아, 그러다 다치면 어떡하니." 하고 말했다. 아버지의 도움으로 일어선 에셀은 팔을 벌려 감사와 사랑을 담아 아버지를 껴안았다.

아버지 : 10분만 더 있으면 숙제를 끝마칠 수 있겠구나. 그리고 나서 잠잘 준비를 하면 되겠네.
에　셀 : 먼저 잠자리를 펴고 나서, 10분만 더 숙제를 할게요. 그래도 돼요?
아버지 : 원한다면 그렇게 해.

에셀은 정해진 시간에 잠자리를 펴고, 부엌으로 와서 어머니 아버지를 껴안으며 인사를 하고 숙제를 끝마치러 갔다. 10분 후에 만족스런 표정으로 미소를 지으며 잠자리에 들었다.
　에셀의 어머니가 나섰어도 자연스러웠을 것이다. 그러나 나서지 않음으로써, 딸뿐만 아니라 자기 자신에게도 도움이 되었다. 어머니는 직접적인 간섭을 하지 않았다. 흥분이 지나치면 해결에 도움이 되지 않는다는 것을 스스로 인정했다.

정신적인 응원

열한 살 된 마크는 보고서를 준비하려고 과학 잡지를 읽고 있었다. 그는 점점 슬슬 화가 치밀었다.

마 크 : 뜬구름 잡는 얘기 같아. 도대체 무슨 말인지 감을 잡을 수가 없어. 읽고도 무슨 말인지 이해할 수가 없는데, 선생님은 어떻게 보고서를 쓸 수 있을 거라고 생각할까?
아버지 : 내가 보니까, 과학 기사를 이해하기가 얼마나 어려운지는 깨달은 것 같구나. 과학 기사는 분명하게 쓰여지지 않는 경우가 자주 있거든.
마 크 : 그래요. 과학자들이 사실을 가지런하게 표현했으면 좋겠어요.

마크는 기사를 다시 한 번 더 읽어보고 나서 보고서를 썼다.
이 일화에서는 아버지의 정신적인 응원이 큰 도움이 되었다.

그는 과학을 변호하거나 상황을 설명하려고 하지 않았다. 비난하거나 충고하지 않았다.

"넌 왜 날마다 불평을 늘어놓니? 좀더 꼼꼼하게 읽어보면, 더 쉽게 이해할 수 있을 거야. 과학 기사를 이해하려면 머리가 좋아야 해."

이런 식으로 말하지 않았다. 그 대신 아들의 관찰력을 칭찬하고, 과학 기사를 이해하기가 쉽지 않다는 말에 동감을 표시했다. 아버지의 응원을 실감한 마크는 용기를 내어 스스로 보고서를 마무리하려고 했다.

분노와 언어

킴은 읽기 책을 펼치려고 하지 않았다.
"난 읽기 책이 싫어. 책을 찢어버리고 싶어."
어머니는 큰 종이를 한 장 가져와서 접더니 이렇게 말했다.
"이것이 읽기 책이라고 생각하고, 어떻게 하고 싶은지 내게 보여줘 봐."
킴은 신바람을 내며 종이를 여러 조각으로 찢어서 어머니에게 건네주었다. 어머니는 이렇게 말했다.
"내가 종이 조각 하나하나에 무슨 말을 쓸 테니, 넌 그걸 큰 소리로 읽고 나서 거기다 서명을 해."

어머니는 쓰기 시작했다.

"난 이 책이 싫어. 난 이 책이 몹시 미워. 난 이 책을 경멸해. 난 이 책을 대놓고 비난할 거야. 난 이 책이 비위에 거슬려. 난 이 책이 불쾌해. 난 이 책에 싫증이 나. 난 이 책이 메스꺼워. 이 책은 기분 나빠. 이 책은 만족스럽지가 않아. 이 책은 마음이 끌리지 않아. 이 책은 매력이 없어."

킴은 문장 하나 하나를 읽으면서 유쾌하게 웃었다. 진심으로 즐거워하며 자기 이름을 써넣었다.

이 이야기를 보면, 어머니는 딸이 글을 읽도록 유도하여, 독서를 즐길 수 있게 해주었다. 딸이 마음 놓고 두려움과 분노를 털어놓을 수 있게 했다. 어머니는 딸을 있는 그대로 받아들이면서, 그 받아들임을 극적이고 예술적으로 딸에게 전달했다.

인정의 힘

열두 살 된 스탠은 소리를 지르며 자기 방에서 뛰쳐나왔다.

"이건 불공평해. 수학 숙제가 긴 나눗셈으로 스물네 문제나 돼. 숙제를 하는 데 두 시간도 더 걸렸어. 다른 것은 하지도 못해. 우리 나라는 자유 국가인데, 이럴 수는 없어."

이렇게 시작된 시끄러운 소란을 스탠 어머니는 노련하게 평화스런 대화로 바꾸어 놓았다. 그녀는 아들과 말씨름하는 대신에 주의 깊게 귀담아들으며 아들의 어려움을 인정했다.

"음, 그래. 긴 나눗셈이 스물네 문제나 되니? 저런, 지치고 싫증이 나기도 하겠다. 아주 어려운가 보구나."

스탠은 더 이상 난리 법석을 피우지 않았다.

"엄마, 있잖아, 짜증이 나긴 하는데, 그렇게 심하게 나는 것은 아녜요."

이렇게 말한 다음에 자기 방으로 돌아가 숙제를 끝마쳤다.

이 일로 자칫하면 하루 종일 다툼을 벌였을 수도 있었다. 아들의 마음을 인정하지 않는 평가를 내놓거나, 수사적인 질문을 던지거나, 옛날 부모의 학교 생활을 이야기했더라면, 당장 도화선에 불이 붙어 싸움이 시작되었을 것이다. 이를테면 이런 식으로 말이다.

"왜 넌 항상 불평이냐? 어쩌 잠잠하다 싶으면, 어느 새 다른 문제를 들고 나선다니까."

"왜 넌 형처럼 될 수가 없는 거야? 형은 아무 문제가 없었어. 형은 불평 한 마디 없이 숙제만 잘 했어."

"내가 네 나이 때는 숙제가 지금보다 열 배는 더 많았어."

불만스런 성적

열두 살 된 마사의 성적표를 보니, 두 과목의 성적이 만족스럽지 않았다. 성적 때문에 교사에게 꾸중을 들은 마사는 언짢은 기분으로 투덜거리며 집에 왔다. 다른 때 같았으면 어머니는 이렇게 말했을 것이다.

"어떤 성적을 기대했는데? 네가 받을 만한 점수를 받은 거야. 공부를 충분히 하지 않았잖아. 더 열심히 공부해야 돼."

그런데 어머니는 딸의 마음을 좀더 헤아릴 줄 알게 되었다. 물에 빠진 사람에게 수영을 가르치려고 들어서는 곤란하다는 걸 깨닫고 있었다.

"성적 때문에 실망했겠구나."

"네."

마사가 수긍했다.

"낙담도 했어요."

"그래, 알겠다."

엄마는 부드러운 목소리로 대답했다.

잠시 침묵이 흐른 뒤, 마사가 덧붙였다.

"다음 학기에는 더 잘할 거야."

어머니는 이렇게 말했다.

"과거 같았으면, 공부에 더 신경을 쓰겠다는 딸의 말을 믿지 않았을 거예요. 딸의 기분을 무시하고 성적을 비난하면서, 공부할 마음이 없었던 탓이라고 나무랐을 거예요. 하지만 책임감 있고 남을 배려할 줄 아는 사람으로 키우려면, 딸을 믿어야 한다는 것을 깨달았어요."

까다로운 숙제

열두 살 된 로렌스는 고지식한 학생이었다. 그는 숙제를 두려워했다. 오후 내내 숙제는 그를 괴롭혔다. 한시도 마음 편히 지낼 수가 없었다. 그의 생활에는 불길한 구름이 어둡게 드리워져 있었다. 그 끔찍한 순간을 늦추기 위해 지도, 책, 신문에 몰두했다. 그런데 이상하게도 일단 숙제를 하기 시작하면 잘 했다.

어머니는 아들이 숙제를 좀더 일찍 시작해서, 저녁에는 자유 시간을 갖도록 설득하려고 무진 애를 썼다. 부탁도 하고, 설명도 하고, 위협을 하기도 했다.

"아주 쉬운 일이야. 그냥 앉아서 숙제를 시작하면 되는 거야. 네 공부는 네가 잘 알잖아. 금방 할 수 있어. 네겐 식은 죽 먹기야. 그런데 왜 자꾸 뒤로 미루니? 넌 불필요하게 자신을 괴롭히고 있어. 숙제하는 습관을 바꾸지 않으면, 기숙 학교에 보낼지도 몰라. 거기 가면 자율을 가르쳐줄 거야."

아무리 해도 소용이 없었다.

어머니는 아들의 문제를 교사와 상의하고 나서 방법을 바꿨다. 숙제가 무척 쉽다고 말하는 대신 이렇게 말했다.

"오늘은 숙제가 까다롭구나. 복잡하고 어려울 것 같아. 이해하기가 무척 어렵겠어."

로렌스가 대답했다.

"내겐 어렵지 않아. 난 수학이 쉬워요."

어머니는 이렇게 대꾸했다.

"난 부엌에 있을게. 끝나면 애기해."

한 시간이 채 못 되어, 로렌스는 부엌으로 돌아왔다. 숙제는 이미 끝나 있었다.

또 한 번은 어머니가 이렇게 말했다.

"숙제가 너무 많지 않았으면 좋겠다. 공부를 너무 많이 하지 않았으면 좋겠어. 밤에는 자유롭게 놀면 좋을 텐데. 책을 읽거나 텔레비전을 보면서 말이다."

"그럼 좋겠죠. 하지만 공부할 것이 많아요. 수학과 프랑스어에서 계속 A를 받고 싶거든요."

"저렇게 열심히 공부를 해야 A를 받는구나."

어머니가 대꾸했다. 로렌스는 혼자 미소를 지으며 숙제를 시작했다.

새로운 낱말

어머니가 저녁 준비를 하는 동안, 열세 살 된 수전은 숙제를 하고 있었다.

"엄마, '우연'이라는 말은 철자가 어떻게 돼? 그리고 그건 무슨 뜻이야?"

수전이 물었다. 어머니는 대답을 해주었다. 2분 뒤에 수전이 소리를 질렀다.

"엄마, '무한성'이라는 말은 철자가 어떻게 돼? 그리고 무슨 뜻이야?"

막 설명을 해주려고 하는 순간, 어머니는 이래서는 안 된다는 것을 깨달았다. 그녀는 책장으로 가서 사전을 꺼내 딸에게 건네주었다.

쥐 죽은 듯 조용했다. 놀란 듯 어깨를 으쓱하더니, 수전은 숙제를 혼자 계속했다. 저녁 식탁에서 수전이 말했다.

"아 참, 오늘이 춘분이구나."

엄마가 물었다.

"춘분이 무슨 말이니?"

수전이 씩 웃으며 말했다.

"음, 엄마 새로운 낱말 공부하고 싶지 않아? 사전을 찾아보면 돼."

"맞는 말이야. 그게 바로 공부하는 방법이야."

어머니는 사전을 꺼내 '새로운' 낱말의 뜻을 큰 소리로 읽었다.

진실을 담은 편지

여덟 살 된 레이는 깜빡 잊고 숙제를 못 했다. 그러자 어머니에게 변명거리를 만들어달라고 부탁했다. 어머니는 거절했다.

"사실대로 편지를 써. 네 이름 옆에 엄마가 서명해 줄게. 그러면 선생님은 네가 가끔 숙제를 잊어먹기도 하는데, 엄마가 그것을 알고 있다고 생각하실 거야."

"엄마, 정말 고마워요."

레이가 대답했다. 편지를 쓰고, 어머니의 서명을 받은 레이는 편안한 마음으로 학교에 갔다.

어머니가 평소와 같은 반응을 보였더라면, 이 일은 금방 시끄러운 말다툼으로 번졌을 것이다.

"왜 숙제를 안 했니? 다른 애들은 숙제를 잊어먹지 않아. 근데 왜 너는 잊어먹은 거야? 저렇게 산만하다니까. 정신 좀 똑바로 차려."

레이의 어머니는 위기 때는 훈계하기보다는 도움을 주는 것이 가장 좋은 해결책이라는 것을 깨달았다.

어머니의 깨달음

필드 부인은 이렇게 말했다.

"열여섯 살 먹은 아들 레니가 영어에서 낙제를 했다는 편지를 학교에서 받았어요. 보통은 그런 소식을 들었으면 욕을 하며 신랄하게 '낙제 원인' 목록을 빼놓지 않고 길게 늘어놓았을 거예요.("언제 책을 읽은 적이 있었어야지." "텔레비전을 어지간히 봤어야지." "제대로 공부를 하질 않았으니 그럴 수밖에.") 아들의 낙제는 나의 실패였으니, 실망한 나머지 감정이 폭발하여 아들과 나의 사기를 꺾는 말을 서슴지 않았을 거예요. 이번에는 파괴적인 행동을 하지 않겠다고 다짐했어요. 그 대신 남편에게 도움을 요청했어요. 레니가 학교에서 돌아왔을 때, 편지에 대해서는 아무 말도 하지 않았어요. 저녁 식사를 마친 뒤, 아버지가 조용하게 말을 걸며, 이 난관을 극복하는 방법을 찾아보자고 했어요. 레니는 안심하는 표정이더군요. 공부를 하지 않고 빈둥빈둥 시간을 보냈다는 사실을 인정했어요. 성적을 평균 이상으로 올릴 수 있다고 자신했어요. 공부에 대해서 이야기하면서도 장황하게 비난을 늘어놓지 않기는 우리 가족에게 이번이 처음이었어요."

상호 의존

다음에 나오는 간단한 대화는 부모와 십대 아이가 숙제에 대해 소득 있는 대화를 나눈 하나의 예이다.

라파엘(열일곱 살) : 오늘은 아주 늦게까지 잠을 자지 않을 거예요. 사회 보고서를 끝내야 해.

아버지 : 숙제가 아직 많이 남아서 새벽까지 있어야 할 모양이구나. 숙제가 너무 많아. 커피 좀 줄까? 밤에 졸리지

않으려면 필요할 것 같은데.

라파엘 : 아빠, 고마워요.

아버지는 말했다.

"과거 같았으면, 아들을 비난했을 거예요. '왜 아직까지도 숙제를 끝내지 못했어? 1주일 내내 숙제를 들고 시간을 허비해서 그런 거야. 넌 왜 매사를 갈 데까지 가도록 내버려두니?' 그랬으면 아들은 화를 내며 소외감을 느꼈을 거예요. 그런데 이제 아들이 의기소침한 순간에 도움을 주는 것이 내가 할 일이라는 것을 깨달았어요."

올바른 도움

어머니와 딸이 대화를 나눈다. 부모가 어떻게 다정하고 조심스럽게 딸에게 도움을 줄 수 있는지 보여준다.

엘리자베스(열두 살) : 엄마, 우리 반 아이들 모두 학교에 시를 한 편 써 가야 해. 난 한 사람을 눈앞에 바라보고 있으면서도 왜 한 마디도 할 수 없는가를 시로 쓰고 싶어. 그런데 어떻게 시작해야 좋을지 모르겠어.
어머니 : 음. 시는 시작이 쉽지 않아, 그렇지?

엘리자베스 : 이렇게 하면 어떨까? "날 바라보지 마세요. 내 이름이 무엇인지 말해 보세요." 잠깐, 엄마 기다려봐. 더 말해 볼 테니까. "얼른 말해 보세요. 내 이름이 무엇인지." 엄마는 '내 이름이 무엇인지'와 '내가 어떤 사람인지' 중에 어느 것을 쓰는 것이 좋다고 생각해?

어머니 : 네겐 어떤 것이 느낌이 좋니?

엘리자베스 : (잠시 말이 없다가) 난 '내가 어떤 사람인지'가 좋아. 그런 다음에 이렇게 말하면 어떨까? "당신은 아세요? 내 마음속에 무슨 생각이 들어 있는지? 난 이런 사람일지도 몰라요." 그리고 거기에 좀 좋지 않은 표현을 넣고 싶어.

어머니 : 어떤 말을 하려고 하는데?

엘리자베스 : 이기적이고, 잔인하고, 보잘것없다는 말을 넣고 싶어.

어머니 : 그런 표현들에는 강력한 낱말을 써야 해.

엘리자베스 : (받아 적으면서) "아니면 당신이 내 삶을 향해 눈꺼풀을 연다면……."

어머니 : "내 삶을 향해 눈꺼풀을 열다!" 내가 다음에 이 구절을 빌려 써도 되겠니?

엘리자베스 : 그리고 이제는 될 수 있으면 근사한 표현을 하고 싶어. 그런데 적당한 낱말들이 떠오르지가 않아. (어머니는 말이 없다.) 사전을 찾아봐야지! (1분 뒤에 엘리

자베스의 손에는 사전이 들려 있다.) 이제 낱말들을 찾
았어. '부드럽고, 인정 많고, 우아한.' 그런 다음에는
이렇게 끝을 맺고 싶어. "당신이 나를 너무나 빨리 알
고 싶어한다면, 나를 진정으로 잘 알고 싶지 않다는
뜻이 돼요." 엄마, 좋아?

어머니 : 문제는 '좋은가', '그렇지 않은가'가 아니야. 네가
그것을 시적으로 생각하느냐 아니냐가 문제야. 그것
이 네가 말하고 싶은 것을 표현해 준다고 생각하니?

엘리자베스 : 응. 그런데 좋아 보여?

어머니 : 네 생각은 어때? 넌 예술가야. 그러니 네 자신의 본능
에 의지해야 해.

엘리자베스 : (잠시 생각에 잠긴다) 음……, 내 생각에는 이렇게
하면 더 좋을 것 같아. "시간을 두고 저를 알아보세
요! 그렇지 않으면 저를 절대 알 수 없을 거예요."

어머니 : (큰 소리로 시를 전부 읽어본다. 그리고 나서 딸을 껴안
는다.) 네 시에 정말 깊은 감동을 받았어. 얘, 특별히
나를 위해 한 부 베껴 다오.

다음은 시의 전문이다.

날 바라보지 마세요.
얼른 말해 보세요. 내가 어떤 사람인지.

당신은 아세요? 내 마음속에 무슨 생각이 들어 있는지?

난 이런 사람일지도 몰라요

이기적이고, 잔인하고

보잘것없는 사람이요.

아니면, 내 삶을 향해 눈꺼풀을 연다면

당신은 알게 될 거예요. 내가

부드럽고, 인정 많고

우아한 사람이라는 것을.

시간을 두고 저를 알아보세요!

그렇지 않으면 저를 전혀 알 수 없을 거예요.

— 엘리자베스 코리

어머니가 도움이 되었던 까닭은 직접적인 도움을 주지 않았기 때문이다.

숙제가 어렵다는 사실을 숨기지 않았다.("시는 시작이 쉽지 않아.") 또 주제, 낱말, 시구에 대해서 제안하지 않았다. 그 대신 주의를 기울이며 귀담아들어 주면서 시를 칭찬해 주었다.

기회가 있을 때마다, 딸에게 자신의 시적 취향과 예술적 본능에 기대라고 격려했다.

아이가 바라는 도움

열 살짜리 스콧은 숙제가 많았다. 숙제와 씨름을 하긴 했지만 어려웠다. 그러자 화가 나서 소리를 질렀다.
"선생님이 미워! 숙제 안 할 거야."
"숙제가 굉장히 많구나."
어머니는 사실을 인정해 준 다음 아무 말도 더 하지 않았다. 두 시간 뒤에, 숙제를 마치고 나서 스콧은 말했다.
"고마워요, 엄마. 숙제를 할 수 있게 도와줘서."
"그게 무슨 말이니?"
어머니가 깜짝 놀라 물었다. 스콧이 대답했다.
"엄마가 나보다 더 흥분하지 않았기 때문에 도움이 되었어요."
가끔 보면, 관심을 가진 어른이 아이를 도와줄 수 있는 가장 좋은 방법은 분노를 가라앉히고 화를 풀어주는 것이다.

개인의 책임

교사들은 아이들이 숙제를 하는 데 부모가 지나친 역할을 하도록 강조해서는 안 된다. 숙제는 아이들의 책임이다. 숙제를 떠맡는 순간, 부모는 함정에 빠지는 것이다. 숙제는 아이들이 부모를 벌하고, 부려먹고, 걱정을 안기는 무기가 될 수도 있다. 부모가 아이 숙제의 자세한 내용에 별 관심을 두지 않아야 커다란 불행을 피할 수 없다. 그 대신 "일이 우리 일이라면, 숙제는 네 일이야. 각자 책임을 져야 해." 하고 명확하게 말해 주어야 한다.

많은 부모들은 아이의 숙제를 도와주고 싶어한다. 그러나 그 도움 속에는 위험이 도사리고 있다. 그것은 아이에게 "너는 혼자 할 수 있는 능력이 없어."라고 말하는 것이나 다름없다. 가장 좋은 방법은 간접적으로 도와주는 것이다. 몸에 맞는 책상, 적절한 조명, 참고서, 이런 저런 볼일이나 대화, 비난으로 방해하지 않는 것이다.

어떤 아이들은 연필을 깨물거나, 머리를 긁적이거나, 의자를 흔들어야 공부를 더 잘할 수 있다. 이럴 때는 자세를 나무라거나, 가구를 조심하라는 말을 하지 않는 것이 가장 좋다. 비난은 정신적인 일을 방해한다. 뒷전에 앉아 있음으로써, 부모들은 스스로 나서서 간섭하거나 도움을 주기보다, 아이의 마음을 편안하게 해주고, 응원을 해줄 수가 있다. 가끔 한 가지 점을 명확하게 해두어야 한다. 즉, 도움을 줄 때는 좀 모자라는 듯이 주되, 아이의 마음을 헤아려야 한다는 것이다. 설교하기보다는 주의 깊게 들어주어야 한다. 길을 제시하되, 아이가 자기 힘으로 목적지에 도달하기를 기대해야 한다.

교사와 학생 사이 ·········· 제 9 장

동기 부여에 관하여

성적이 나쁜 이유

정지 신호 표지판에 부딪힌 한 주정꾼에 관한 이야기가 있다. 정신이 아득해져서 방향 감각을 잃은 주정꾼은 뒷걸음질을 치다가 다시 같은 방향으로 걸어갔다. 그러다 또 한 번 표지판과 부딪혔다. 이번에도 몇 걸음 뒤로 물러서서 잠시 기다렸다가 다시 앞으로 걸어갔다. 거듭해서 표지판에 부딪힌 주정꾼은 낭패한 얼굴로 표지판을 붙들고 이렇게 말했다.

"아무리 해도 소용이 없어. 난 울타리로 둘러싸였어. 사방이 다 막혔어."

성적이 나쁜 아이도 이와 유사한 상태에 놓여 있다. 그런 아이에게는 모든 장애물이 정지 표지판이다. 피해 갈 수가 없다. 유일하게 할 수 있는 것이 있다면 붙들고 기대어 몸이라도 지탱하는 것이다.

칭찬의 언어도 성적이 나쁜 아이에게 학습 동기를 유발하지 못한다. 그런 아이는 스스로를 열등생이라고 여긴다. 그런 아이에게 "넌 머리가 좋아. 넌 영리해. 잘 할 수 있을 거야." 하고 말하는 사람은 더 이상 도움의 대리인 역할을 할 수 없다. 아이의 논리는 이런 것이다.

"날 보고 총명한 아이라고 말할 사람은 멍청하거나 정직하지 못한 사람밖에 없을 거야."

성적이 나쁜 아이의 자의식이나 자부심에 대고 이렇게 호소하는 것도 실패를 피하지 못한다.

"넌 가능성과 재능을 갖춘 아이야."

"노력하기만 하면 넌 최고의 것을 얻을 수 있어."

"하늘이 내린 재능을 어떻게 그렇게 헛되이 버릴 수가 있니?"

"너 평생을 빈둥거리며 살고 싶니?"

아이들이 공부를 하게 하려면 구슬리는 것이 좋다. 관심을 갖도록 이끌어서 공부와 맺어줄 수도 있다. 하지만 창피를 주어서는 공부를 하게 할 수 없다. 공부를 강요받는 아이는, 공부를 하지 않고 학교 생활을 마칠 수 있는 방법을 찾는 데 자신의 창의력을 소모한다. 다음은 한 고등학생이 쓴 글인데, 이 점을 잘 보여준다.

선생님들을 속이기는 쉬워요. 공부할 마음이 있는 것처럼 보이고, 귀찮게 하지 않으면, 살려주니까요. 난 학교라는 경기장에서 처신하는 방법을 일찌감치 깨달았어요. 어떻게 하면 선생님들이 무섭게 화를 내는지를 파악했어요. 사소한 규칙들을 위반하고, '노력하지 않으면' 화를 내요. 그래서 난 제 시간에 등교하고, 귀찮은 질문은 하지 않으며, 얌전하게 굴어요. 물론 '노력하지 않는' 아이로 걸리는 법도 절대 없어요.

방과 후에 집에 가는데 교장 선생님이 날 세우더니, 처음 들어보는 질문을 했어요.

"오늘 학교에서 뭘 했니?"

사실대로 다 얘기하고 싶은 유혹을 느꼈어요.

이렇게 말이에요.

'영어 교사 비위를 맞췄어요.'

'사회 시간에 재미있는 척하고 있었어요.'

'수학 시간에 만화책을 읽었어요.'

'과학 시험을 보면서 부정행위를 했어요.'

'쉬는 시간에 숙제를 했어요.'

'에스파냐어 시간에 여자 친구에게 편지를 썼어요.'

하지만 "열심히 공부했어요."라고 대답했어요. 교장 선생님은 만족스런 미소를 지었어요.

다음 이야기에서 성격이 예민한 여학생은 음악 교사와 이야기를 나누면서 무엇이 공부하고 싶은 마음을 북돋워주고, 무엇이 공부하고 싶은 마음을 사라지게 하는지에 대해서 속을 털어놓았다.

보 니 : 학창 생활 12년의 대부분은 쓸데없는 시간 낭비였어요. 사실들을 뱉어내고, 눈치껏 교사들을 즐겁게 하는 법을 배우는 데 생활의 즐거움을 빼앗겼어요. 특별반 생활도 대부분 숫자 놀음으로 보냈어요. 점수를 모아서 더한 다음 나누었어요. 숫자를 위한 경쟁에 누가 관심이 있겠어요? 진정한 의미의 교육은 방과 후 활동이었어요. 교지 편집이나 토론회 참석, 음악 레슨 같은 것들 말이에요.

교   사 : 그래. 네게는 음악이 중요해.

보   니 : 네. 음악은 저의 일부예요. 선생님께 감사드려요. 내가 실수를 할 때도 선생님은 날 당황하게 하지 않으시니까요. 바보라는 생각이 들게 하지도 않고요. 그런 것이 훌륭한 교육일 거예요.

교   사 : 넌 평가를 하는 대신, 더 잘할 수 있는 방법에 대해서 말해 주면 좋아하는 아이야.

보   니 : 지금까지 줄곧 평가를 받아오고, 점수를 받아왔어요. 언제 수업을 망치는지, 언제 수업이 잘 되는지 난 알아요. 누가 말해 주지 않아도 돼요.

동기를 북돋워주는 구호

교사들은 가끔 심리학자들에게 어떻게 하면 아이들이 공부를 하도록 동기를 유발할 수 있는지 묻는다. 대답은 "아이들이 마음 놓고 실패를 저지를 수 있게 하라."는 것이다. 학습을 가로막는 가장 큰 장애물은 두려움이다. 실패할까 봐, 비난을 받을까 봐, 바보처럼 보일까 봐 두려워한다. 유능한 교사는 아이가 벌을 받지 않고 실수를 저지를 수 있게 한다. 두려움을 제거해 주면 하고 싶은 마음이 저절로 우러난다. 실수를 허용하는 것이 바로 배움에 대한 용기를 북돋워주는 것이다.

공부하고자 하는 동기를 북돋워주기 위해서, 어떤 교사는 자리를 마련하여 자기 학급 아이들에게 인생에서 실패가 갖는 의미에 대해서 토론하게 했다. 아이들은 실패가 두렵고, 창피를 당하면 고통스럽다고 했다. 이 토론의 결과를 바탕으로 아이들과 교사는 동기를 자극하는 구호를 제정하여 교실 생활과 공부의 길잡이로 삼기로 했다. 목록은 눈에 잘 띄도록 교실 전면에 걸어놓았다.

1. 우리 반에서는 실수를 해도 좋다.
2. 실수는 두렵지 않다.
3. 실수도 배움이다.
4. 실수할 수 있다. 하지만 실수를 옹호하지 말자. 실수를 강조하지도, 변명도 하지 말자.
5. 실수는 고쳐야 한다.
6. 실수가 아니라, 실수를 극복한 것을 평가하자.
7. 실수를 머릿속에 담아두지 말자.

두려움 덜어주기

학기가 시작된 첫 주에 어떤 교사는 자기 반 학생들 모두에게 편지를 보냈다. 편지는 이런 내용으로 되어 있었다.

"문제가 있어서 여러분의 협조가 필요해요. 모든 학생이 다 질문에 대답할 수 있도록 격려해 주고 싶어요. 그런데 내가 보니까 두려워서 대답을 하지 못하는 학생이 몇 사람 있어요. 다른 학생들이 놀릴까 봐 겁을 내고 있어요. 여러분의 도움이 필요해요. 틀리게 대답했다고 해서 비웃음을 사거나 놀림을 당하는 학생이 한 사람도 없었으면 좋겠어요. 우리 반에서는 말이나 몸짓으로 '바보 같은 녀석'이라고 말하거나, 그걸 은근히 드러내는 행동은 금지되어 있어요. 그런 놀림은 마음에 상처를 입힐뿐더러, 발전을 가로막아요. 다른 학생을 공격하는 대신에, '내 대답은 다른데'라고 말하기로 해요."

아이들에게 보낸 편지였지만, 부모들도 함께 읽었다. 편지는 부모들에게 교사의 철학을 전해 주었고, 그걸 실천해야겠다는 마음을 일깨워주었다. 이 규칙을 어긴 아이는 그 때마다, 이 편지의 사본을 받았고 다시 한 번 규칙을 상기했다.

맞춤법이 틀릴까 봐 두려워하는 아이들에게 걱정을 덜어주려고, 어떤 교사는 이렇게 말했다.

"익숙하지 않은 낱말을 쓰려면 어려운 법이야. 어려운 낱말을 쓸 때, 첫 번째 자음 뒤에 대시 표시를 해놓으면 내게 도움이 될 거야. 문장의 시작과 문맥을 보고 너희들이 어떤 낱말을 쓰려고 했는지 알 수가 있으니까. 그러면 너희들이 써놓은 것을 읽을 때, 공책에다 내가 그 낱말을 써줄게."

아이들은 여러 가지 독창적인 이야기와 시 그리고 편지를 써서 교사의 부탁에 호응했다.

시험에 대한 두려움을 덜어주기 위해서 어떤 학교에서는 이렇게 하기로 정했다. 시험 전에 아이들에게 많은 연습 문제를 풀어 보게 했다. 그런 다음 이 연습 문제와 몇 가지 새로운 문제를 시험으로 출제했다. 아이들은 좋아했다. 미리 문제를 알고 있었기 때문에 두려움이 줄어들었다. 무엇을 공부해야 하는지를 알면, 아이들은 더 열심히 공부하고, 더 많은 내용을 기억할 것이다.

과정을 존중하자

학습 동기를 유발하려면 과정도 결과만큼 중요하다는 분위기를 형성해 주어야 한다.

여섯 살 된 뉴턴은 칠판에 이렇게 썼다.

$8 - 4 = 8$
$7 - 3 = 7$
$6 - 2 = 6$

나무라는 기미를 드러내지 않으면서 교사는 이렇게 말했다.

"어떻게 답을 구했는지 설명해봐. 문제를 푼 과정을 보고 싶으니까."

"이렇게 풀었어요." 하면서 뉴턴은 과정을 설명해 주었다.

8에서 4를 없애면 8이다 : 8 - 4 = 8

7에서 3을 없애면 7이다 : 7 - 3 = 7

6에서 2를 없애면 6이다 : 6 - 2 = 6

교사는 아이의 순진한 설명에 미소를 지었다. 뉴턴의 말을 들어보니 수학을 어려워하는 이유의 실마리가 잡혔다. 뉴턴은 글자를 가지고 생각하는 경향이 있었다. 추상과 상징을 이해시켜 줄 필요가 있었다. 교사는 뉴턴에게 문제 풀이 과정을 설명해 주어서 고맙다고 했다. 그런 다음 흔히 사용되는 나눗셈 방법에 대해서 설명해 주었다.

"너는 천재가 아니야"

부모와 교사들은 겉으로 보기에는 인자한 말을 해서 아이의 학습 동기를 저하시킬 때가 많다. 낙제할 위험이 있는 아이에게 이렇게 말한다.

"우린 네가 천재가 아니라는 걸 알아. 또 너한테서 기적을 바라지도 않아. 네게 바라는 것은 네 능력만큼 공부하라는 것이 전부야. 다음 학년으로 올라가기만 하면 우리는 만족이야."

이런 말을 들은 아이는 공부를 위해서 어떤 노력도 기울일 수가 없다. 최선을 다해도 '다음 학년으로 올라간다는' 부끄러운 결과밖에 기대할 수 없기 때문이다. 노력을 했는데 실패할 경우에는, 자기가 멍청하다는 사실이 공공연하게 인정된 것으로 받아들인다.("난 최소한의 기준도 채울 수 없어.") 아이는 시도하지 않으면 위험도 적어진다는 그 나름의 현명한 결론을 내리게 될지도 모른다.

아이에게 명확한 메시지를 전달하는 것이 좀더 학습 동기를 자극하는 방법이 될 수 있다.

"우리는 네가 장학금을 받으리라 기대해. 공부는 우연이 아니야. 공부에는 노력과 결단이 필요해. 우리는 네게 그러리라 기대해."

"노력하면 쉬워"

「신혼 부부」라는 텔레비전 쇼에서 재키 글리슨은 아내에게 이렇게 말한다.

"앨리스, 당신은 별 볼일 없어. 아무것도 아니야. 내가 두목이야."

"오, 저런."

앨리스가 대답한다.

"별 볼일 없는 사람 위에 군림하는 두목?"

"노력하면 쉬워."

어떤 과목을 어려워하는 아이에게 "노력하면 쉬울 거야." 하고 말하면, 이와 비슷한 논리를 구사할 것이다.

'아, 그래요. 아무리 열심히 공부해도 난 쉬운 것을 해냈다는 것밖에 증명하지 못할 거예요. 하지만 실패하면 정말 치욕이 되는 거예요. 난 멍청하며, 쉬운 것도 배울 수 없다는 것을 인정하는 결과가 되니까요.'

결국 아이는 이렇게 결론을 내린다.

'노력해 봐야 잃는 것밖에 없어.'

다음 이야기는 이러한 원리를 잘 보여준다.

열한 살 된 로저는 수학 숙제 때문에 어려움을 겪고 있었다.

로　저 : 난 수학은 하고 싶지가 않아요.
교　사 : 항상 기분 내키는 대로 할 수만은 없어. 네게 문제를 설명해 줄게. 매우 쉬운 거야. 주의 깊게 들으면 이해할 거야. 넌 총명한 아이니까.

총명한 아이라는 말에 로저는 점점 더 정신이 산란해졌다. 책을 바닥에 떨어뜨렸다. 책을 주우려고 허리를 숙였다가 의자와 함께 넘어졌다.

교　사 : 무슨 일이야? 듣고 있지 않았구나. 제발 집중해.
로　저 : 문제가 너무 어려워요.

교   사 : 그렇지 않아. 네 마음이 다른 데 가 있으면 널 도와줄
              수가 없어. 무슨 공상을 하고 있는 거니?
로   저 : 공상하지 않아요. 그냥 문제가 이해되지 않아요.
교   사 : 듣고 있지 않아서 그런 거야. 주의만 기울인다면 이건
              쉬운 문제야.

교사의 격려는 오히려 로저를 더이상 공부에 집중할 수 없도록 만들었다. "넌 영리한 아이야. 충분히 풀 수 있는 문제야. 이 문제는 쉬워."라는 말을 들으면, 아이는 자신을 보호하지 않을 수가 없다. 그 방법은 듣지 않는 것이다. 아이는 마음속으로 이렇게 생각한다.

'귀담아듣고도 이해하지 못하면, 누구나 다 내가 바보라는 걸 알게 될 거야.'

그럴 바에는 교사를 무시하는 것이 덜 위험하다. '시도하지 않으면 실패하지도 않을 것'이기 때문이다.

아이의 지각을 탓하는 대신, 일단 인정하는 것도 한 가지 방법이다.

'하기 싫은데 수학을 하는 것은 쉽지 않은 일이야. 어쩌면 내가 도움을 줄 수 있을 거야.'

아이의 성격이나 지능에 대해서는 전혀 언급하지 않는 것이 현명하다.

수학 시간

교사는 로널드에게 수학 문제를 설명하려고 애를 썼다. 로널드가 이해하지 못하자 교사의 입에서 심한 말이 흘러나왔다.
"안됐구나. 내가 해줄 수 있는 것은 이게 전부야. 수학을 이해하려면 머리가 좋아야 돼."
마음에 상처를 받은 로널드는 화가 나서 자기 자리로 돌아갔다.
학생이 설명을 이해하지 못할 때는, 학생의 이해력이 부족한 탓으로 돌리지 말고, 교사의 방법이 잘못되어서 그렇다고 말하는 것이 현명하다.
"이 문제는 설명하기가 어려운데. 다른 방법으로 설명해 보자."
이렇게 말하면 학생이 당황하는 것을 미연에 방지할 수 있다. 교사가 자신을 변명하지 않고, 또 아이를 꾸짖지 않을 때 학생은 최선을 다하고 싶은 의욕을 느낀다.

자율성

열 살 된 보비는 교사에게 말했다.
"우리 어머니 아버지는 한 달 예정으로 유럽으로 떠나요. 이제는 내 공부를 할 수 있을 거예요."

교   사 : 너희 부모님이 떠나신다고?

보   비 : 네. 난 어머니 아버지가 시키면 아무것도 하기가 싫어요. 내가 연습을 하려고 하면, 어머니는 곧잘 이렇게 소리를 질러요. "보비, 너 연습 안 했잖아. 클라리넷 연습할 시간이야." 하고 말이에요. 그런 소리를 듣고 나면 아무것도 하고 싶지 않아요. 연습을 해도 내가 원해서 하는 것이 아니라 어머니를 위해서 하는 것 같아요.

교   사 : 네 스스로 하고 싶어서 그런 거야.

보   비 : 네. 숙제도 마찬가지예요. 내가 원해서 숙제를 한다는 생각을 해본 적이 한 번도 없어요. 시켜서 하는 거지.

교   사 : 그건 네 일이고, 그걸 하고 말고는 네가 결정해야 한다고 생각하기 때문이겠지.

보   비 : 네. 이제 한 달 동안은 시켜서가 아니라 내 스스로 숙제와 연습을 할 수 있을 거예요.

낭독

푸에르토리코 출신의 열 살짜리 라모나는 책을 몇 줄 읽어보라는 지명을 받았다. 그런데 무척 작은 소리로 읽었기 때문에 들리지 않았다. 많이 더듬거렸고, 마침내 더 읽지 못했다. 당황한 라모나는 책으로 얼굴을 가렸다.

"소리내어 읽는 건 쉽지 않아. 실수하고 비웃음을 살까 봐 두렵기도 하고. 일어나서 읽으려면 용기가 필요해. 읽으려고 노력해 줘서 고마워, 라모나."

이튿날 읽어보라는 말을 들었을 때, 라모나는 자리에서 일어나 책을 읽었다.

교사는 라모나가 처한 상황에 대해 이야기를 했기 때문에 도움을 줄 수 있었다. 라모나의 걱정을 이해해 주었으며, 일부러 불필요한 칭찬이나 공허한 격려를 하지 않았다.("잘 했어.""다시 한 번 더 크게 읽어봐.""우리도 모두 실수할 때가 있어.""두려워하지 마.") 이런 말들은 의도는 좋을지 몰라도 아이에게 동기를 부여하지는 못한다.

격려받은 예술가

클리포드는 그림에 재능이 있는 아이였다. 그런데 그림을 완성하기도 전에 꾸깃꾸깃 구기거나 찢어버렸다. 교사는 클리포드에게 다가가 도와주려면 조심스럽게 행동해야 한다는 것을 알고 있었다. 미술 시간에 교사는 클리포드의 책상 옆을 지나가면서 이렇게 말했다.

"저 아이는 꼭 달리고 있는 것 같구나. 도화지 위에 행동을 표현하기가 쉽지는 않은데."

"저 집은 착상이 마음에 드는데. 너도 내가 가장 좋아하는 색깔 가운데 하나를 사용하는구나."

"네 그림은 몇 시간씩 보고 있어도 지루하지가 않아."

그런 말을 들을 때마다 클리포드의 얼굴에는 싱글벙글하는 웃음이 점점 더 넓게 번져갔다. 같은 반 아이들도 클리포드의 특별한 재능을 주목하기 시작했다. 아이들이 주목해 주고, 칭찬해 주는 것이 즐거운 클리포드는 자기 그림을 전시하고 싶은 자극을 받았다.

책읽기 격려하기

조의 생활 기록부는 비행에 관한 기록으로 가득했다. 교실 바닥을 기어다니고, 교실 여기저기를 돌아다니고, 아이들을 때리고, 복도를 뛰어다녔다는 등의 기록이었다. 조는 몸집이 컸지만, 읽기를 잘 못해서 늘 몸을 사렸다. 새로 조의 학급을 맡은 교사는 조를 다루기가 '어려울' 것이라는 이야기를 들었다.

교사는 매일 조에게 책을 읽히고 주의 깊게 들었다. 의견을 말할 때는 판결을 내리지 않고, 감상 소감을 이야기했다.

"그 이야기 재미있게 들었어!"

"정말 감정을 잘 표현하며 읽었어!"

"그렇게 어려운 낱말들을 듣기 좋게 잘 읽었어!"

"정말 재미있는 책이야! 네가 읽는 것을 듣고 아주 많은 것을 배웠어."

조의 읽기 능력은 향상되었고 행동도 좋아졌다. 교사는 이렇게 말했다.

"내가 보는 앞에서 조의 자존심이 점점 더 커지는 것 같았어요."

글쓰기 격려하기

열여섯 살 된 제임스가 보고서를 제출했는데, 지나치게 짧았다. 꾸중하고 훈계하는 대신, 교사는 다음과 같이 썼다.

"네 보고서는 흥미로웠어. 짜임새가 있고 간결했어. 하지만 다 읽고 났을 때는 좀더 읽을 것이 있었으면 좋았을 거라는 생각을 지울 수 없었어."

두려움 극복하기

열 살 된 다이애나는 '발표 수업'을 위해서 항상 재미있는 준비물을 마련했다.(막대 인형, 작가에게 보내는 편지, 독창적인 시 등.) 그런데 일어서서 반 아이들 앞에서 준비물을 보여주며 발표

하는 것을 두려워했다. 마음으로는 책상 위에 준비물을 올려놓고 자랑하고 싶었지만, 자진해서 입을 열 수가 없었다. 지난번 교사는 다이애나의 감정을 무시하며 두려움을 덜어주려고 했다.

"바보처럼 굴지 마, 다이애나. 두려워할 것 없어. 아무도 널 잡아먹으려고 하지 않아."

그러나 다이애나는 나서지 못하고 계속 입을 다물고 있었다.

새로운 교사는 다른 방법을 썼다. 교사는 말했다.

"네가 서스 박사에게 쓴 편지 재미있게 읽었어. 특히 모자 속에 있는 재미있는 고양이에 대한 문장이 좋았어. 다른 아이들에게도 그걸 들려주면 좋겠더라."

"난 거기 서고 싶지 않아요."

다이애나가 항의했다.

"그래. 30명 앞에 서서 말을 하려면 두렵기도 할 거야. 쉬운 일은 아니야."

교사가 대답했다.

몇 번 그렇게 대화를 나누고 난 뒤, 마침내 다이애나는 자발적으로 나서서 발표를 했다. 두려움 때문에 몸이 뻣뻣해지긴 했지만, 자랑스럽기도 했다. 다이애나는 다른 과목에서도 점점 더 좋아지기 시작했다. 맞춤법 실력이 향상되었고, 수학 시간에는 질문을 하기 시작했다.

인정의 편지

한 2학년 교사는 공책에 점수를 매기는 대신에 아이들에게 설명하는 편지를 써주었다.
"애니, 글씨가 깔끔하더구나."
"밥, 맞춤법이 하나도 틀리지 않았어."
"토미, 수학 공책에 쓴 답이 모두 맞았어."
"조앤, 이 그림의 색깔이 마음에 들어."
"린다, 곱셈을 이해하고 있구나."
"피터, 이처럼 독창적인 문장을 읽을 수 있어서 기쁘구나."
그러자 아이들도 공책 위나 아래에 편지를 쓰기 시작했다.
"글씨쓰기가 재미있어요."
"수학이 좋아요."
"맞춤법 시험이 기다려져요."
교사는 이렇게 말했다.
"내가 인정하는 편지를 써주자, 숙제를 하는 아이들의 태도가 변했어요."

확인을 통한 동기 유발

열세 살 된 제니퍼는 마지못해 피아노를 치고 있었다. 그래서 레슨도 받으려 하지 않고, 연습도 거부했다. 그런데 새 교사가 개입하고 난 뒤에는 태도가 급격하게 변했다. 제니퍼는 스스로 의욕과 행동에 나타난 변화에 대해서 이렇게 설명했다.

"첫 번째 선생님은 눈치가 없었어요. '지금 정신을 어디 두고 있니? 정신을 차리지 않았다가는 절대로 연주를 배우지 못해. 넌 손놀림도 서툴잖아!' 이렇게 소리를 지르곤 했어요. 선생님이 그런 식으로 말한다는 것을 상상할 수나 있겠어요? 새로 온 선생님에게 배우기 시작하면서 실력이 부쩍 늘었어요. 믿을 수 없을 정도로 훌륭한 분이에요. 예를 들면 이래요. 내가 「랩소디 인 블루」를 연주하면서 박자를 틀리면 이렇게 말해요. '네 연주 정말 즐겁게 들었어. 곡 해석이 정말 독창적이고 창의적이었어. 이제는 내가 연주해 볼게. 본래 곡의 의도대로 연주할 테니 들어봐.' 그런 다음 피아노에 앉아 곡을 정확하게 연주했어요. 그렇게 점잖은 비판은 처음 들었어요. '정말 대단한 교사'라고 생각해요."

과정과 분위기

이 장에 나오는 일화들은 교육과 동기 유발에서 과정이 얼마나 중요한가를 강조한다. 아이의 학습에서는 교사의 반응이 결정적으로 중요하다고 간주된다. 최근의 학교 붕괴 현상은 적절한 의사 소통이 학습의 필요 조건이기는 하지만 충분 조건은 아니라는 점을 지적해 준다. 『내려가는 계단을 올라가며』의 작가 벨 코프먼(Bel Kaufman)은 교직에 종사하기 위해 1971년에 학교로 돌아갔다. 그녀는 학교의 분위기와 학생들의 행동이 변한 것에 충격을 받았다. 복도에서 습격하고, 마약을 하고, 칼을 겨누며 강도짓을 하고, 물건을 빼앗고, 협박하고 성폭행이 벌어지고 있었다.

"옛날에는 다니기 '힘든' 학교가 더러 있었다고 해도, 공부하는 소리가 들리고 성취감이 있었다. 지루하고, 시간 낭비가 있고, 부조리한 점이 있기는 했어도 가르치고 배우는 과정만은 중단된 적이 없었다. 자기가 있는 곳이 어디라는 것은 알고 있었다. 교사들은 혹사는 당했어도 위협을 당하지는 않았다. 학교 행정은 오만하긴 했어도, 편집증을 드러내지는 않았다. 아이들은 까불기는 했어도, 범죄를 저지르지는 않았다."

코프먼은 이렇게 명쾌하게 결론을 내렸다.

"이 성난 도시 아이들에게 전통적인 학교는 시대에 뒤떨어진 것이 되었다."(잡지 『맥콜』 1972년 2월호)

공부와는 거리가 먼 학교에서는 교실의 분위기가 학생들에게 이렇게 경고한다.

"협력하지 마. 자발적으로 나서지 마. 교사에게 협조하지 마. 교사의 계획에 가담하지 마. 공부하라는 대로 다 하지 마. 숙제하지 마."

그런 학교에 다니는 아이는 반 아이들의 비난을 받지 않으려고 공부를 소홀히 할지도 모른다. 아이들에게 따돌림을 당하지 않으려고 낙제를 감수할 수도 있다. 개인적으로는 공부를 좋아할지 몰라도, 극렬 공부 반대파, 공격적인 훼방꾼들을 보며 암시를 받기 때문이다. 학교 분위기가 급격하게 변하지 않으면, 그런 학교들에서는 가르치고 배우는 일은 불가능하다.

개인적인 신조

학습 동기 유발에 대한 나의 견해는 다음 이야기에 가장 잘 요약되어 있다.

비좁은 다락방에서 화재가 발생했다. 구조를 위해 달려간 소방관들은 세상 모르고 잠들어 있는 한 사람을 발견했다. 소방관들은 그를 계단 아래로 운반하려고 했지만 불가능했다. 그들은 그를 단념했다. 그 때 소방대장이 도착해서 말했다.

"그 사람을 깨워. 그러면 자기가 알아서 나올 테니까."

이 이야기가 주는 교훈은 분명하다. 싫증을 느끼고 잠들어 있는 아이들은 좋은 의도를 가진 구조 대원의 영향을 받으려고 하지 않는다. 그들에게 필요한 것은 자신의 잠재력에 눈을 뜨는 것이다. 그러면 아이들은 스스로 자신을 구하게 될 것이다.

교사와 학생 사이 .... 제 10 장

 유익한 수업과 실천 방법

학급 생활

교사들은 혁신을 미심쩍어한다. 거기에는 그럴 만한 이유가 있다.

"해마다 새로운 정책들이 학교에 도입된다. 정책이 하나 수립될 때마다 일반 사람들은 교육이 발전하는 징조라고 생각할지도 모른다. 그런데 교사들 눈에 그것은 낡은 곡조를 다시 틀어놓는 것과 하나도 달라 보이지 않는다. 의자에 먼저 앉는 사람이 이기는 시합이다. 다시 말하면 어떤 지역에서는 새롭고 혁신적인 것으로 환영받는 교육 정책을 인근 지역에서는 실패한 정책으로 내다버리는 실정이라는 것이다."

(앨버트 섕커, 『뉴욕타임스』, 1971년 7월 18일)

교육의 질을, 특히 빈민층 거주 지역에 있는 학교 교육의 질을 높이기 위해 도입된 혁신들은 예상만큼 효과를 거두지 못했다. 한 냉소적인 비평가는 이렇게 설명했다.

"중산층 거주 지역의 초등학교에서 실패를 거둔 방법들을 빈민층 거주 지역의 보육원에 도입하면, 성공할 수 없다. 재앙만 초래할 따름이다. 그런 교육을 3년 정도 받고 나면, 아이는 자기는 바보라고 철석같이 믿어버리게 된다. 지금은 연방 정부의 도움으로, 그 방법에 따른 교육을 유치원에서 받을 수 있게 되었다."

양(더 많은 예산, 더 많은 교사, 더 큰 서비스)의 마력에 대한 믿음에 바탕을 둔 혁신들은 본래 약속했던 결과를 가져다주지 못했다. 아이들에게 필요함과 동시에 교사들만이 제공할 수 있는 것은 바로 교육의 질과 인간의 평등한 존엄성이다.

이 장에서 서술할 수업 절차와 실천 방법들은 화려하지도, 세상을 떠들썩하게 할 만큼 놀랍지도 않지만, 교실 생활의 질을 높여줄 것이다.

질문할 사람?

전통적인 교실에서 사용하는 핵심적인 학습 방법은 자연스럽지가 못하며 논리적으로도 문제가 있다. 과목의 내용을 알고 있는 교사가, 내용을 모르는 아이에게 질문을 하기 때문이다. 이처럼 지루한 전통을 극복하기 위해서 몇몇 학교에서는 그 불합리한 순서를 거꾸로 뒤집었다.

1학년 때부터, 아이들에게 질문을 하라고 가르친다. 질문거리를 찾는 것이 전체 학습의 일부를 차지한다. 처음에는 아이들이 제기할 수 있는 질문의 개수를 중시한다. 그 다음에 질문의 내용을 점검한다.

질문을 하도록 아이들을 유도하기 위해서 어떤 교사는 한 가지 놀이를 도입했다. 교실에 검고 네모난 작은 서류 가방을 가져와,

아이들에게 그 안에는 어떤 질문에도 대답할 수 있는 작은 컴퓨터가 들어 있다고 했다. 그런 다음 물었다.

"너희들은 어떤 질문을 하고 싶니?"

여러 가지 질문이 쏟아졌다.

"난 언제 태어났을까요?"

"우리 엄마의 결혼 전의 성은 무엇일까요?"

"우리는 베트남에 대해서 뭘 해야 하나요?"

"왜 어른들은 항상 십대들에게 화를 내죠?"

"왜 우리는 학교에서 자기 자신에 대해서 점수를 매기면 안 되나요?"

"모든 사람이 다 수소 폭탄을 만들면, 누군가는 언젠가 그걸 떨어뜨리지 않을까요?"

"사랑이 죽었는데, 왜 난 남자 친구만 보면 가슴이 그토록 두근거리죠?"

"세인트크루아에서 샌프란시스코까지는 몇 마일이나 되나요?"

그런 다음 교사는 컴퓨터는 워낙 값이 비싸기 때문에 이미 답을 알고 있는 문제를 맞추는 데 써먹기는 좀 아깝다고 했다. 아이들은 목록을 살펴보고 나서 그런 질문을 지웠다.(이를테면 난 언제 태어났을까요?) 그리고 나서 교사는 컴퓨터는 모호한 질문에 대답하는 데 난점이 있다고 털어놓았다. 예를 들면 "우리는 베트남에 대해서 뭘 해야 하나요?" 하는 질문에서 '우리'는 누구를 가리키며, '해야 하나요'가 무슨 뜻인지 모호하다고 했다. 도덕적으로 무엇을 해야 한다는 의미인지, 정치적으로 무엇을 해야 한다는 의미인지가 명확하지 않다는 것이었다. 또 "세인트크루와에서 샌프란시스코까지는 몇 마일이나 되나요?"에서 '마일'의 의미가 모호하다고 했다. '공리'인지 '해리'인지가 분명하지 않다는 것이었다. 학생들은 가방 안에 들어 있는 컴퓨터가 기적의 컴퓨터가 아니라는 사실을 금방 눈치챘다. 그런데도 '검고 네모난 작은 서류 가방' 놀이를 계속하며, 수업 시간마다 늘 컴퓨터를 갖고 들어오라고 교사에게 졸랐다.

귀담아듣는 놀이

귀담아듣는 태도를 길러주기 위해서 한 학교에서는 다음과 같은 실습을 했다. 이틀마다 한 시간씩 아이들에게 자기가 절실하게 느끼는 개인적인 문제와 사회적인 문제를 놓고 토론을 벌이게 했다.

아이들은 독특한 규칙을 준수해야 했다. 자기 의견을 말하기 전에, 바로 자기 앞에 발언했던 사람의 발언 요지를 그가 만족할 만큼 다시 이야기해야 했다. 이 규칙은 듣기로는 간단해 보이지만 사실은 그렇지 않다. 그것이 바로 조화로운 대화의 핵심이다. 그러자면 발언자들 모두가 다른 사람의 말과 생각에 정신을 집중하고, 그의 마음의 틀 속으로 들어가서, 그의 관점을 이해해야 한다. 이 과정이 계속됨에 따라 아이와 교사들에게서 이상한 변화가 일어났다. 모두들 말은 적어지고 귀담아듣는 시간이 늘어났으며, 공감하며 이해하는 태도가 점점 좋아졌다.

판결 보류

교사가 판결을 내리는 주장을 하면 아이의 학습에 방해가 된다. 그런 주장의 횟수를 줄이기 위해서 어떤 학교에서는 이러한 방법을 이용했다. 하루 또는 1주일 동안 학생들에게 붙여준 형용사의 개수를 기록하라고 교사들에게 부탁했다. 교사들로 하여금 판결을 보류하도록 유도하는 데 그 목적이 있었기 때문에, 부정적인 판단 긍정적인 판단 모두 기록되었다.

교사 자신이나 그가 지정한 감시자가 기록을 했다. 어떤 교사들은 테이프에 녹음을 했다. 교사들은 자기들이 사용하는 말 속에 판결을 내리는 형용사들이 얼마나 많이 섞여 있는지를 의식하게 되었다. 맞고 틀리고, 좋고 나쁘고, 영리하고 멍청하고, 깔끔하고 칠칠찮고, 총명하고 어벙하고, 귀엽고 밉고 등의 형용사들이 말이다. 수업을 테이프로 녹음했던 교사 두 사람은 괴로워하면서 다음과 같이 자신들에 대해 평가를 내렸다.

"좋은 의도를 가지고도 내가 학생들의 마음에 상처를 주는 말을 하는 소리를 듣고는 놀랐어요. 테이프를 꺼버리고 싶었어요.

내가 갖고 있던 철학과는 거리가 먼 소리들이 들렸기 때문이었어요. 테이프 하나의 충격만으로 충분했어요. 교육자로서 내 자신의 초라한 모습을 인정하고 교육 방법을 수정해야겠다고 마음먹었어요."

"한 시간 동안 내 목소리를 듣고 나서, 마음이 우울했어요. 그 목소리의 주인공이 나라는 사실을 믿을 수가 없었어요. 빈정대는 말투, 사나운 목소리, 신랄한 평가의 주인공이 나였어요. 그래서 아이들과 의사 소통하는 나의 능력을 재점검하고, 사소한 잘못, 빗댄 표현을 통한 모욕, 낯뜨거운 비교, 마지못한 칭찬, 판결을 내리는 듯한 말투를 정확하게 짚어내겠다고 결심했어요."

편지 쓰기

아이들의 마음의 동요를 덜어주려고 한 학교에서는 이러한 혁신을 도입했다. 매일 아침 아이들에게 최근에 자기들을 화나게 한 사건이나 사람에 대해서 교사에게 편지를 쓰라고 했다. 쓰고 싶은 것이 있으면 무엇이든 자유롭게 쓰라고 했다. 이런 방법의 도움을 받아 교사들은 늘 아이들의 감정을 관찰하면서 폭발을 미연에 방지하고, 누구보다 먼저 정신적인 도움을 줄 수가 있었다.

어떤 교사는 학생들에게 작문 과제를 내주지 않기로 했다. 그 대신 아이들이 간절히 원하는 주제에 대해서 자기에게 편지를 쓰라고 했다. 아이들의 편지를 사적인 일로 간주한 교사는 답장도 상세하게 써 보냈다.

이와 같은 개인적인 의사 소통은 학생들에게 근본적인 영향을 끼쳤다. 편지에서 학생들은 여러 가지 불안에 대해서 자세하게 이야기했다. 사회로부터 거절당하고, 우정에 금이 가는 것이 두렵고, 성적 모험, 종교와 도덕, 금전 문제, 인격과 개성, 진학 계획, 교육 문제들도 걱정스럽다고 편지에 썼다. 흥미 있는 사실은 편지를 교정해 준 적이 결코 없는데도, 학생들의 문법과 맞춤법 실력이 향상되었다는 사실이다.

인명 사전

학생들마다 서로 다른 능력을 갖고 있다는 사실을 강조하기 위해서 어떤 교사는 사전을 만들었다. 우리 반에서 누가 무엇을 잘하는가를 알려주는 사전이었다.

예를 들어, 수학 문제를 풀고, 체육 시간에 농구 골대에 골을 넣고, 보트를 만드는 데 도움을 얻고자 하는 학생은 사전을 이용해서 '개인 교사'를 찾으면 되었다. 인명 사전은 학생들끼리 서로 도움을 줄 수 있도록 격려해 주었고, 교실에서 모든 학생들이 명성과 영향력을 골고루 누릴 수 있게 해주었다.

성적이 나쁜 학생을 개인 교사로

성적인 나쁜 학생들에게 개인 교사를 할 수 있는 기회를 주면 성적이 향상된다. 읽기에 어려움을 겪는 6학년 학생도 자기와 비슷한 어려움을 겪고 있는 어린 학생들에게 손을 내밀어 가르쳐줄 수 있다.

자기가 가르치는 학생의 취약점을 이해하기 때문에, 그의 상태를 참작하며 인내심을 가지고 지켜볼 수 있다. 도와주는 과정에서는 도움을 주는 사람이 가장 많이 도움을 받는다. 최선을 다해야겠다는 자극을 받아 스스로 읽기 공부를 하고, 동시에 자기도 필요한 사람이고 유익한 존재라는 것을 느끼는 값진 경험을 할 수 있기 때문이다.

로널드 리핏(Ronald Lippit)과 페기 리핏(Peggy Lippit) 부부가 이끄는, 미시건 대학교 출신의 사회 과학자 팀에서는 학생 '개인 교사'를 교육하는 여러 가지 방법을 실험해 오고 있었다.

실험은 디트로이트의 변두리와 도심에 있는 여러 학교에서 이루어졌다. 한 실험에서는 고등학생 30명이 자원하여 중학교 학생들의 공부를 도와주는 보조 교사로 활동했다. 중학생 30명은 초등학교에서 보조 교사로, 초등학교 6학년 학생 30명은 초등학교 1, 2학년 학생을 가르쳤다. 그들은 읽기와 쓰기, 수학, 물리, 기술, 현장 실습을 지도했다.

개인 교사들은 매주 한 번 열리는 세미나에서 현직 훈련을 받았다. 경험 있는 개인 교사들의 테이프를 들으며, 여러 가지 학습 문제들을 인식하고, 자기보다 어린 학생들과 대화를 나누는 기술을 익혔다. 또 자기들이 가르치는 아이들의 교사와 상의하기도 했다.

그 결과 후배 아이들의 공부를 도와주는 과정에서 개인 교사들은 사교적인 기술과 학습 능력을 습득했다. 후배 학생들과 사이 좋게 지내는 방법을 터득하고, 자기 공부의 부족한 점을 메우게 되었다. 어떤 교사는 이렇게 말했다.

"후배들의 공부를 도와주고 온 아이들을 보면 자기 공부에 대한 의욕이 훨씬 커져 있었어요. 그 실험은 그들에게 자존심을 높여주고, 자신의 능력에 대한 믿음을 키워주었어요."

리핏 부부는 보고서에 이렇게 썼다.

"나이가 어린 아이들은 선배들이 공부에 도움을 주는 프로그램에 참가하여 커다란 이득을 얻는다. 공부를 도와주는 선배들을 통해서 단념하지 않고 꾸준히 공부하여 자기도 성공하고 싶다는 자극을 받기 때문이다. 선배 학생들은 후배들을 돌봐준다. 그들은 기술을 가르치는 실험의 동료이다. 성공한 중요한 존재라는 기분을 느끼고 싶은 후배들의 욕구를 충족시켜 주는 데 도움을 준다."

교사들이 보고한 바에 따르면, 개인 교습을 받은 아이들은 "자존심, 자신감이 더 커졌고, 성적이 향상했다는 데 대해 자부심을 나타낸다."고 한다.

쌍쌍 학습

몇몇 학교에서는 아이들이 짝을 이루도록 허락한다. 아이 둘이 숙제를 함께 하고, 시험을 함께 치르며, 같은 성적을 받는다. 결과는 짝을 이뤄 공부하는 아이들이 그 전에 혼자 했을 때보다 공부를 더 잘하는 것으로 밝혀졌다. 이 전략은 성적이 나쁜 아이들에게 특히 도움이 된다. 자존심을 지키기 위해 고의적으로 게으름을 피워놓고 변명하는 일이 없어졌다.

친구와 짝을 이뤄 함께 위험을 감수하기도 하고, 성공을 경험하기도 한다. 짝을 이뤄 공부하면서 각자 상대에게 가르치는 사람과 배우는 사람, 주는 사람과 받는 사람의 역할을 맡는다. 또 각자 두려움 없이 자신의 성과를 점검하고, 벌을 받지 않고 실수를 만회할 수 있다.

학생의 참여

많은 학교들은 학생들이 학교 운영에 참여할 권리가 있다는 것을 인정한다. 어떤 학교에서는 학생 자문 위원회가 매주 교장과 만나 교과 과정, 학생 활동, 학생 생활에 영향을 끼치는 여러 가지 문제들에 대한 의견을 제기한다.

교장은 이러한 만남을 이용하여 학생들에게 현안 문제들에 대해 정보를 제공하고, 학생들의 미래 계획에 대해서 상담해 준다. 자문 위원회에 소속된 한 학생은 이렇게 말했다.

"우리는 개인적으로 우리가 받는 교육에 영향력을 행사하며, 우리 학교에서 일어나는 일에 대해서 목소리를 낸다고 느끼고 있어요."

어떤 학교에서는 학생들이 '이상적인 학군'을 만들었다. 학생회, 교육 공무원, 교육 위원회, 교장을 지명했다. 지명을 받은 학생들은 현실에서 자신이 어떤 역할을 해야 하는지를 공부했다. 여섯 달 동안 공부하고 연구한 끝에 학생들은 자기들이 조사한 내용과 결론을 부모와 교사 그리고 지역 사회 인사들에게 발표했다. 그들이 권유한 내용은 다음과 같다.

1. 교과 과목을 가르치는 데 교사들에게 좀더 많은 자유를 주어야 한다.
2. 인간과 사회에 만족을 주는 교과 과목에 더 전념해야 한다.
3. 암기하고 시험 치고 사실적인 보고서를 작성하기보다는 토론하고 읽고 쓰는 데 좀더 시간을 쏟아야 한다.
4. 학생들은 교사와 좀더 활발하게 대화를 나누어야 한다. 학생들이 좀더 많이 토론에 나서야 한다. 학생들이 연사와 토론 책임자의 역할을 맡아야 한다.
5. 평가와 건설적인 비평을 위해서 교사와 학생이 1대1로 만나 이야기를 나누어야 한다.

부모들의 수업 참관

한 사립 초등학교에서는 학부모들에게 한 달에 하루씩 아이들의 수업에 참가하여 교사를 도와달라고 권유했다. 결과는 유익했다. 우선 부모들은 많은 아이들을 가르치다 보면 생길 수 있는 몇 가지 어려움을 자기 눈으로 목격했다. 그 결과 교사들에 대한 부모들의 태도가 더 좋아졌다. 아이들의 부모가 학교에 있어서 좋았다. 교사들도 자극을 받아 집에서 좀더 충실하게 수업 준비를 하고, 교실에서는 말수를 줄이고, 불필요한 충돌을 피하게 되었다.

교사의 보조 교사들

교실에서 이루어지는 일상적인 생활의 욕구들이 교사의 수업을 망칠 수 있다. 매일 반복되는 사소한 일들을 처리하다 보면, 거기에 파묻히게 된다. 한 초등학교 교사는 매일 1000 번 이상이나 아이들과 대화를 주고받는다고 한다. 기분이 좋을 때라고 해도, 피로를 느끼지 않을 수 없다. 팽팽한 교실의 분위기 속에서 빠른 속도로 그런 대화를 나누다 보면, 교사의 에너지도 고갈되어 버린다.

다음은 어떤 수업이 시작되고 나서 15분 동안에 한 말을 정리해 본 것이다.

"줄 맞춰."

"똑바로 서."

"옆 사람 손을 잡아."

"책 떨어뜨리지 마."

"교실 앞으로 서."

"발 털어."

"반 아이들을 따라가."

"교실 문 열어."

"마지막으로 들어온 아이는 문 닫아."

"남자들은 자기 자리로 가."

"여자들도 자기 자리로 가."

"의자를 뒤로 빼."

"남자들은 외투를 걸어."

"여자들도 외투를 걸어."

"휴대품 보관소 당번, 문 닫아."

"도시락 치워."

"국기에 대한 경례를 해야 하니까 일어서."

"국기 당번, 앞으로 나와."

"모두 앉아."

"책상 치워."

"숙제 꺼내."

"여자들은 연필 깎아."

"남자들도 연필 깎아."

"공책을 앞으로 넘겨."

"출석 당번, 출석 점검해."

"화분 당번, 화분에 물 줘."

"조지프, 다람쥐에게 먹이 줘."

"애들아, 스피커에서 나오는 소리 잘 들어."

"제프리, 출석부 교무실에 갖다 놔."

"읽기 수업 시작 전에 화장실에 다녀와."

"읽기 수업 준비해."

"자기가 속한 조로 가."

"1조와 2조는 칠판에다 문제를 풀어."

"3조는 교실 뒤로 가."

"34쪽을 펴."

"똑바로 앉아."

"옆에 있는 아이를 발로 차지 마."

"읽기 책을 무릎 위에 놓아 둬."

"자기가 읽던 부분을 놓치지 마."

"속으로 읽어."

"이젠 큰 소리로 읽어."

"재닛, 마이클 때리지 마."

"도리스, 공상하지 마. 책 읽어."

"지미, 수업에 주목해야지."

"존, 오른쪽 페이지를 봐."
"노라, 코 닦아."
"노라, 휴지로 닦아. 소매로 닦지 말고."
"조지, 목소리 낮춰."
"조지, 네 자리로 돌아가."
"조용히 해."

많은 학교들은 서무 직원과 주부들이 하는 일을 덜어주어서 교사들의 효율을 높였다. 가르치는 일 이외의 잡무는 교사의 보조교사들이 처리했다.

학생 당번의 도움을 받아 보조 교사들은 다음과 같은 일을 처리했다.

* 출석 점검
* 우유값, 점심값, 씨앗값 거두기
* 우유, 빨대, 과자 나누어주기
* 교실문과 창문 열고 닫기
* 블라인드 조절하기
* 필요할 때마다 전등 켜고 끄기
* 옷장 정리하기
* 칠판과 칠판지우개 정리하기
* 종이를 갖추어 놓고 관리하기
* 연필과 크레용 나누어주고 회수하기
* 숙제장 나누어주고 회수하기
* 교정한 숙제 돌려주기
* 과학용 탁자 관리하기
* 도서관 책상 관리하기
* 미술 책상 관리하기(도화지 구

입하기, 물감 섞기, 미술 도구 청소하기)
* 꽃과 식물에 물주기
* 새와 짐승, 물고기에 먹이주기
* 새장과 어항 청소하기
* 축음기와 음반이 정상으로 작동하도록 관리하기
* 영사기를 가져와 필름을 걸어서 보여주고 다시 감기. 영사기 시청각실에 반환하기
* 날씨가 궂을 때, 실내 활동에 필요한 도구들을 나누어주고 회수하기
* 교사가 바쁠 때, 전화받기
* 국기에 대한 경례 연습 감독하기
* 학부모 교사 협의회 개최 소식 통보하기
* 교실 방문객을 맞이하고 대답하기
* 전학 온 학생들에게 학교 생활을 안내하는 데 도와주기
* 게시판 관리하기. 그림과 핀, 도화지 비축하기
* 심부름하기
* 교과서 목록 만들기
* 적십자 회비 걷기
* 점심 식권 나누어주기
* 매일 건강 관리하고, 복장 검사하기
* 건강 기록부 작성하기
* 학부모 교사 협의회가 주최하는 바자회에 필요한 옷과 물품 수집하기
* 버스 승차권 갱신하기
* 도서관의 도서 점검하기

교사의 보조 교사들과 학생 당번들은 이와 같이 매일 반복되는 과제들을 만족스럽게 처리할 수 있다. 어떤 보조 교사들은 학생들을 개인적으로나 그룹으로 가르칠 수도 있다. 보조 교사들은 교사에게 시간과 정열의 소모를 덜어주고, 가르치고 배우는 데 우호적인 환경을 만들어준다.

실천적인 혁신

이 장에서는 학교 직원과 예산의 혁명적인 변화를 요구하지 않고도, 교실 생활과 배움의 질을 높여주는 실천 방법과 과정들에 대해서 기술했다. 그들 중 많은 것은 교사 한 사람의 손으로도 교실에 도입될 수 있다. 다른 것들은 한 학교의 의지만으로도 도입될 수 있다. 여기서 보여준 혁신들은 모두 실천적이며, 언제든지 시작할 수 있다. 이러한 과정을 통해서 교사들은 에너지를 낭비하는 잡무에서 벗어나, 개인의 잠재력에 대한 아이의 의식을 높여주고, 교사와 학생의 의사 소통을 원활하게 할 수 있다.

교사와 학생 사이 ·········· 제 11 장

※ 학부모, 학교 관리자와의 만남

이 장에서는 교사, 관리자들의 문제를 다룬다. 그들이 서로 만나 의견을 나누고 논쟁을 벌이는 것에 대해 이야기한다. 논의의 핵심은 의사 소통이다. 유익한 의사 소통 방법은 외국어와 같아서, 한 번 습득해 두면 일상 생활에서 언제라도 써먹을 수 있다. 불편한 일이 있을 때는 마음을 어루만지며 치유해 준다. 유익한 의사 소통은 분노를 가라앉히고, 의견 차이를 줄여주며, 평상심을 유지할 수 있게 해준다.

면담

　부모들에게 그들의 아이들에 대한 이야기를 하다 보면, 교사는 어쩔 수 없이 가족의 꿈을 짓밟기도 한다. 부모에게 아이는 더 나은 미래를 위한 마지막 희망을 상징한다. 부모는 아이를 통해서 윤택한 생활을 하고, 명예를 얻어 이름을 높이고, 사회에서 일정한 위치를 차지하려는 꿈을 꾸고 있다.
　교사가 아이에 대해서 언급한 이야기는 이런 깊은 감정과 숨겨둔 환상과 관련되어 있다. 관심 있는 교사는 자기 말이 미치는 영향을 알고 있기 때문에, 무심결에 부모의 꿈을 산산조각내는 표현을 하지 않도록 애써 조심한다.

최상의 조건

부모와 교사의 면담에서 최상의 조건이란 무엇인가? 타인의 방해를 받지 않는 조용한 구석에서, 교사가 이야기를 귀담아들어 주는 것이 좋다. 면담이 진행되는 동안에 오간 이야기들은 잊어버릴 수도 있지만, 만남의 분위기는 오래 가는 법이다. 그것이 그 이후에 이어지는 부모의 태도와 행동을 결정하게 된다. 전화나 비서 또는 동료들 때문에 방해를 받을 때, 면담의 분위기가 가장 안 좋아진다. 기다리는 부모는 이것을 다음과 같은 의미로 해석한다.

"당신은 중요한 사람이 아니에요. 이보다 더 절박하게 해결해야 할 문제가 있어요."

전화는 기다리게 할 수도 있으며, 출입문에 '회의 중'이라는 표지를 내걸어 사람들이 접근하지 못하게 할 수도 있다. 잠시만 시간을 내달라며 굳이 들어오겠다고 조르는 사람이 있으면, 이번 이야기가 끝나는 즉시 보자고 말해 줄 수도 있다.

주제넘은 참견

어떤 교사들은 부모와 면담하면서 자기 이야기를 하는 경향이 있다. 그들은 개인적인 경험을 이야기하면서, 그것이 다른 사람들에게 본보기 역할을 할 수가 있다는 뜻을 은근히 내비친다. 교사가 이렇게 거만하게 나오면 부모는 화가 난다.

"난 당신이 아니에요. 내 상황은 달라요. 그걸 이해하는 사람이라면 그렇게 말하지 않을 거예요."

어머니는 이렇게 혼자 중얼거릴지도 모른다. 부모가 "선생님이 내 경우라면 어떻게 하겠어요?" 하고 직접적으로 물어올 때에도, 교사라면 당장 자기 주장을 당연하게 내세우지 않고, 다른 사람의 특수성을 존중하는 태도를 보여줄 것이다. 다른 사람의 경험에 간접적으로 의존하는 방법도 있을 수 있다.

"어떤 사람들은 이렇게 하게 했더니 도움이 되더라고 하던데요. 당신이 보기에는 어떤가요? 당신이 처해 있는 상황에도 통하겠어요?"

교사는 다음과 같은 표현을 피한다.

"당신 기분을 이해해요. 내가 당신이라면, 이렇게 하겠어요."

이런 가정은 반발을 불러일으킨다. 부모는 계속해서 교사에게, 그가 상황을 제대로 이해하지 못하고 있다는 것을 보여주려고 할 것이다.

교사라면 부모에게 설교하지 않는다. 도덕적인 설교는 부모를 곤혹스럽게 한다. 설교는 불안감과 분노를 유발하고, 정직한 자기 표현을 방해하며, 핑계를 불러온다. 다음 대화를 보자.

교　사 : 하루에 30분이라도 시간을 내서 아이의 숙제를 도와줄 수 없나요? 당신 아이이고, 또 영원히 아이로 있지도 않을 텐데.

부　모 : 노력해 볼 게요. 하지만 도무지 시간을 낼 수가 없어
　　　　요. 난 일하는 어머니예요.
교　사 : 당신 아이를 위해서 시간을 내줄 것으로 알고 있겠어요.

불안감을 조성하고, 죄책감을 자극하는 것이 교사의 임무는 아니다.

충고

기껏 충고를 구해 놓고는 조언자에게 그 충고가 쓸모 없다는 것을 보여주려는 사람들이 더러 있다. 부모가 직접적인 충고를 부탁할 때, 교사는 그 질문에 응하지 않겠다고 판단할 수도 있다. 한 경험 많은 교사가 충고에 대해 훌륭한 충고를 해주었다.

"될 수 있으면 나는 부모들에게 이래라저래라하는 말을 하지 않아요. 부모들이 부탁을 해도 즉석에서 충고를 하기보다는 뒤로 미뤄요. 그들이 상황에 대해서 무슨 생각을 하고 있으며 어떤 대안을 고려하고 있는지 알아내려고 노력하죠. 무엇을 두려워하고, 무엇을 소망하는지 이야기하도록 격려하며, 겁내지 말고 의견을 피력하고 결정을 내리도록 용기를 주어요."

부모는 잘 해야 '감정적인 속풀이'를 하고 난 뒤에야 충고를 받아들여 이익을 얻을 수 있다. 다시 말하면, 실컷 자신의 생각을 드러내고 그 생각이 상대방에게 받아들여지고 이해된 뒤에야 충고를 받아들인다는 말이다. 상대가 자기를 존중해 주고 이해해

줄 때에야 비로소 부모들은 교사에게서 받고 싶었던 충고를 넌지시 입에 올린다. 어떤 교사는 말했다.

"나는 부모들에게 항상 우유부단한 충고를 하지요. 절대로 재촉하거나 감언이설을 하지 않아요. 그들의 반응을 넌지시 떠보거나 물어보는 거예요. 부모의 기대와 의혹을 말로 표현하려고 노력한답니다."

유익한 대화
다음은 부모와 교사가 주고받은 유익한 대화의 한 예이다.

애덤스 부인 : 우리 데비가 가을에 영재 학교에 입학 허가를 받았어요. 우리는 정말 기뻤어요. 그런데 영재 학교에 가려면 집을 떠나야 해요.
교　사 : 아, 그런가요?
애덤스 부인 : 데비를 보내는 것이 좋다고 생각하세요?
교　사 : 데비 어머님은 어떻게 생각하세요?
애덤스 부인 : 데비가 새 학교에서 어떻게 생활할지 모르겠어요.
교　사 : 제대로 적응을 할 수 있을지 걱정하시는 거죠? 데비 생각은 어때요?
애덤스 부인 : 아직 얘기를 하지 않았어요. 그 사실을 알게 되면 애가 자만심을 가질지도 모른다고 남편은 생각하고 있어요. 영재 학교에 보내야 한다고 생각하세요?

교 사 : 부모님께서 어떤 선택을 내렸는지 말씀해 주시겠어요?

애덤스 부인 : 지금 학교를 다니게 되면, 정규 학급에 다니게 될 테고, 우리는 전학을 시킬 수가 없겠죠.

교 사 : 영재 학교에 가서 만족하지 못할 경우에 다시 우리 학교로 돌아올 수 있을까요?

애덤스 부인 : 그럼요. 그럴 수 있을 거예요. (……) 데비한테 얘기하는 것이 좋다고 생각하세요? 애가 자만심에 빠지게 될까요?

교 사 : 자기 자신에 대해서 좋은 소식을 들으면 무척 기뻐할 겁니다.

애덤스 부인 : 얘기할게요. 정말 고마워요. 큰 도움이 되었어요.

분노를 누그러뜨리기

다음 사건에서 교사는 어떤 어머니가 학교에 대해서 품고 있는 분노를 극복할 수 있도록 도와주었다.

펄의 어머니는 화가 나서 학교에 왔다. 자기 딸이 체육 교사에게 모욕을 당했다며 장황하게 이야기를 늘어놓았다. 펄의 담임 교사는 중도에 말을 가로막지 않고, 귀담아들어 주었다. 그러고 나서 말했다.

"정말 화가 나실 만도 했군요."

"네. 속만 끓이고 있으면 안 될 것 같아 이렇게 찾아온 거예요." 펄의 어머니가 대답했다.

"한시도 가만히 있지 못하는 아이들을 돌보며 하루 종일 일하려면 정말 힘이 들어요. 하지만 듣고 보니 이번 경우는 정말 모욕이 좀 지나치긴 했어요."

교사가 말했다.

"네. 우리 펄은 정말 얌전한 아이예요. 선생님 학급을 정말 좋아해요. 그래서 올해에는 한 번도 결석을 하지 않은 거예요."

어머니가 말했다.

"우리 학급에 펄과 같은 아이가 있는 것은 제게도 기쁜 일이에요. 이렇게 만날 수 있는 기회를 갖게 된 것도 반가운 일이고요."

교사가 대답했다.

이 교사는 쓸데없이 시시콜콜한 질문을 하지 않았다. 그 점이 문제 해결에 도움이 되었다.

교사는 먼저 화가 나 있는 어머니에게 감정적인 도움을 주었다. 말을 귀담아들어 주고, 그녀의 기분을 반영해 주었다. 자기를 받아들여 주고 이해해 준다는 것을 느끼자, 어머니의 분노는 수그러들었다.

희망의 기록

부모들은 가끔 교사에게 묻는다.

"우리 아이가 뭘 잘못했나요?"

사려 깊은 교사는 그런 질문에 대답하지 않는다. 이렇게 말하지 않는다.

"뭐 기왕 물어보신 거니까 말씀드리죠. 자제 분은 게으르고 칠칠맞고 말도 듣지 않으며, 책임감도 없습니다."

"따님은 겁이 많고 믿을 수가 없으며, 운동을 못합니다."

교사는 절대 형용사를 사용하여 말하지 않는다. 인격과 개성의 특징을 나열하거나 낙인을 찍지 않는다. 과거의 잘못에 대해서 초점을 맞추지도 않는다.

"지미는 한 번도 제 시간에 등교한 적이 없어요. 숙제도 해오지 않아요. 공책은 엉망이고, 걸핏하면 싸워요."

노련한 교사는 그런 말을 하기보다는 개선이 필요한 점들을 구체적으로 기술한다.

"지미가 고칠 점은 제 시간에 등교하고, 집에서 수학 숙제를 하고, 공책 정리를 깨끗하게 하고, 다툼이 있을 때 말로 해결하는 거예요."

어머니가 교사와 면담을 하고 돌아오자 열두 살 된 앨이 물었다.

"선생님이 무슨 말을 했어?"

어머니가 대꾸했다.

"선생님의 이야기를 적어왔어. 읽고 싶으면 읽어봐."

잘못한 일이나 숙제에 대해서 평소에 들어왔던 이야기를 했을 거라고 예상했던 앨은 어머니의 쪽지를 읽어보고 깜짝 놀랐다.

"앨이 자신을 책임감 있는 학생, 존경받을 가치가 있고, 공부를 잘 할 수 있는 능력을 가진 학생으로 여겼으면 해요. 그 점을 고쳤으면 좋겠어요."

이는 앨뿐만 아니라 어머니에게도 도움이 되었다. 어머니는 지난 잘못보다는 앞으로 고쳐야 할 점에 마음을 쏟게 되었다. 쪽지에는 꾸짖음도 실망("앨은 책임감이 없어요. 공부를 하지 않아요. 낙제할지도 몰라요.")도 담겨 있지 않았다. 어머니의 쪽지는 앞으로 나아갈 방향과 희망을 보여주었다.

교사와 학부모의 면담을 모두 그와 같이 건설적인 기록으로 끝낼 수 있다. 예를 들어보자.

"빌이 자신을 스스로 공부할 수 있고 칭찬받을 가치가 있는 사람으로 여겼으면 해요. 빌은 그 점을 고쳐야 해요."

"실리아가 자신을 학급 토론 회의 때 도움을 줄 수 있고, 다른 아이들에게 좋은 친구가 되어줄 수 있는 학생이라고 생각했으면 좋겠어요. 실리아는 그 점을 개선해야 해요."

"데이브가 좀더 자유롭게 공부하며 이야기하고, 자기가 알고 있는 것을 다른 아이들과 나누는 데서 즐거움을 느꼈으면 좋겠어요. 데이브는 그 점을 고쳐야 해요."

"에바가 자신을 장기적인 관심을 가지고 있고, 과제를 완벽하게 꿰뚫어보는 미래의 학자로 생각하면 좋겠어요. 그 점을 개선해야 해요."

"프랜신이 자신을 남을 방해하지 않으며 공부할 수 있고 좀더 공손하게 말할 수 있으며, 다툼을 평화적으로 해결할 수 있는 학생으로 여겼으면 좋겠어요. 프랜신은 그 점을 개선해야 해요."

"글래디스가 상대방에게 모욕을 주지 않고 화를 표현하는 법을 배웠으면 해요. 그 점을 고치면 좋겠어요."

"해럴드가 자기 생각을 믿고 자기 자신에 대해서 좋은 마음을 가졌으면 좋겠어요. 그 점을 고쳐야 해요."

면담 끝마치기

어떤 부모들의 경우는 면담을 끝내기가 쉽지 않다. 지정된 시간이 지나서도 이야기를 계속하려고 하고, 출입문으로 걸어가는 동안에 새로운 문제를 꺼내기도 하기 때문이다. 교사는 꼼짝 못하고 꽉 잡혔다는 기분이 든다. 그러다 보면, 다른 약속에 늦을지도 모르고, 통근 버스를 놓칠까 걱정이 들기도 한다. 하지만 공손하게 그 자리에 서서 속을 삭힌다. 끝낼 시간이 다가오고 있다는 것을 알려주는 것도 교사의 일이다.

"시간이 다 되었군요. 덧붙일 다른 이야기가 있습니까?"

만일 부모가 새로운 문제를 꺼내 이야기를 하면서 시간을 더 끌려고 하면, 다른 약속이 있다는 것을 암시해 주는 것이 제일 좋은 방법이다.

"존스 부인, 다음에 한 번 더 만나는 게 어떨까요? 전화로 이야기를 나누는 것도 괜찮고요. 지금은 이야기를 듣고 있을 시간이 없거든요. 잘못하면 통근 버스를 놓칠 것 같아서요."

면담 시간이 마무리되는 단계에서는 기분 좋게 헤어질 수 있도록 시간을 주어야 한다. 교사가 서둘러 떠나버린다거나 갑작스럽게 부모를 나가게 해서 좋은 면담이 마지막 순간에 망쳐 버리지 않도록 조심해야 한다.

교사와 관리자의 불화

많은 교사들에게는 교장이나 교감이 학교 관료 사회의 정점이다. 교사들은 교장이나 교감을 눈치 없이 참견하고 쓸데없는 일을 요구하여, 가끔씩 비참한 생각이 들게 만드는 사람이라고 생각한다. 여기서는 교사와 관리자의 날카로운 대립, 자존심을 지키기 위해서 교사들이 사용하는 방법에 대해서 이야기하기로 한다.

직업적인 행동

다음 내용은 한 젊은 임시 교사가 이야기한 것이다.

"지난 금요일, 학교에서 최악의 반을 배정받았어요. 6학년에서 꼴찌하는 반을 맡게 된 거예요. 열네 명의 괴짜들을 대하고 있으려니 꼭 벽에 대고 이야기를 하는 것 같았어요. 녀석들 절반은 교실을 들락날락거렸고, 비명을 지르고 악을 쓰는 데 도저히 견딜 수가 없더라고요. 누구 하나 도와주는 사람도 없었어요. 난 마침내 두 손을 들고 말았어요. 목소리는 기어 들어가고 다리에서는 힘이 빠졌어요. 그 때, 교감이 출입문에 나타나 반 아이들이 보는 앞에서 내게 창피를 주기 시작했어요.

'수업 분위기를 엉망으로 만드는 데 재주가 있나 보군요. 애들을 풀어놓지 말고 공부를 시켰으면 반이 이렇게 엉망은 되지 않았을 거예요. 왜 애들이 공부를 하지 않는 거요? 선생은 여기서 뭐 하는 겁니까?'

난 너무 놀라 말이 나오지 않았고, 굴욕감을 느꼈어요."

이 사건에서 교감은 기본적이고 직업적인 기준을 어겼다. 전문가라면 어떻게 해야 할지 모르는 상황에서도 행동하는 방법을 알고 있다.

사태가 잘못 돌아갈 경우에는 우선 비난이 아니라 도움이 필요하다는 사실을 안다. 떠들어대는 아이들 앞에서 어찌할 바를 모르는 교사에게는 즉각적인 도움이 필요하지, 충고가 필요한 것이 아니다.

교감은 잠시 학급을 떠맡아서 교사에게 한숨 돌릴 여지를 줄 수도 있었다. 아무리 좋은 충고라도 개인적인 시간과 장소를 택해서 하는 것이 좋다.

부탁의 쪽지

1학년 교사가 교감에게 연필을 보내달라고 부탁하는 쪽지를 보냈다. 교감은 회신을 보냈다.

"내겐 연필이 없소. 그리고 학급 아이들이 선생을 쳐다보고 있다는 것도 감안하시오. 이렇게 부탁하는 편지를 쓸 시간이 어디 있단 말이오?"

교사는 몇 글자를 휘갈겨 써서 답을 보냈다.

"어렵지만 어떻게 해보겠어요. 교감 선생님께서 연필을 구해 주실 수 있겠습니까? 열심히 공부하는 이 반 학생들은 선생님의 노력을 인정할 거예요. 내가 이런 부탁의 쪽지를 쓰는 일도 없을 거예요."

자제력

다음 사건은 한 2학년 담임 교사가 이야기한 것이다.

"교장이 사소한 지시 사항을 기억하지 못했다는 이유로 학급 아이들이 보는 앞에서 나를 비난했어요. 나는 화가 났어요. 하지만 발끈하는 대신에 단호하게 말했어요.

'지금은 이 문제를 이야기할 시간이 아닌 것 같아요.'

교장도 물러섰어요.

'나중에 따로 봅시다.'

권위 있는 사람을 상대할 수 있었다는 사실에 안심이 되었고, 자신감도 들었어요. 내면의 힘을 느꼈어요. 내 자신이 좋아졌어요. 냉정함을 잃지 않아서 다행이었어요. 두려움 때문에 주저앉거나 사과하면서 뒷걸음질치지 않았어요. 힘과 품위를 잃지 않으면서 내 의견을 내세웠어요."

파괴적인 도움

임시 교사인 Z 교사는 30분 늦게 출근했다. 교장이 기다리고 있었다. 학생들이 보는 앞에서 물었다.

"왜 늦었죠?"

"나중에 말씀드릴게요."

Z 교사는 함정을 피해서 부드럽게 대답했다.

하지만 교장의 '도움'을 모면할 수는 없었다. 교장은 떠나기 전에 이렇게 말했다.

"이 반에 문제가 있으면 날 불러요."

그러더니 교실 뒤쪽에 앉아 있는 소년을 바라보며 소리쳤다.

"호세! 만일 Z 선생에게 말썽을 부리면 안 좋을 줄 알아! 내가 가만 안 둘 거야."

그런 다음 교장은 학급의 모든 아이들을 향해 말했다.

"얘들아! 오늘 하루 착하게 굴기 바란다. 기억해 둬. 절대 내 말 잊지 마."

교장이라면 자기 말이 어떻게 받아들여지는지를 알고 있어야 할 필요가 있다. 아이들에게 착하게 굴라고 경고하는 것은, "나는 너희들이 똑바로 행동할 거라고 기대하지 않는다."는 뜻이다. 교사에게 "만일 아이들이 말썽을 피우거든 날 불러요." 하고 말하는 것은, "나는 당신에게 학생들을 다스릴 수 있는 능력이 있다고 믿지 않아요." 하고 말하는 것이나 마찬가지이다.

교사에게 지각한 이유를 대라고 요구하는 것은 "나는 당신에게 그럴 만한 핑계가 있을 거라고 생각하지 않는다."는 의미이다. 권위가 있는 사람들은 자기가 다른 사람들에게 어떤 영향을 끼치는지에 대해서 민감해야 한다.

친절한 명령

한 교사가 1학년의 한 학급에서 대리 수업을 하고 있었다. 교감이 들어오더니 책상을 훑어보았다.

교　감 : 날짜와 날씨에 대해서 공부할 때 쓰는 경험 차트는 어디에 있죠?
교　사 : 이 달력을 가지고 공부했어요. 날짜에 대해서 이야기를 나누었고, 비가 온다는 것을 나타내기 위해서 우산을 그렸어요.
교　감 : 경험 차트를 사용하세요. 선생에게 유아 과학 교육 자격증이 있는 것으로 알고 있는데, 그걸 사용하는 방법 정도는 알고 있어야 할 텐데요.
교　사 : 지금은 그 이야기를 할 때가 아닌 것 같은데요. 그 문제에 대해 이야기하고 싶으시다면 정오에 제가 시간을 낼게요.
교　감 : 그럴 필요 없어요.

사람들은 명령이 간단할 때 더 주의를 기울인다. 수치심이나 죄책감을 불러일으키지 않고 명령을 내릴 때 더 좋은 평가를 받는다. 교감은 교사에게 조심스런 표현을 써서 날짜와 날씨 공부를 할 때는 경험 차트를 사용하라고 말할 수도 있었을 것이다. 논쟁을 벌일 필요조차도 없었다.

"빈정대는 것은 참을 수가 없어"

2학년 담당 교사가 교장에게 쪽지를 보냈다.

"우리 반 학생들 네 명이 직접 쓴 5분짜리 연극을 언제 강당에서 공연하면 좋을지 알려주세요. 신경 써주셔서 고맙습니다."

그녀는 다음과 같은 회신을 받았다.

"R 선생, 선생의 모임 일정은 7월 4일로 잡혀 있습니다."

R 교사는 같은 쪽지에 대답을 적어 보냈다.

"야유하지 마세요. 제발 달력을 보고 내가 언제 강당을 사용해도 좋을지 그 날짜를 알려주세요. 감사합니다."

교장은 다른 쪽지를 보냈다.

"당신이 강당을 독차지하게 할 수는 없습니다. 당신은 이미 한 번 작품을 공연했으니까요."

R 교사는 같은 종이에 대답을 적어 보냈다.

"모임 시간 5분을 사용했다고 해서, 강당을 독차지한다고는 생각하지 않습니다. 제발 달력을 확인해 보시고 언제 그 5분을 쓸 수 있을지 알려주시면 좋겠습니다. 이번에는 빈정대지 않은 점 감사드립니다."

다음 주에 교장은 공연에 필요한 5분을 찾아냈다.

권위에 맞서기

다음은 한 젊은 교사가 이야기한 내용이다.

"반장이 출입문에 나타나 교장이 급히 나를 찾는다고 전해 주었어요. 교장실에 갔더니 교장이 화를 내며 내게 대고 편지를 한 장 흔들었어요.

'선생 때문에 한 학생이 쫓겨났어요. 선생은 아이들에게 3학년으로 올라갈 준비를 제대로 시키지 못했어요. 제대로 버릇을 가르치지 않았기 때문에 학생들이 낙제를 했어요.'

나는 침착함을 잃지 않았어요. 차분하게 말했어요.

'무슨 일이 일어났나 보군요.'

그러자 시시콜콜 기분 나쁜 이야기를 해주더군요. 에이들과 낸시가 계속 빈둥거렸대요. S 교사는 화를 내며 두 아이에게 교실 밖으로 나가라고 소리를 질렀고요. S 교사는 나중에 두 아이에게 잘못을 빌라고 했대요. 낸시는 그 자리에서 교사가 하라는 대로 했는데, 에이들은 이렇게 편지를 썼다는군요.

S 선생님,
선생님은 아이들을 이해하지 못하고 있다는 생각이 들었어요.
선생님이 소리를 지르면 전 싫어요.
　　　　　　　　　　　　　　　　　　　－ 에이들 올림.

화가 치민 S 교사는 반 아이들에게 편지를 읽어주고 에이들을 교장실로 보냈다는 거예요. 또 어머니를 학교에 모시고 오라고 일렀어요.

에이들은 가혹한 처벌을 받았어요. 다른 학교로 전학을 갔거든요. 교장은 나를 무책임한 사람이라고 평가했어요. 우리 반에서는 그런 편지를 써도 아무런 문제가 없었고, 편지를 진심으로 받아들여 주었거든요. 나는 양심의 가책을 느꼈어요. 몇 가지 사실을 깨달을 때까지는 그랬어요.

첫째, 에이들은 아주 세련된 방식으로 자기 감정을 처리했어요. 둘째, 에이들의 편지는 구성도 괜찮았고, 맞춤법도 흠잡을 데 하나 없었어요. 내가 우리 반 학생들에게 보냈던 편지와 아주 흡사한 편지를 썼어요. 셋째, 에이들은 학교에서 쫓겨났지만, 품위를 지킬 수는 있었어요. 나는 한결 기분이 좋아졌어요."

부탁하지 않은 충고에 대처하기

교감은 K 교사가 학생들과 문제에 대해서 의논을 하고 있는 소리를 들었다. 점심 시간에 K 교사를 본 교감이 말했다.

"선생이 상황에 대처하는 방식이 내 마음에 들지 않아요."

"교감 선생님이라면 다른 방식으로 처리하셨을까요?"

K 교사가 물었다.

"학생들이 당신을 너무 편하게 대해요. 아이들은 실망을 극복하는 방법을 배워야 해요."

교감이 자기 주장을 내세웠다.

K 교사가 공책을 꺼내며 말했다.

"잠깐만요, 선생님 말씀을 조금 받아 적을게요."

교감이 말했다.

"선생은 늘 뭘 받아 적는데, 그렇게 적고 있으면 내가 생각을 할 수 없잖아요."

"받아 적어놔야 선생님께서 말씀하신 걸 기억하는데 도움이 되거든요."

K 교사가 자신 있게 말했다.

"아, 그래요? 내가 한 말을 시간을 내서 다시 읽어보는 줄 몰랐어요. 정말 훌륭하시군요."

교감이 대답했다.

교육을 파괴하고 싶어하는 관리자들을 위한 13가지 규칙

위의 소제목은 미국 교사 협회 잡지(『변화하는 교육』 1968년 봄호)에 실린 농담조의 기사 제목이다. 필자인 윌리엄 보이어(William H. Boyer)는 교사와 관리자들 사이에서 일어나는 좋지 않은 문제들을 다음과 같이 역설적으로 요약했다.

이 규칙들이 모든 관리자들에게 다 필요한 것은 아니다. 오로지 효과적인 교육을 망가뜨리고 싶지만 필요한 절차에 대한 이해가 부족하여 이에 성공하지 못한 관리자들에게만 값어치가 있다.

1. 될 수 있으면 빨리 교사에게 관리자들이 정책을 수립하는 사람이라는 사실을 주지시켜야 한다. 교사가 이 원칙에 의문을 제기하면 아리스토텔레스 학파의 논법을 사용한다. 행정의 '정수'는 정책을 수립하는 것이지 정책을 집행하는 것이 아니라는 사실을, 다시 말하면 행정의 '본성'은 정책 수립이라는 사실을 설명해 준다. 이와 같은 변론은 행정의 개념을 분석한 결과 얻어진 것이라는 사실을 보여준다. 교사의 이성적인 능력이 대단히 빈약해서 이와 같은 기본적 진리를 식별하지 못할 경우에는 '연습의 법칙'을 사용하면 된다. 행정이 정책을 결정한다는 표현을 반복해서 사용함으로써, 그 이미지가 충분히 각인되게 한다.

2. 교사에게 그가 팀의 일원이라는 사실을, 그리고 협력할 경우에는 잘 지낼 수 있을 것이라는 사실을 주지시킨다. 자신이 아버지라고 생각하는 관리자들은 '팀' 대신에 '가족'이라는 은유를 더 선호한다. 이러한 은유는 세대를 뛰어넘는 호소력을 가지고 있지만, 어머니의 역할을 누구에게 맡기면 좋겠느냐는 질문이 제기되면 문제가 약간은 난처해진다. 관리자가 여성일 경우에도 그와 마찬가지로 문제가 거북해진다. 그래서 머리가 깨인 파괴자들은 점점 더 중성적인 구성원으로 이루어진 '팀'을 선호하게 된다.

3. 교사가 잘 따라주지 않으면, 직업을 위해서 필요한 일이라는 원칙을 앞세워 당신의 행동을 변호한다. 만일 교사가 무례하게 이 원칙에 의문을 제기할 경우에 대비하여 최종적인 논법을 준비해 둔다. 다시 말하면, 교사 한 사람은 없어도 괜찮지만, 가르치는 직업만은 사라지지 않는다는 사실을 그에게 주지시킨다. 교사들은 오고 가지만, 직업은 영원히 살아 있다는 것이다.

4. 학교의 목적은 지역 사회에 봉사하는 것이라고 설명한다. 교사들이 어떤 방법으로 지역 사회에 봉사했으면 좋겠는지를 지적해 주고, 지역 사회의 주요 인사들의 믿음을 훼손하는 것은 이러한 목적에 도움이 되지 못한다는 사실을 분명하게 해둔다.

5. 교사의 첫 번째 의무는 학교에 있다는 사실을 주지시킨다. 이는 사적인 생활에서도 마찬가지이다. 교사가 자기는 직업적인 봉사를 하기로 계약한 것이지, 인생을 팔겠다는 계약을 한 것은 아니라고 요구할 경우에는 의미를 따지는 논쟁에는 관심이 없다고 말해 둔다.

6. 교육제도는 기업과 같아서 통제를 받는 사람들의 손에 운영되어야 한다는 사실을 모든 교사들에게 상기시킨다. 따라서

교사는 독립적인 존재일 수가 없다. 교사에게는 행정에 찬성하느냐, 반대하느냐 둘 중에 하나만 있을 따름이다. 관리자를 배척하는 집단들에게는 관용을 베풀 수가 없다. 그러한 행동은 결과적으로 행정에 대한 집단적인 반대를 초래하며 학교의 안정에 위협이 된다. 그와 같은 갈등이 직업에 대해 최고의 이익이 되지 못하는 것은 분명하다.

7. 교과 과정 개발에 참여하겠다는 교사들의 요구를 받아들여서는 안 된다. 권위에 대해서 의문을 제기할 경우에는 다시 한 번 아리스토텔레스 학파의 논법을 사용한다. 관리자만이 '넓은 시야'를 가지고 있으며, 그렇지 않았다면 관리자가 되려고 하지 않았을 것이라고 설명한다.

8. 교육적인 목표와 행정에 효율성이 충돌할 경우에는 후자를 우선해야 한다. 이와 같은 원칙은 결과적으로 좀더 규모가 큰 조직에 효율성을 불러온다. 그것을 특히 정당화해 주는 사실은 관리자들이 홍보와 재정을 이해하고 있다는 점에 있다. 홍보와 재정은 조직의 수단이자 목적이다. 이와 같은 교육의 기본적인 원칙에 적응하지 못하는 교사는 가능한 한 빨리 해직시켜야 한다. 절대로 정년이 보장되면 안 된다.

9. 학교의 문제를 민주적으로 토론할 기회를 마련하기 위해서

정기적으로 교무 회의를 개최해야 한다. 행정에 대해서 다른 의견을 가진 교사들을 기억해 두어야 한다. 충성심이 없는 교사들을 확인하여 뿌리뽑을 필요가 있기 때문이다.

10. 고용과 해직, 또는 승진의 문제에서 교사들이 영향력을 행사하게 하면 안 된다. 권위가 분산되면, 조직이 제대로 운영되지 않는다는 자명한 원칙에 비추어 볼 때, 이러한 규칙은 정당화될 수 있다. 또는 "사공이 많으면 배가 산으로 간다." 는 속담에 비추어봐도 알 수 있다.

11. 학문의 자유에 대해서 의문이 제기될 경우에는 충분한 학문의 자유가 있다는 사실을 교사에게 단언한다.(정책에 대한 언급을 문자로 남기는 실수를 범하지 않도록 한다.) 학문의 자유에 대해서 세부적인 내용을 요구해 올 경우에는 친절한 웃음으로 당신의 진지함을 보여주고, 봉급을 받고 자기가 할 일을 한 사람은 그 누구도 자유의 제한을 갖지 않는다는 사실을 단언한다.

12. 고참 교사들의 충성심에 대해서는 다음과 같이 보상을 해준다. 수업 시간을 줄여주고, 그들이 맡은 과목에는 학생 수가 적은 반을 배정해 주고, 또 공부를 열심히 하고 말을 잘 듣는 학생들을 배정해 준다. 신참 교사에게는 그가 준비한 과

목 이외에 문제가 많은 대규모 학급의 수업을 전부 맡긴다. 그래야 교직의 현실에 단련될 수가 있기 때문이다.

13. 교사들이 문제를 중요한 문제와 사소한 문제로 구분하여 민주적인 의식을 즐길 수 있도록 도와준다. 교사들에게 후자의 유형을 알려주고 중요한 것은 문제가 아니라 과정이라고 설명한다. 봄의 시작과 더불어, 이와 같은 정화 의식을 치러주는 것은 교사들에게 커다란 격려가 된다.

이와 같은 규칙들에 아주 친숙한 교사들은 더 이상 겁을 먹지 않는다. 그들은 학교의 정책과 절차를 결정하는 전 과정에 참여하겠다고 요구한다. 플라톤은 노예 제도의 본질은 목표의 설정을 그 수행과 분리시켜 개별적인 사람들에게 그것을 부과하는 데 있다고 말했다. 교사들의 사명은 학교 행정에서 나타나는 그와 같은 시대 착오적인 태도와 정책을 폐지하는 데 있다.

충동이 아닌 자발성

세미나에서 나는 가끔 교사나 교장에게 질문을 받는다.
"학생이나 부모, 또는 동료 교사들에게 본심에서 나오는 이야기를 해서는 절대 안 될까요? 하던 말을 멈추고 해야 할 말과 해서는 안 될 말을 항상 생각해야 하나요? 그렇다면 그건 계획적인 발언이 아닐까요? 거기에는 자발성이 결여되어 있는 것은 아닐까요?"

성인은 아이들과 동료들에 대한 자신의 자연적인 반응을 점검하고, 쌀에서 겨를 가려내고, 무엇이 도움이 되고, 무엇이 해를 끼치는지를 알아둘 필요가 있다. 정신 병원에는 어린 시절에 부모에게서 '자발적인 대우'를 받았던 환자들이 넘쳐흐른다.

"허파 위에 있어야 할 것이 그들에게는 혀 위에 놓여 있다."

그들의 혀에서는 욕설과 상스러운 말이 쏟아져 나온다. 나는 자발성을 찬성한다. 그러나 자발성을 가장한 충동에는 반대한다.

유능한 교육자는 훌륭한 음악가처럼 기술을 습득하는 데 많은 시간과 노력을 바친다. 기술은 일단 습득하게 되면, 눈에 보이지가 않는다. 능숙한 바이올린 연주자는 마치 운지법, 활 켜는 법, 두 가지 음을 동시에 내는 데 전혀 문제가 없는 것처럼 곡을 연주한다. 교장이나 교사 또는 부모는 적절한 의사 소통을 마치 모국어처럼 능숙하게 구사하여 유익하게 반응할 수 있다.

교사와 학생 사이 ·········· 제 12 장

 기억나는 교사

교사들은 학생들이 어린 시절에 받은 바람직하지 못한 영향들을 씻어줄 수 있는 더 없이 좋은 기회를 가진 사람들이다. 그들에겐 좋든 나쁘든 학생에게 영향을 미칠 수 없는 힘이 있다. 아이들의 됨됨이는 경험을 통해서 결정된다. 자녀의 경험에 대해 원래의 열쇠를 쥔 사람이 부모라면, 여벌의 열쇠를 쥔 사람은 교사이다. 또 교사들은 아이들이 마음과 가슴을 열거나 닫게 할 수도 있다.

여기서는 대학생들이 초등학교와 고등학교 시절의 교사들에 대해서 회고담을 털어놓는다. 교사들의 이미지를 회상하며, 그 영향에 대해서 평가한다.

"텅 빈 네 머리는 별일 없니?"

"우리 영어 선생님은 삶을 복잡하게 만드는 데 남다른 재주를 가지고 있었어요. 그의 설명을 듣고 나면, 간단한 이야기도 복잡하게 들렸어요. 핵심 관심은 단순 논리에 매몰되어 있었어요. 정해진 시간에 시험을 치고, 보고서는 타자기로 깨끗하게 정리해야 하고, 숙제는 곧바로 제출해야 했어요. 가르침과 배움의 심리학은 찾아볼 수가 없었어요. 그는 우리들을 씁쓸한 현실과 대면시키려고 유별나게 애를 썼어요. 어쩌면 그걸 즐겼는지도 몰라요. 무심코 이런 말을 하곤 했어요.

'네 텅 빈 머리는 오늘 별일 없니?'

마음을 후벼파는 빈정대는 소리를 들을 때마다 우리의 미래의 장면은 을씨년스러운 풍경으로 바뀌었어요.

'네 머리는 금방 네 능력의 천장에 부딪히게 될 거야.'

그 선생님은 이런 식으로 경고를 하곤 했어요."

영의 가치

"우리 수학 선생님은 지식으로 꽉 찬 사람이었어요. 하지만 어떻게든 내가 무식하다는 느낌을 느끼게 만들었어요. 대단히 박식했지만, 그의 혀는 칼날이었어요. 말로 사람을 후려치는 데 대가였어요. 그 선생님에게 배우는 동안 우리는 영점짜리 인간이 되는 것이 어떤 기분인지 알게 되었어요."

사건의 반향

"우리 역사 선생님은 내 인생에 지울 수 없는 영향을 끼쳤어요. 비록 나이는 많았지만, 열정적이었고 시대의 흐름과 함께 했어요. 삶과 예술을 사랑했고, 과거의 교훈들을 즐겨 미래를 위한 지침으로 삼았어요. 정교하게 역사의 뼈를 발라내며, 그 영웅들에게 존경을 바쳤어요. 세련되고 유창한 말솜씨를 가진 그분은 점 잖은 학자의 본보기였어요."

나치

"나는 독일에서 초등학교를 다녔는데, 잊어야 할 일이 많아요. 그런데 한 선생님만은 특별히 미운 털이 박혀서인지 기억에서 지워지지가 않아요. 마치 영화 속에 등장하는 나치와 같은 사람이었어요. 오만하고, 정확하기가 기계와 같고, 눈을 씻고 봐도 자비심이라고는 찾아볼 수 없었어요. 무엇보다도 그는 명령을 필요로 하는 사람이었어요. 교장에게는 굽실거렸지만, 교실에서는 독재자였어요. 우리는 뻣뻣하게 앉아 입을 다물고 있어야 했어요. 조금만 버릇없게 굴어도 그는 따귀를 때렸어요. 큰 잘못을 저지르면, 막대기를 들었어요.

난 그가 무서워서 죽어버리라고 기도했어요. 하지만 내 기도는 응답을 받지 못했어요. 학교는 내 성격에 무서운 흔적을 남겼어요. 아직도 나는 내 주장을 내세울 때마다, 그 벌로 매를 맞을 것이라고 예상할 정도예요."

연극과 인생

"우리 연극 선생님은 진정한 시인이자, 너그러운 비평가였어요. 우리는 오만한 나머지, 우리가 모든 것을 알고 있다고 생각했어요. 간단한 방법으로 우리로 하여금 무지를 확인하게 할 수도 있었겠지만, 그분은 우리의 상상력을 자극하고, 가슴을 사로잡았어요. 비난하지 않고, 구슬렸어요.

압력을 가하지 않고 설득했어요. 창피를 주지 않고, 분발하게 했어요. 예민한 감각을 가진 선생님은 우리에게 연극과 인생을 비교하는 법을, 공연과 인물의 성격을 평가하는 법을 가르쳤어요. 그분의 노력 덕분에 나는 예술을 감상하고 연극을 내 삶으로 선택하게 되었어요."

우리를 알아야 할 시간

"내가 가장 좋아했던 다니엘 선생님은 정말 잊을 수 없는 성격을 가진 사람이었어요. 그는 우리를 알기 위해 시간을 들였어요. 우리에게 용기를 북돋워주며 인생과 가족, 소망과 두려움, 실망에 대해 이야기를 하게 했어요.

짧은 시간 안에 그 선생님은 우리 부모님보다 나를 더 잘 알게 되었어요. 무뚝뚝한 우리 아버지와는 반대로 다니엘 선생님은 부드럽고 붙임성이 있었어요. 그는 우리 이야기에 귀를 기울였고, 목소리를 높이거나 거친 말을 쓰는 법이 거의 없었어요. 절대로 우리를 헐뜯지 않았고, 해야 할 일이 무엇인지를 지적해 주었으며, 도와줄 마음가짐을 가지고 우리 곁에 지켜 서 있었어요."

간명한 멸시

"살아 있는 한, 나는 영어 선생님을 싫어할 거예요. 그는 열 살 전에 내가 만난 선생님 가운데 가장 비열한 선생님이었어요. 이 중으로 창피를 주는 데 둘째가라면 서러울 정도의 명수였어요.
 '멍청한 바보 같으니!' '어리석은 바보!' '미련한 멍청이!'
 그는 마치 방울뱀처럼 늘 신선한 독을 뿜어냈어요. 자기 마음 속에 완벽한 학생에 대한 상이 들어 있다고 말하곤 했어요. 그의 머리가 만들어낸 이 학생에 비해 우리는 실망스럽기 짝이 없는 형편없는 학생들이었어요.
 우리는 전문가의 시간과 공금을 낭비하는 '무식한 문맹'이었어요. 가차없는 그의 혹평은 우리의 자존심을 깎아 내렸고, 증오심에 불을 당겼어요. 마침내 그가 앓아 누웠을 때, 우리 반 아이들은 모두 추수감사절이나 되는 듯이 감사의 환호성을 질렀어요."

핵심 원리

"우리 반은 학교에서 가장 운이 좋은 학급이었어요. 우리 담임 선생님은 교육의 핵심 원리를 알고 있는 분이셨거든요.

'자기 증오는 인간을 파괴하고, 자존심은 인간을 구원한다.'

그는 이 원리를 앞세워 우리를 위한 노력을 아끼지 않았어요. 할 수 있는 한 항상 우리의 결점을 감싸주고, 분노를 가라앉혀 주고, 우리가 타고난 재능을 키워주었어요. 이를테면 춤꾼에게 노래를 부르라고 하거나, 가수에게 춤을 추라고 강요한 적이 한 번도 없었어요. 우리 스스로가 자기 자신의 불을 밝히도록 해주었어요. 우리는 그를 사랑했지만, 교육 위원회에서는 위험한 교사라고 생각했어요. 그는 많은 공식적인 편견에 대해서 저항했어요. 시험과 성적에 의존하지 않았고, 처벌에 반대했어요. 성적이 반드시 사람에게 만족을 가져다 준다거나, 부자로 살게 해주는 것이라고 생각하지도 않았어요. 그 교사가 즐겨 이야기해 주었던 일화가 기억나요.

'브라운과 그린 두 사람이 20년 만에 만났어. 브라운은 그린이 부자로 잘 사는 것을 보고 놀랐지. 학창 시절에 성적으로는 아주 뒷자리를 차지하는 학생이었거든. 그래서 브라운이 물었어. 어떻게 그렇게 잘 살게 되었느냐고 말이야. 그린이 대답하기를, 자기가 다른 친구들만큼 머리가 좋지 못했다는 사실을 알고 있었기 때문에, 단순한 사업을 찾았다는 거야. 그래서 1달러를 들여 만들어서 5달러에 팔 수 있는 물건을 찾아냈대. 그 4달러가 몇 년 동안 쌓여 정말 많은 돈이 되었다는 거야.'

우리는 무슨 말인지 알아들었어요. 천재는 못 되었지만, 희망이 보였어요."

지나친 관심

"우리는 걸핏하면 넘어지고 쓰러지곤 하는 아이들이었는데, 우리 담임 선생님은 지나치게 까다롭고 예민한 반응을 보였어요. 우리가 금방이라도 어떻게 될 것처럼 조마조마하며 벌벌 떨었어요. 우리에게 작은 상처만 생겨도 야단법석을 피웠고, 지나칠 정도로 조심을 강조했어요. 도를 넘는 선생님의 관심에 오히려 우리가 불안했어요. 우리는 선생님이 절망하고 있고, 우리에게 사랑을 바라고 있으며, 마음의 안정이 부족하다는 것을 느꼈어요. 우리가 선생님의 행복에 대해 책임이 있다고 느꼈고, 선생님이 절망하면 죄책감을 느꼈어요."

믿음

"내게는 결코 잊혀지지 않을 선생님이 한 사람 있어요. 내 자신과 세상을 바라보는 눈을 바꾸도록 해준 분이에요. 그분을 만나기 전까지, 나는 어른들에 대해서 소름이 돋는 인상을 갖고 있었어요. 내겐 아버지가 없었고, 어머니는 일을 했어요. 할아버지는 심술을 부렸고, 할머니는 성난 얼굴이었어요. 할머니가 말싸움을 벌이며 비난을 하면, 할아버지는 큰 소리를 치며 대꾸했어요. 내가 처음 만난 선생님도 우리 할머니를 쏙 빼닮은 심술궂은 여자였어요. 그녀 역시 화를 돋우고 나서는 벌을 주었어요. 다른 교사들은 내게 관심이 없었어요. 내가 아무 말 없이 있기만 하면, 그것으로 만족이었어요. 내가 아무 소리 없이 죽어 넘어졌어도, 신경을 쓰지 않았을 거예요. 나는 그들에게 전혀 상관 없는 아이였어요.

그 때 벤저민 선생님을 만났어요. 6학년이 되었을 때였어요. 그 선생님은 달랐어요. 그분은 우리와 함께 있는 것을 좋아했어요. 그분과 함께 있으면, 우리가 중요한 사람이라도 된 듯한 기분이 들었고, 우리의 생각이 남달라 보였어요. 선생님은 우리를 믿고 이끌어주었어요. 우리의 자부심과 상상력에 호소했어요. 우리에게 확신을 주었어요.

'세상에는 너희들의 재능이 필요해. 고통이 있고, 질병이 있으며, 빈민가가 있기 때문이야. 너희는 형제를 지키는 사람이 될 수도, 죽이는 사람이 될 수도 있어. 지옥을 가져다 줄 수도, 도움을 줄 수도 있어. 서로에 대해서 고통의 대리인이 될 수도, 안락함의 대변인이 될 수도 있어. 어떤 상황에서든 문제 해결의 일부가 될

수도, 문제 그 자체의 일부가 될 수도 있어.'

선생님의 이야기는 아직도 내 마음속에서 생생하게 울리며, 좀 더 훌륭한 삶을 살아야 한다고 일깨워주고 있어요."

장광설의 교훈

"우리에게 문화를 가르쳤던 선생님은 논증의 힘을 믿고, 우리들을 죽도록 못살게 굴었어요. 그 선생님은 우리가 틀렸고 멍청하다는 사실을 확인시켜 주는 데 안간힘을 쓰며 힘을 낭비하는 교사였어요. 그러면 우리도 독설로 갚아주었어요. 그 선생님은 자기가 보기에는 자유주의자였는지 모르지만, 실제로는 학급을 말싸움 판으로 바꾸어놓는 교사였어요. 우리는 괴롭히고 말싸움을 벌이는 것 이외에는 거의 배운 것이 없었어요. 그가 민주적 과정의 승리를 축하하는 동안에, 우리는 장광설을 펴는 법을 배웠어요."

무관심의 교훈

"G 선생님은 내가 기억하는 한 가장 교사답지 못한 교사였어요. 그 선생님에게는 교실이 우주였고, 자기 책상은 그 우주의 중심이었어요. 자신의 불행을 어린 우리들의 마음에 떠넘기면서, 그 책상에 앉아 강제로 우리를 다스렸어요. 그 선생님의 수업은 고통받은 영혼이 자기를 드러내는 시간이었어요. 시간도 많은데다 포로로 사로잡힌 관객도 있었기 때문에, 선생님은 끝없이 이야기를 늘어놓았어요.

처음에 우리는 그 선생님의 분노를 의식했어요. 그 다음에는 거기에 싫증나서 신경 쓰지 않고 선생님 혼자 뒤끓도록 내버려두었어요. 우리는 선생님이 야단치는 소리에 귀를 막았고, 그 선생님의 고민에 눈을 감았어요. 선생님은 절규했지만 우리는 놀았어요."

"천천히 서둘러"

"다른 선생님들과는 달리 설리번 선생님은 미래에 대해서 이야기하는 법이 거의 없었어요. 현재를 재미있게 보내는 데 초점을 맞췄어요. 우리를 재촉하는 법이 거의 없었어요. '천천히 서둘러.'라며 우리를 놀리곤 했어요. 우리의 숙제만큼이나 우리의 가정 생활에도 신경을 썼어요. 주저하지 않고 우리 문제에 관여했어요. 선생님은 부모들이 얼마나 실망이 클지도 알고 있었어요. 그래서 부모들 앞에서 우리를 변호하기도 했어요. 그래서 우리가 한층 더 자율적으로 행동할 수 있게 해주었어요."

편애하는 교사

"내가 프랑스어 교사에게 가장 화가 난 이유는 학생들을 편파적으로 대했기 때문이에요. 그는 부유한 학생과 가난한 학생, 힘 있는 학생과 힘없는 학생에게 서로 다른 규칙을 적용했어요. 부잣집 아이들은 절대 때리는 법이 없고, 오히려 경의를 보였어요. 그런 아이들의 부모들을 두려워했던 것이 분명했어요. 가난한 집 아이들은 그런 보호를 받지 못했어요. 그가 보기에 우리들은 상식적인 예의도 받을 자격이 없는 가난한 백인들이었어요. 그는 우리 같은 아이들을 가르쳐야 한다는 사실에 화를 냈어요. 그는 보통 사람들이 상대하기에는 너무나 훌륭한 사람이었어요."

신비감

"우리 미술 선생님 그레코는 시인의 영혼을 가진 화가였어요. 그림은 신비하고 독특했지만, 그의 생활은 현실적이고 솔직했어요. 이처럼 활기차고 대조적인 생활에 힘입어 우리는 무럭무럭 자랐어요. 그레코 선생님은 우리에게 신비감을 부여했어요. 비극과 기쁨은 그가 개인적으로 습득한 지식이었어요. 선생님은 도망자로서 비애를 맛보았고, 고통은 그에게 지혜를 가져다 주었어요. 선생님은 그런 지혜를 우아하고 고상하게 우리에게 나누었어요."

증오의 수학

"우리에게 건강 교육을 했던 H 선생님은 우리의 마음을 실망시키는 것을 의무로 삼았어요. 그는 우리가 무능하다는 것을 입증하려고 무진 애를 썼어요. 예리한 눈으로 우리의 모든 단점을 찾아냈어요. 카랑카랑하고 차가운 목소리로 우리의 약점에 대해 이야기했어요. 그는 우리의 결점을 속속들이 알고 있었어요. 우리는 지적 능력과 예의범절, 개성, 세련됨이 부족했어요. 우리는 멍청했고, 타락했으며, 구제 불능이었어요.

 그 선생님의 수업 시간에 우리는 남을 조롱하는 감각을 개발했고, 흔해빠진 말을 듣는 귀가 열렸으며, 그로테스크한 것을 보는 눈이 트였어요. 어른의 공격에 맞서 우리를 방어하는 법도 배웠어요. 사람들이 타자기가 타닥거리는 소리에 무관심하듯, 우리는 점점 선생님의 이야기에 무관심하게 되었어요."

프로그램이 입력된 로봇

"나는 늘 숫자에는 느렸어요. 그런데 우리 수학 선생님은 나를 마치 프로그램이 잘못 입력된 로봇처럼 대했어요. 그래서 제대로 된 로봇을 만들려고 프로그램 입력 내용을 바꾸려고 했지요. 나는 이러한 수술에 대해 할 말이 하나도 없었어요. 나를 위해 개발

된 프로젝트에 내가 어떤 생각을 하는지 아무도 묻지 않았어요. 나는 가혹하게 훈련을 받았어요. 입력을 받으며 시험을 치르고 또 치렀어요. 우리 선생님은 자기가 담당한 아이가 한 사람도 탈락하지 않았다는 것을 입증하려고 작심했어요. 하지만 나는 선생님을 놀라게 하고 말았어요."

마술 같은 솜씨

"우리 역사 선생님은 마술 같은 손을 가졌어요. 그 선생님의 수업을 듣고 있으면 마음이 활활 불타오르고 마치 꿈에서 깨어난 듯한 느낌이 들었어요. 모험을 동경하는 우리의 마음을 이해했던 선생님은 우리들을 전설과 신화, 신비한 세계의 미로 속으로 안내했어요. 역사적 인물들을 모방하면서 재미를 느끼게 해주셨어요. 각각의 시대를 생생하게 되살려냈어요.

수업은 명쾌했어요. 특수하고 상징적인 내용들이 알기 쉽게 그 모습을 드러냈어요. 하나의 교훈이 가슴 깊이 새겨졌어요. 역사적 진리는 결코 사라지는 법이 없다는 교훈이었어요. 역사적 진리는 발견되고 잊혀지기도 하지만, 끝없이 재발견해야 하는 것이었어요."

자기장

"우리 과학 선생님은 우리들을 자기가 품은 의도의 여러 가지 유형으로 삼기 위해 조종할 수 있는 자기장으로 생각했어요. 우리는 변형시켜야 할 물건, 던져도 되는 대상이었어요. 그는 우리의 감정을 마치 쇠로 된 물건처럼 가지고 놀았어요. 자기 자신의 유별난 재미를 느끼기 위해서, 우리의 감정을 잡아당기고, 늘어뜨리고, 이곳저곳에 흩뿌렸어요. 선생님이 내뱉는 음산한 익살은 그에게는 재미가 있었는지 모르지만, 우리의 가슴에는 상처를 주었고, 심한 혐오감을 느끼게 했어요."

출구 없는 교실

"우리 담임 선생님은 교실을 자신의 개인 소유물로 생각했어요. 우리의 품행과 성적은 곧바로 그 선생님의 개인적인 명성에 영향을 끼쳤어요. 그래서 맹렬하게 우리를 가르쳤어요. 선생님은 도덕적이었고, 청교도적인 인물이었어요. 문법이 하나 틀리기라도 하면 화를 냈어요. 사람들이 흔히 쓰는 외설적인 표현을 한 마디라도 하면 히스테리를 부렸어요. 선생님이 괴로워하는 것을 알았지만, 선생님이 병원에 입원하는 날까지는 아무도 선생님의 불평에 귀를 기울이지 않았어요. 어느 날 아침인가는 벌컥 화를 내더니, 가장 가까운 출구인 4층 창문을 이용하여 교실 밖으로 걸어 나갔어요."

황금의 혀

"우리는 킹 선생님을 가장 좋아했어요. 또 우리는 킹 선생님이 제일 좋아했던 학급이었어요. 선생님은 한 번도 우리와 같은 아이들로 구성된 학급을 맡아본 적이 없다고 실토했어요. 그분의 수업은 우리에게 하루 중에 가장 멋진 시간이었어요. 킹 선생님에게는 두 가지 탁월한 능력이 있었어요. 거짓 없는 따스함과 황금의 혀가 그것이었어요.

선생님은 역사의 위인들과 문학의 거장들에게 생명을 불어넣었어요. 선생님이 있을 때면, 우리는 거침없이 이야기를 할 수 있었어요. 선생님이 수업하는 학급에서는 더듬거리는 아이가 하나도 없었어요. 우리는 대담하게 자기 마음을 털어놓았어요.

어떤 선생님들은 자기 생각을 털어놓는 우리들에게 죄책감과 죄의식을 느끼게 했어요. 하지만 킹 선생님은 그렇지 않았어요. 그의 눈 속에서 우리들에 대한 애정을 보고 있노라면, 자신감이 생기고 두려움이 눈 녹듯 사라졌어요. 그가 마련해 준 눈부신 순간을 나는 아직도 소중하게 간직하고 있어요."

자서전

"우리 사회 선생님은 쓸데없는 독백의 달인이었어요. 신비한 분위기를 꾸며내고, 노력하는 학자의 고뇌를 전달하려고 꽤나 힘을 기울였어요. 하지만 경멸만 불러일으킬 따름이었어요. 수업 시간에는 자기 자신의 이야기만을 잔뜩 늘어놓았어요. 선생님의 어머니와 아버지, 정신이 이상했다는 언니 이야기를 우리는 신물이 나도록 듣고 또 들었어요. 사회 과목에 대해서는 배운 것이 별로 없었어요. 사회 과목 전 과정이 자전적 여행, 다시 말하면 선생님 자신을 위한 은유로 이루어졌어요."

삶에 대한 존경

"우리 생물 선생님은 정말로 기억에 남을 만한 사람이었어요. 선생님은 '인간성을 희생한 과학적 진보'는 있을 수 없다는 신념을 지닌 과학자였어요. 삶을 존중하는 그의 자세는 매일 학생들을 대하는 태도에 영향을 주었어요. 수업은 환희 그 자체였어요. 신선했고, 재미가 있었으며, 선생님은 우리들을 비꼬지 않았어요. 교실에서는 불화를 조장하는 반면에, 세계를 향해서는 평화를 설교하는 모순적인 선생님들과는 극적인 대조를 이루는 선생님이었어요."

말을 아끼는 사람

"칸토어 선생님이 들어오는 순간, 교실에는 활기가 흘렀어요. 열정적으로 수업을 했고 우리에게 호기심과 활력을 불어넣었어요. 처음에는 받아들이지 않았던 학생들도 서서히 선생님의 매력에 사로잡히고 말았어요. 선생님은 직접적이었으며 숨기는 법이 없었어요.

선생님의 대답을 듣고 우리의 마음이 혼란스러워진 적은 한 번도 없었어요. 선생님의 대답 때문에 우리가 우리의 기본적인 믿음에 대해서 의문을 갖게 될 때도 있었지만, 대답 그 자체는 명쾌했어요. 선생님은 말을 아끼는 데는 타의 추종을 불허했어요. 선생님은 의견을 제시했어요. 말을 장황하게 늘어놓는 것을 싫어했어요."

세계 속의 가정

"제이컵스 선생님은 우리의 마음을 사로잡았어요. 우리가 벌써 앞으로 되고 싶어했던 사람이라도 것처럼 우리를 대해 주었기 때문이었어요. 그의 눈을 통해서 보면, 우리는 능력 있고, 기품 있고 위대하게 될 운명에 처해진 존재였어요. 선생님은 우리의 동경에 방향을 부여해 주었고, 우리의 운명이 희망과 행동을 통해

꾸준히 전진할 것이라는 확신을 남겨주었어요. 우연이 우리의 삶을 결정짓게 할 필요가 없다는 확신, 행복은 우연한 사건에 따라 결정되는 것이 아니라는 확신을 건네주었어요. 제이컵스 선생님은 우리에게 우리 자신을 소개해 주었어요. 우리는 우리가 누구이며, 어떤 사람이 되고 싶어하는가를 알게 되었어요. 더 이상 우리 자신에 대해 이방인이 아니게 된 우리들은, 세계 속에서 아늑함을 느꼈어요."

새 학기 첫날, 한 사립 학교에 근무하는 교사들은 모두 교장에게서 다음과 같은 편지를 받았다.

교사 여러분!
나는 강제 수용소의 감독입니다.
그 누구의 눈에도 띄어서는 안 될 것들이
내 눈에 보였습니다.
교육받은 엔지니어가 세운 가스실,
교양 있는 의사에게 독살된 아이들,
훈련받은 간호원에게 살해당한 유아들,
고등학교와 대학교를 마친 사람들의 총에 맞고
불에 타 죽은 여인들과 아기들.
그래서 나는 교육을 의심합니다.

부탁합니다.

당신의 학생들이 인간이 되도록 도와주십시오.

당신의 노력으로 박식한 괴물이, 숙련된 정신병자가,

교양 있는 아이히만(Eichmann)*이 태어나게 해서는 안됩니다.

읽기와 쓰기, 수학은 우리 아이들을 좀더 인간답게 만드는 데 기여하는 한에서만 중요한 것입니다.

---

* 칼 아돌프 아이히만(Karl Adolf Eichmann)
제2차 세계대전 당시 독일 및 독일이 점령한 유럽에서 유대인들을 강제 수용소에 수용하여 집단적으로 학살한 일을 기획하고 지휘한 독일의 전범.

옮긴이의 말

이 책은 하임 G. 기너트(Haim G. Ginott)의 "Teacher & Child"를 우리말로 옮긴 것으로, 『부모와 아이 사이』, 『부모와 십대 사이』에 이어 〈우리들 사이〉 시리즈의 마지막에 해당한다. 제목이 말해 주듯이 앞선 두 책에서는 아이 교육에서 부모의 책임과 역할에 대해 논의하고 있고, 『교사와 학생 사이』에서는 교사의 책임과 역할에 대해 거론하고 있다.

우리는 초·중·고등학교에서 학생들을 가르치는 사람들을 교사라고 부른다. 가르치는 사람과 배우는 사람을 스승과 제자라는 범주로 묶기도 한다. 군사부일체(君師父一體)라는 표현을 빌려 스승을 군주와 어버이와 같은 자리에 놓던 시절도 있었다. 아직도 국가가 지정한 '스승의 날'을 기념하고 있으며, 스승의 그림자도 밟지 않는다는 옛말이, 이전 같지는 않지만, 여전히 그 시효를 잃지 않고 있는 것도 사실이다. 긴 역사를 두고 볼 때, 우리 사회의 교육 현장에서, 배우는 사람이 관심의 중심에 놓인 지는 그다지 오래지 않았다고 말할 수 있다. 가르치는 일 자체를, 배우는 사람을 염두에 두는 지식과 방법의 문제로 생각하며 고민한 역사가 길지 않았기 때문이다. 가르치는 사람의 책임과 역할을 논의하는 역사 또한 마찬가지였다고 할 수 있다.

몇 년 전에 교육 개혁을 둘러싸고 토론이 뜨거웠던 적이 있었다. 그때 '수요자 중심 교육'이라는 용어가 등장하여 인구에 회자되었다. 그런데 어떤 논자들은 수요자 중심의 교육이라는 표현에 대해 불편한 심기를 드러냈다. 철저한 시장논리를 통해서 교육에 접근한 말이라는 것이 그 이유였다. 가르치는 사람을 공급자, 배우는 사람을 수요자로 지칭하는 것을 못마땅하게 여기는 태도는, 교육을 가시적인 수입과 지출을 중심에 놓는 경제 행위와 교육을 동일시할 수 없다는 반감에서 비롯된다. 동시에 거기에는 가르치는 사람, 곧 교사이자 스승을 '공급자'로 표현하는 데 대한 저항감도 깔려 있다고 볼 수 있다. 스승은 '물건을 공급하는 사람'이 아니라는 고집이나, 자존심 같은 것이 말이다. 그래서였을까? 지금은 수요자 중심 교육이라는 소리가 잘 들리지 않는다. 그러나 어찌되었든 이제는 가르치는 사람의 책임과 역할이, 배우는 사람의 태도, 곧 스승에 대한 예의나 존중심 같은 것 못지않게 중요한 시대가 되었다. 그것 자체가 학문의 대상이 되었으니까 말이다.

하임 G. 기너트는 〈우리들 사이〉 시리즈의 완결편인 이 책에서 교사의 책임과 역할에 대해 논의한다. 앞선 두 책에서와 마찬가지로 여기서도 그는 학생을 미성숙하긴 하지만 독립된 한 개인이자 인격체로 전제하며, 교사들에게는 그런 학생을 지적·정서적으로 가르치고 지도할 의무가 있다고 말한다. 그는 교사에게 먼저 학생을 존중하자고 권한다. 설령 부족하고 문제가 있더라도 학생을 그 자체로 인정하고 받아들이고 배려하는 데서 교육은 시작된다고 본다. 학생과 교사를 잇는 정서적인 끈은 교육의 성패를 좌우하는 척도가 될 수도 있기 때문이다. 이 책은 지식을 전달하는 방법을 논하지 않는다. 어떻게 보면, 아이들을 사랑하는 방법에 대해서만 이야기한다.

그런데 사랑하는 마음이 있다고 해서 모든 것이 다 해결되는 것은 아니다. 교사는 자기 마음을 학생들에게 기술적으로 표현해야 한다. 곧 표현하는 기술이 있어야 한다. 학생을 칭찬할 때도, 심지어 교사 자신의 분노를 드러낼 때도 기술적으로 해야 한다. 그래야 진정으로 가르치는 전문가라고 부를 수 있다고 본다. 우리 식으로 표현하자면 그런 교사가 진정한 의미의 스승이 될 수 있다고 보는 것이다.

한 번역서가 우리의 공교육 현실에 대한 만능 지침서가 될 수는 없다. 또 교육 현장에서 벌어지는 제반 문제들에 대한 책임을 몽땅 교사들에게 떠넘기는 것도 무책임한 행동이다. 최소한의 예의와 규칙도 배우지 못한 채, 상상을 초월할 정도로 자유분방해지는 아이들 문제를 논의하려면 사실 가정교육부터 따지고 들어야 하는 것인지도 모른다. 그래도 교사는 교사다. 누군가는 자라나는 세대들을 가르치고 키우는 책임을 떠맡아야 한다. 이건 피할 수 없는 일이다. 그때 교사의 마음가짐만큼 중요한 것도 없을 것이다. 이 책이 교사들이 교육 현장을 두고 고민하면서, 마음가짐을 새롭게 하는 데 기회가 되었으면 한다.

옮긴이 신홍민

옮긴이 | 신홍민

한국외국어대학교 독일어과를 졸업하고, 동대학원에서 독문학 박사 학위를 받았다. 한국외국어대학교, 서울시립대학교, 성신여자대학교에서 독일 문학을 강의했다. 현재 덕성여자대학교, 대진대학교 겸임교수로 독일 문학과 동화를 강의하고 있으며, 전문번역가로 활동 중이다.
옮긴 책으로는 《처음 그 설렘으로 아이들을 만나고 싶다》《변증법의 역사》《부모와 아이 사이》《부모와 십대 사이》가 있고, 어린이 문학 작품으로는 《평화는 어디서 오는가》 이외에 다수가 있다.

'우리들 사이' 시리즈
교사와 학생 사이

1판 1쇄 | 2003년 11월 15일
1판 33쇄 | 2023년 10월 23일

지은이 | 하임 G. 기너트
옮긴이 | 신홍민
펴낸이 | 조재은
펴낸곳 | (주)양철북출판사
등록 | 2001년 11월 21일 제25100-2002-380호
주소 | 서울시 영등포구 양산로 91 리드원센터 1303호
전화 | 02-335-6407
팩스 | 0505-335-6408
전자우편 | tindrum@tindrum.co.kr

ISBN | 978-89-90220-14-1 03180
값 | 13,000원

잘못된 책은 바꾸어 드립니다.